Hans-Christian Smolik

Rund ums Rennrad

BLV

Hans-Christian Smolik

Rund ums

Rennrad

Rahmen und Komponenten, Pflege und Wartung

Zweite, durchgesehene Auflage

CIP-Titelaufnahme der Deutschen Bibliothek

Smolik, Hans-Christian:
Rund ums Rennrad: Rahmen und Komponenten, Pflege und Wartung/Hans-Christian Smolik. –
2., durchges. Aufl. –
München; Wien; Zürich BLV, 1991
ISBN 3-405-14014-5

Bildnachweis:

Alle Fotos von Hans-Christian Smolik außer:
Eddy Kahlich Seite 27 u., 80, 81, 96, 97, 106
Carlson Reinhard Seite 8, 14, 15, 41, 110/111
Foto Stark Seite 7

Umschlagfotos: Kahlich (3), Smolik (3)

BLV Verlagsgesellschaft mbH
München Wien Zürich
8000 München 40

Satz: Typodata, München
Computergrafiken: Polytext GmbH, München
Druck: Wenschow/Franzis, München
Bindung: Conzella, Urban Meister, München

Printed in Germany · ISBN 3-405-14014-5

Inhalt

Einstellen der richtigen Position

Das Kernstück des Rades: der Rahmen

Inhalt

Was den Rahmen zum Rennrad macht

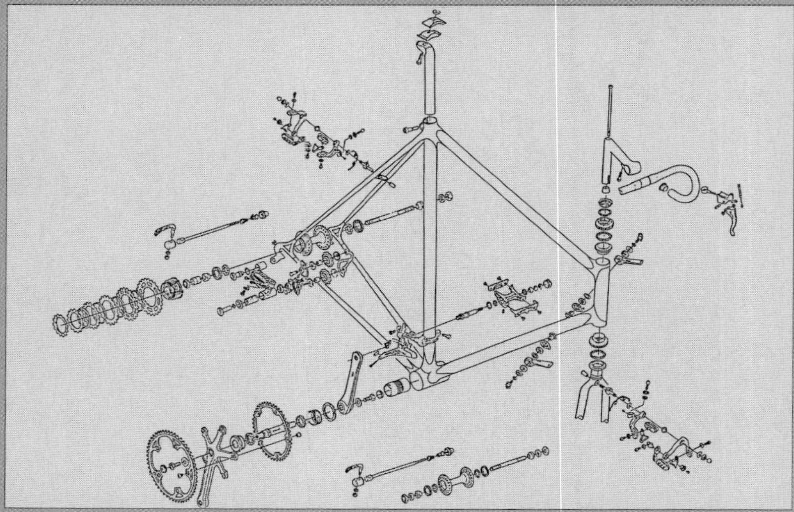

Nützliches und wichtiges Zubehör

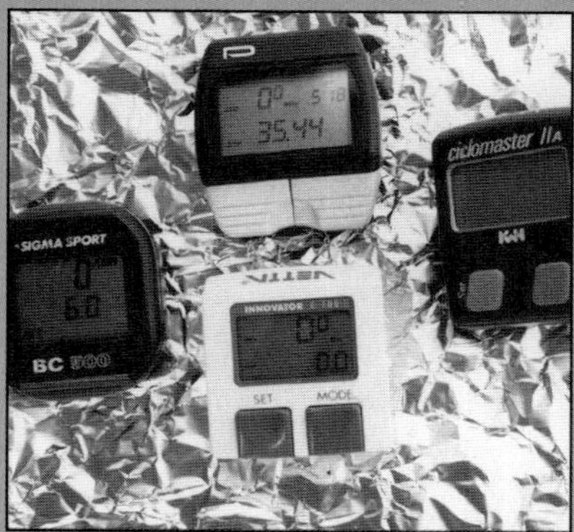

Vorwort

»Radsport ist in!« Nicht erst durch den MTB-Boom der letzten Jahre ist der Radsport als Freizeitbeschäftigung eine der Sportarten mit dem größten Zuwachsraten.
Mit dem größeren Interesse am Radfahren und der Weiterentwicklung des Fahrrades zum High-Tech-Sportgerät wächst auch das Interesse am Aufbau eines Rennrades und seiner Technik. Viele Radfahrer lassen ihre Maschine beim Fachhändler warten, doch schon das Erkennen der nötigen »Inspektion« bedingt eine spezielles Grundwissen.
Aber auch der Radsport-Insider benötigt immer neue Tips zur Wartung und Pflege seines Sportgerätes. Mit dem hier vorliegenden Buch ist eine umfassende Behandlung des Rennrades gelungen. Der Anfänger findet hier genauso die Antworten auf seine Fragen, wie der erfahrene Mechaniker Tips für die Lösung seiner Probleme. Sicherlich werden die bis ins kleinste Detail durchdachten Ausarbeitungen einige Leser überfordern, doch kann jeder die Information entnehmen, die er zum Verständnis des komplizierten Sportgerätes »Rennrad« benötigt.
Nach über 25jähriger Aktivität als Radrennfahrer habe sogar ich noch so manchen Tip bei der Lektüre des Manuskriptes dieses Buches gefunden!

Klaus Peter Thaler

Einleitung

Schon von jeher nimmt der technische Zustand eines Sportgerätes einen hohen Stellenwert in der Bewältigung der sportartspezifischen Anforderungen und damit für den Erfolg ein. Das verhält sich beim Rennrad keineswegs anders und läßt sich auch angesichts einer durch Sportlerkraft erbrachten Geschwindigkeit von immerhin 30 bis 40 km/h sicherlich leicht nachvollziehen. Solch »rasante Leistungen« machen ein einwandfreies Funktionieren des gesamten Systems und aller Einzelteile wie z. B. von Bremsen und Laufrädern schon der Sicherheit wegen unabdingbar.
Hinzu kommt, daß in den letzten zehn Jahren die Entwicklung der verschiedensten Rennrad-Komponenten geradezu explosionsartig vorangetrieben wurde. Im besonderen sind davon die erleichterte Bedienbarkeit des Sportgerätes, die erhöhte Sicherheit sowie deren optimierte Funktion der entscheidenden Einzelteile betroffen. Eine SIS-Schaltung ist inzwischen Standard geworden, und federleicht zu betätigende, aber dennoch extrem »bissige« Bremsen sollten eine Selbstverständlichkeit sein. Natürlich wurde im Zuge dieser Fortschritte auch dafür gesorgt, daß eine, sagen wir mal, anspruchslosere, einfachere Wartung möglich ist. Doch mag sie auch auf ein Minimum reduziert worden sein, sie ist und bleibt der Garant für eine zuverlässige Betriebssicherheit des Stahlrosses. Ein gewisses technisches Verständnis muß allerdings vorausgesetzt oder erworben werden, will man allein die Funktionsweisen erkennen bzw. in der Lage sein, selbst Hand anzulegen.
Ebenso wie ein verantwortungsbewußter Reiter sein Pferd hegt und pflegt und damit umzugehen weiß, sollte auch ein Radler seinem Stahlroß die notwendige Pflege angedeihen lassen.
Dieses Buch will mit großzügiger Bebilderung und »rezeptähnlichen« Anleitungen sowohl dem versierten Renn-Freak wie auch dem handwerklich unter Umständen etwas unbedarften Rennrad-Kollegen mit Tips und Tricks und ein wenig Theorie (teilweise interessanten Hintergrundinformationen) zur Seite stehen. Die Darstellung der Technik ist auf dem aktuellen Stand. Das Ziel des Autors ist es, die Beziehung zwischen Rad und Radler zu vertiefen. Das macht den Pedalisten unabhängiger, hilft ihm, bei künftigen Touren eventuell auftretende kleinere technische Probleme ohne fremdes Zutun zu bewältigen.
Keinesfalls sollte es jedoch zu einer Verschlechterung des teilweise guten Verhältnisses zwischen Radler und Radhändler führen. Wer außer ihm ist schon imstande, exotische Ersatzteile (früher oder später Wunsch der meisten Rennradbesitzer) zu beschaffen? Oder wer verfügt über teures Spezialwerkzeug, welches sich auch für einen mit einem sehr gut ausgestatteten Werkzeugkoffer verwöhnten Radler nicht lohnt? Ein enger Händlerkontakt macht sich also in der Regel bezahlt.
Trägt dieses Buch noch dazu bei, die sprachliche Verständigung zwischen Radler und Händler zu erleichtern, das heißt eventuelle Wissenslücken zu schließen, hat es seinen Sinn und Zweck in den Augen des Autors voll erfüllt.

Profimechaniker des Weinmann-Teams beim Einsatz während der Tour de France

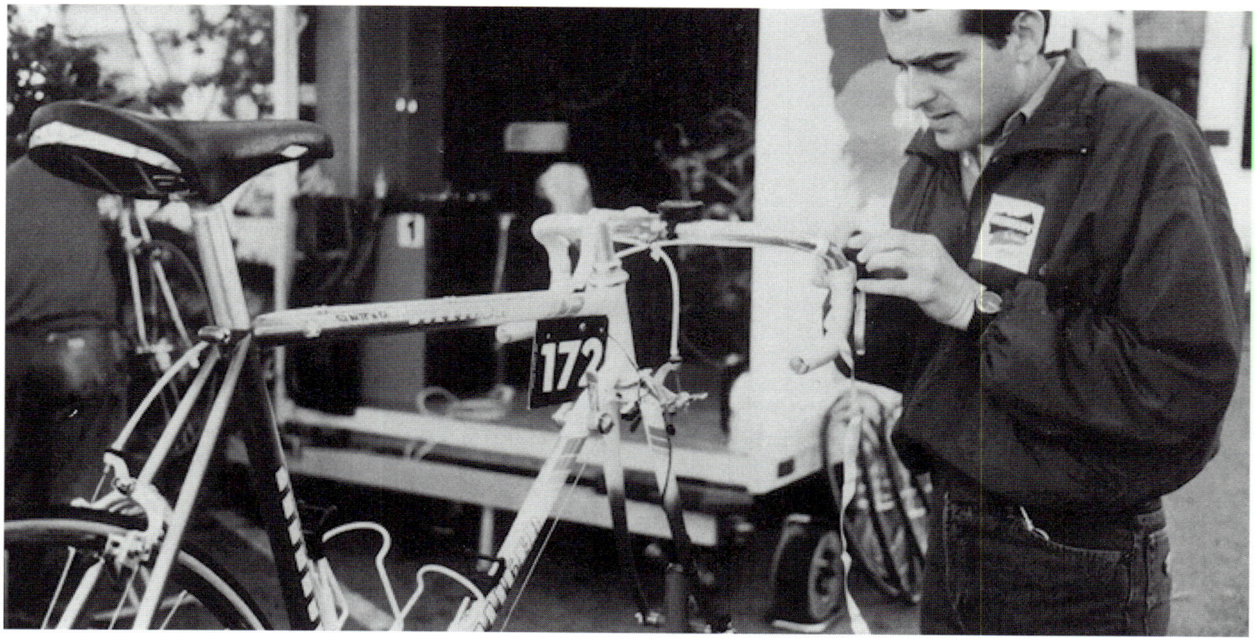

Einstellen der richtigen Position

Die Basis für beschwerdefreies Pedalieren und ökonomischen Krafteinsatz liegt in der Einstellung der richtigen Sitzposition – entsprechend den individuellen Körpermaßen sowie den Tretgewohnheiten. Gewissenhafte Verkäufer geben sich mitunter jede erdenkliche Mühe und helfen beim Justieren von Sattel und Lenker. Im Grunde genommen kommt es nur darauf an, für jeden Radfahrer den Kompromiß von ökonomisch-aerodynamischer und bequemer Haltung auf dem Velo zu finden. Es wäre schön, wenn das so einfach wäre, wie es klingt. Doch dazu sind wir Menschen in Haltung, Gewohnheiten, Koordinationsvermögen usw. zu unterschiedlich.
Deshalb ein ***Tip:*** Von der Standardeinstellung ausgehend solange ändern, bis man sich wohlfühlt. Die endgültige Position muß nun einmal selbst erfahren und teilweise »erlitten« werden.
Entscheidend für eine effektive Übertragung der Beinkraft auf's Pedal ist die Sattelstellung. Sie ist bestimmt durch die Sattelhöhe, die Lage des Sattels im Verhältnis zum Tretlager, die Sattelneigung und indirekt durch den Abstand des Sattels zum Lenker.

Sattelhöhe

Standard: Auf dem Sattel sitzend soll die Ferse des ausgestreckten Beines das am tiefsten Punkt stehende Pedal leicht berühren. Das Becken darf dabei nicht seitlich abkippen. Deshalb muß man bei dieser Haken-Tast-Aktion gerade auf dem Rad sitzen. Aber nicht für jeden gilt diese Standardeinstellung. ***Abweichungen*** sind aufgrund von individuellen Eigenheiten u. U. notwendig. Dazu gehören beispielsweise folgende »Fahrertypen«:

- Fahrer mit sehr viel Kraft in der Beinmuskulatur oder Spezialisten für Zeitfahren. Sie treten mit enormen Krafteinsatz hohe Gänge. Ihr Sattel steht ca. 0,5 bis 1 cm höher. Dadurch kommt etwas mehr Druck auf das Pedal.
- Radler, die »Spitze« fahren, d. h. die Fußspitze während des gesamten Tretvorgangs gesenkt halten, und unter Umständen bei jedem Tritt im Becken kippen. Der Sattel wandert bis zu 3 cm nach oben.
- Fahrer mit hohen Trittfrequenzen. Sie setzen den Sattel bis zu 1 cm tiefer.
- Fahrer, die ihre Ferse unter das Pedalniveau absenken. Auch bei diesen steht der Sattel entsprechend tiefer.

Abstand Sattel–Tretlager

Standard: Das von der Sattelspitze gefällte Lot soll bei einem 55er-Rahmen ca. 5, bei einem 60er-:n etwa 7 cm hinter der Tretlagermitte sein. ***Abweichungen*** davon sind unter folgenden Umständen möglich:

- Radler mit langen Oberschenkeln sitzen weiter hinten.
- Ertappt man sich häufig auf der Sattelspitze hockend, sollte der Sattel weiter vorgestellt werden.
- Sitzt man hingegen stets hinten auf der Sattellehne (-kante), den Sattel weiter zurücksetzen.
  Diese Methode zur Bestimmung der Sattelstellung erwies sich als

Links: Richtige Sattelhöhe für den Normalfall.
Mitte: Radler fährt »Spitze«, deshalb größere Sattelhöhe notwendig.
Rechts: Radler mit abgesenkter Ferse, dadurch »spart« er Sattelhöhe.

die beste, wenn auch die nachfolgende exakter erscheinen mag.

- Auf den Sattel setzen, die Kurbel horizontal nach vorne stellen, Rennschuh ins Pedal. Jetzt soll ein von der Kniespitze gefälltes Lot durch die Pedalachse laufen.

Leider wird das Ergebnis von vielen Größen beeinflußt. Zum Beispiel von der Stellung des Schuhes im Pedal, von der Schuh- und Pedalhöhe, der Neigung des Fußes sowie des momentanen Sitzes auf dem Sattel (eventuell Becken gekippt). Nicht selten muß man daher bei fünf Messungen mit fünf verschiedenen Ergebnissen rechnen.
Im Zweifelsfall den Sattel lieber 1 cm zurückstellen als einen halben zu weit nach vorne. Es läßt sich erwiesenermaßen leichter schiebend nach vorne treten als ziehend nach hinten.

Sattelneigung

Standard: Die Norm ist ein hundertprozentig waagerecht stehender Sattel, was mittels einer Wasserwaage ohne großes Zutun zu kontrollieren ist. Aber: das Rad muß auf einem ebenen Untergrund stehen. Und: beim »Geierschnabel-Sattel« Vorsicht walten lassen. Bei ihm ist die Hinterkante als »Lehne« hochgezogen – deshalb hier ausnahmsweise die Wasserwaage auf den geraden Teil auflegen.
Eine ***Abweichung*** von der Standard-Stellung kann für Fahrer zweckmäßig sein, die ihre Hände vorzugsweise in der Unterlenkerbeuge abstützen. Sie neigen die Sattelspitze geringfügig nach unten; dann ist sie vorne im Schritt weniger störend. Bei hohen Trittfrequenzen rutschen sie zudem automatisch Richtung Sattelspitze, und bei Bergfahrten stützt die Sattellehne etwas besser. Außerdem kann das Becken weiter nach vorne abkippen, dadurch haben die Oberschenkel mehr Spielraum zur Brust hin. Man kann sich also – für Zeitfahrer interessant – noch ein Stückchen tiefer vor dem Wind aufs Rad ducken.
Während die Sattelstellung entscheidend für die Kraftübertragung ist, wirkt sich die Lenkerposition eher auf die Bequemlichkeit aus. Denn über diverse Armhaltungen läßt sich so gut wie bei allen Rennrädern eine optimale aerodynamische Haltung einnehmen.

Exakt, aber schwer zu messen: Das vom Knie gefällte Lot sollte (bei waagerecht stehender Kurbel) die Pedalachse treffen.

Abstand Sattel–Lenker

Standard: Die Finger der ausgestreckten Hand berühren knapp den Lenker, wenn der Ellbogen an der Sattelspitze anliegt.
Abweichend davon kann für Hobbyradler der Abstand bis zu 2 cm kürzer sein, weil's den Rücken schont. Zeitfahrer dagegen vergrößern den Abstand um 3 bis 6 cm, um sich tiefer ducken zu können.
Weil die Sattelposition durch den Abstand zwischen Sattelspitzen-Lot und Tretlager festgelegt ist, kann dieses Maß nur durch einen Vorbauwechsel korrigiert werden. Vorbauten werden in den Längen 60 bis 140 mm angeboten.

Lenkerhöhe

Standard: Lenkeroberkante und Sattel stehen auf gleicher Höhe.
Abweichungen: Je sportlicher die Gangart wird, desto tiefer justieren die Piloten ihre Lenker. Francesco Mosers Steuerbügel war sogar 10 cm unter der Sattelfläche.
Etwas sollte noch bedacht werden: Fahrer mit langem, tiefen Vorbau neigen dazu, mit gestreckten Armen zu fahren. Darunter leiden neben dem Gefühl zum Steuern die Gelenke. Bei leicht angewinkelten Armen hingegen federn sich selbst derbe Schläge noch locker aus. Felgen, Speichen, Hände und Gesäß danken es bestimmt.

Neigung des Lenkers

Standard: Die Lenkerenden verlaufen parallel zum ebenen Untergrund.
Abweichend davon bevorzugen Radler, die häufig den Lenker unten greifen, leicht nach unten gesenkte Lenkerenden, weil so alles griffiger in der Hand liegt.

Maßkarte oder Maßschablone

Wer die richtige Position gefunden hat, sollte die Maße schriftlich fixieren, damit er sich bei einer Neuanschaffung, beim Zweit-Velo oder aber beim Leihrad die mühselige Bestimmung der Maße sparen kann. Trotzdem ist der Aufwand mit Maßstab, Wasserwaage und Lot noch groß, bis alle Maße aufs neue Rad übertragen sind. Und selbst dann ist nicht sicher, daß alles so wie beim alten ist.

In einem solchen Fall kann die »Türrahmenmethode« helfen:
Ein Türrahmen findet sich überall. Das Rad so anstellen, daß die Tretlagermitte haarscharf mit der Türrahmenkante fluchtet. Nun folgende Maße sorgfältig markieren:

- Tretlagerhöhe,
- Abstand Sattelspitze zu Türrahmenkante,
- Sattellinie (Höhe und Neigung) als Kontur aufzeichnen,
- Lenkerhöhe (Rad zurückziehen, bis der Lenker vor dem Rahmen steht) im Bereich der Sattellinie als waagerechten Strich.

Wenn jetzt noch fein säuberlich der Abstand Sattelspitze zum Lenker daneben vermerkt wird, ist nicht nur die Position perfekt festgehalten, es kann obendrein jedes Rad blitzschnell auf die entsprechenden Maße eingestellt werden.

Anmerkung zur Tretlagerhöhe: Je nachdem, ob das Fahrrad für Zeitfahrten oder Kriterien konzipiert ist, beträgt der Abstand zum Boden 26 bis 28 cm. Das muß bei der Sattelhöhe berücksichtigt werden. Also: bei 26 cm Tretlagerhöhe muß gegenüber dem 28er-Abstand auch der Sattel 2 cm tieferstehen.

Mit der Türrahmen-Methode sind die Einstell-Maße des Velos am einfachsten zu archivieren: Im Bild links ist das Festhalten der Sattelhöhe und -neigung zu sehen. Wenn Tretlagermitte genau an der Türrahmenkante steht, ist oben der Abstand Sattelspitze–Tretlagermitte abzulesen. Im Bild rechts ist die Lenkerhöhe angezeichnet. Wenn nun noch der Abstand Lenker–Sattelspitze und die Tretlagerhöhe festgehalten ist, hat man alle wichtigen Maße parat.

Einstellen der richtigen Position

Im Hi-Tech-Zeitalter bestimmt ausgeklügeltes Zubehör die Funktionalität der Rennräder. Nach wie vor ist aber der Rahmen für das Fahrverhalten verantwortlich. Von ihm hängt es ab, ob das Rad sportliche Wendigkeit bietet oder seinem »Reiter« einen sicheren Geradeauslauf gewährleistet. Doch welcher Rahmen für wen? Vorrangig ist bei der Wahl des Rahmens der Wunsch, Besitzer eines Rades zu sein, mit dem auch Profis ihre Erfolge erstrampeln, Vater des Gedankens. Aber wie schon eine Volksweisheit sagt: »Wenn zwei das gleiche tun, ist es noch lange nicht dasselbe.« Die unterschiedlichen Anforderungen an das Fahrverhalten des Rennrades werden an den beiden typischen »Klassen« von Radlern deutlich. Jeder mag selbst entscheiden, welcher er sich zurechnen würde.

Der Rennfahrer legt seinen Körperschwerpunkt eher in Richtung Vorderrad.

Der Gelegenheitsfahrer: Er fährt bis zu zweimal pro Woche jeweils 40 bis 60 km.
Er kann mangels Übung kein so hoch entwickeltes Steuervermögen und Tretverhalten erlangen wie ein Vielfahrer.
Besondere Merkmale: grundsätzlich nur im Sitzen fahrend; kann selten was mit einem tiefen Lenker anfangen.

Der Schwerpunkt eines Gelegenheits-Radlers liegt nahe dem Hinterrad.

Der Rennfahrer: Er macht fast täglich eine Tour von 60 bis 100 km und besitzt deshalb ein ausgeprägtes Gefühl für das Steuern und beherrscht den ökonomischen runden Tritt.
Besondere Merkmale: aus aerodynamischen und ergonomischen Gründen häufig weit nach vorne gebeugt und rasant fahrend; in der Regel greift er zum tiefen Lenker und steigt bei jeder Gelegenheit aus dem Sattel (Antritt nach Kurve o. ä.).
Ein Vergleich der beiden bringt schnell zutage, daß der Körperschwerpunkt des Rennfahrers näher in Richtung Vorderrad liegt als bei einem aufrecht pedalierenden Normalfahrer, der mit seiner bequemen Fahrhaltung überwiegend das Hinterrad belastet (siehe Abb. links).
Das somit geringer belastete Vorderrad neigt bei Talfahrten zum Flattern.
Für solche, die gar nicht an die tiefe Lenkerhaltung denken, wäre eine konstruktive Konsequenz ein längerer Hinterbau, um das Gewicht des gerade sitzenden Radlers wieder gleichmäßiger zwischen Hinter- und Vorderrad zu verteilen. Folge davon: ein optimierter Geradeauslauf, für Gelegenheitsfahrer wichtig, denn mangels Kilometer hapert es zudem meist an der Steuerkunst.

Das Kernstück des Rades: der Rahmen

Rahmengeometrie

Und damit zur Rahmengeometrie, deren Maße und Winkel die Fahreigenschaften eines Velos noch eindeutiger bestimmen als der Fahrerschwerpunkt.

Nachlauf

Er wird von Steuerrohrneigung und Gabeldurchbiegung bestimmt. Seine exakte Definition: Jener Abstand am Boden, welcher vom Aufstandspunkt des Vorderrades und der Verlängerung des Steuerrohres gebildet wird. Es ist also der Abstand zwischen Drehachse und Drehpunkt des Vorderrades. Die Stehergabel in der Skizze (siehe Abb. rechts) zeigt als Extrembeispiel das Prinzip sehr deutlich. Sie zieht den Aufstandspunkt des Vorderrades hinter sich her. Dieser »Nachzieheffekt« wird durch eine nach vorne gekrümmte Gabel vermindert. Der Abstand zwischen Drehachse und Drehpunkt gibt den Kreiselkräften des sich drehenden Vorderrades gleichsam einen Hebelarm, der es ermöglicht, das Zweirad selbstregulierend senkrecht zu halten. Neigen sich zum Beispiel Stahlroß und Reiter nach rechts, wird auch das Vorderrad in diese Lage gezwungen. Das sich während der Fahrt drehende Rad wirkt wie ein Kreisel und weicht der aufgezwungenen Lageänderung mit einer sogenannten Präzessionsbewegung aus. Diese erfolgt genau im rechten Winkel zur angreifenden Kraft, so daß das Vorderrad augenblicklich eigenständig nach rechts schwenkt. Um sich selbst ein Bild davon machen zu können, sollten Sie folgenden Versuch unternehmen:

1. Heben Sie das Vorderrad und versetzen es in Drehung,
2. neigen Sie das Rad nach rechts, und das Vorderrad schlägt auf der Stelle nach rechts ein.

In der Praxis wird also aus der Geradeausfahrt mit Schlagseite nach rechts automatisch eine leichte Rechtskurve.

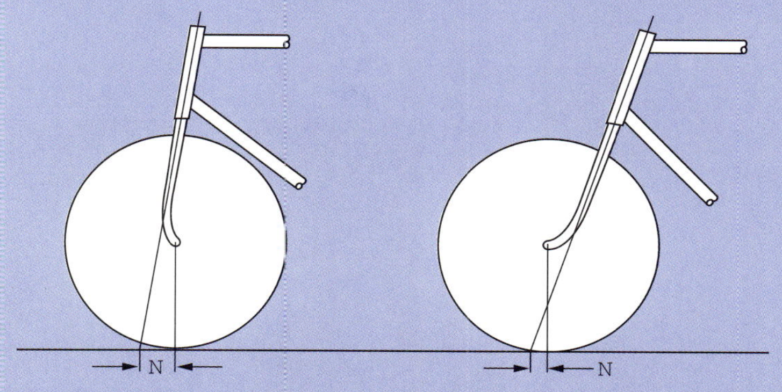

Der Nachlauf: der Abstand der Drehachse zum Aufstandspunkt des Vorderrades – auf dem Boden gemessen.

Weil nun die Reifen die Straße weit unterhalb des Schwerpunktes von Rad und Fahrer berühren, zieht die Fliehkraft beide wieder zurück in die Senkrechte. Oftmals sogar eine Spur übertrieben, so daß die zwei ein wenig nach links neigen. Und links funktionieren Kreisel- und Fliehkräfte keineswegs anders, das heißt, das schwankende Spiel geht von neuem los. Vielleicht unglaublich, doch wahr: Man bewegt sich nie senkrecht auf dem Velo fort, sondern stets von links nach rechts schwankend (und umgekehrt). Dieses ewige Hin und Her läßt einen permanent Schlangenlinien fahren. Aufgrund ihrer Erfahrung sind viele natürlich imstande, dämpfend und korrigierend in das ansonsten selbständige Lenkgeschehen einzugreifen und erzwingen so eine beinahe schnurgerade Fahrt. Für den Zweirad-Lenker spielen noch eine Menge anderer Faktoren, wie die Maße der Reifen und Felgen oder der in der Kurve kegelstumpfartig verformte Reifen, eine Rolle. Doch das Wesentliche ist gesagt.

Neigt sich durch ein schräger gestelltes Steuerrohr die Gabel weiter in Fahrtrichtung vom Fahrrad weg, vergrößert sich der Hebelarm, mit dem die Kreiselkräfte ihr Pendelspiel treiben können. Der größere Nachlauf stabilisiert die Geradeausfahrt des Rades, aber es müssen vermehrte Lenkkräfte aufgeboten werden, um eine Richtungsänderung einzuleiten. Ein solches Rad – vor allem dann, wenn es mit einem langen Radstand kombiniert wird – reagiert insgesamt träger auf Richtungskorrekturen. Zudem ist es anfälliger gegen seitlich auf das Vorderrad einwirkende Kräfte wie Wind oder schräge Spurrillen usw.
Rennfahrer bevorzugen einen Steuerwinkel von 74 Grad. Er verleiht dem Rad Wendigkeit und erfordert nur geringe Lenkkräfte. Mit diesem Winkel erreicht der Rahmen, in Verbindung mit einer Gabelvorbiegung von ca. 3 cm, das »goldene« Nachlaufmaß von 60 mm. Damit besitzt ein Rennrahmen neben seiner Wendigkeit noch Geradeauslauf-Qualitäten. Bei unveränderter Gabelkrümmung sind diese Qualitäten sogar noch verbesserungsfähig, indem der Steuerwinkel auf 71 bis 72 Grad angelegt wird. Wobei sich jedoch die Lenkkräfte vergrößern würden.
Wie schon in der Abb. oben zu sehen, »frißt« die Gabelvorbiegung den Nachlauf wieder auf, macht

Das Kernstück des Rades: der Rahmen

Blick von oben auf einen modernen Carbon-rahmen ohne Sattelrohr.

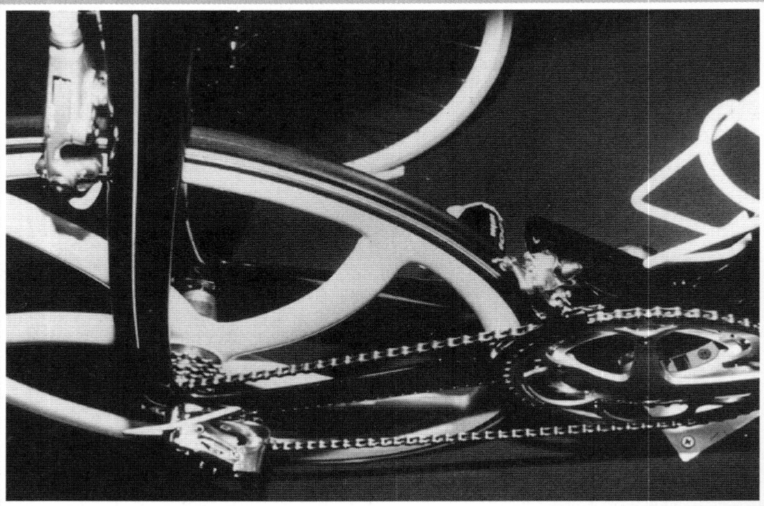

Radheros Eddy Merckx mittlerweile erfolgreicher Geschäftsmann und Hersteller von Nobelrädern.

Futuristische Rahmenkreation aus Carbon.

Das Kernstück des Rades: der Rahmen

diesen Nachteil aber teilweise wett, indem sie den Radstand vergrößert (= besserer Geradeauslauf). Außerdem optimiert jeder Zentimeter Vorbiegung den Federungskomfort der Gabel.
Die Mehrzahl der Rahmenbauer geht einen Kompromiß ein und fertigt Gabeln mit einer Vorbiegung von 3 bis 4 cm. Diese vergleichsweise geringe Durchbiegung federt bereits merklich. Insbesondere, wenn die Gabelscheiden erst in Ausfallnähe vorgebogen werden. Auf diese Weise ist die Verkürzung des Nachlaufs als fragwürdig zu bezeichnen.
Noch mehr Federkomfort bei einer weiter vorgebogenen Gabel würde durch zusätzliche Lenkarbeit erkauft werden.

Radstand

»Länge läuft« gilt nicht nur für's Segelboot, sondern auch für das Fahrrad. Kurze Distanzen zwischen den Naben machen das Fahrrad unruhiger. Erst recht, wenn der Hinterbau die 40-cm-Grenze unterschreitet. Bei extrem kurzem Rahmen schließlich – dessen Radstand um 90 cm liegt – kommt ein Schwingen in der Radlängsachse hinzu; das Vehikel schaukelt. Steigt die Entfernung zwischen den Laufrädern hingegen auf über 115 cm an ist für ein Fahrverhalten ähnlich einem Dampfer gesorgt.
In puncto Kurventrägheit kann der Rahmenbauer aber Milderung schaffen, indem er das Steuerrohr steiler anstellt. Eine Neigung von 73 Grad wirkt sich beispielsweise bei Reiserädern mit 110 cm Achsdistanz recht »erfrischend« aus. Umgekehrt geht's selbstverständlich ebenso.
Das Temperament eines Rennrahmens mit knapp einem Meter Radstand läßt sich geringfügig in Richtung »Geradeausläufer« verändern, wenn man ihn mit einem flacheren Steuerwinkel von 72 oder gar 71 Grad ausstattet. In die Lenkkoordination gehen noch die Reifenbreite und der Luftdruck ein. Hoher Luftdruck und schmale Reifen verringern die Reibung und erleichtern das Drehen des Vorderrades. Das gegenüber einem Normalrad deutliche Übersteuern eines Rennrades ist anfänglich gewöhnungsbedürftig. Auch Variationen wie kürzere oder längere Lenkervorbauten (mit denen sich der Lenkerabstand zum Drehpunkt des Gabelschaftrohres verändert) sowie unterschiedlich breite Lenker sind Abweichungen von der Norm, die erst in das Koordinationsvermögen des Radlers eingespeichert werden müssen. In Rennfahrerkreisen geistert immer noch die Behauptung herum, daß auch die Sitzrohrneigung das Fahrverhalten mitbestimmen würde. Diese Aussage ist falsch, zumindest soweit es sich auf die konstruktiven Eigenschaften eines Rahmens bezieht. Allein Radstand, Steuerwinkel und Gabelverbiegung sind für die Fahreigenschaften verantwortlich. Einzig auf die Verstellbarkeit des Sattels kann der Sitzrohrwinkel Einfluß haben: ein zu flacher Winkel schränkt u. U. das Verstellen des Sattels nach vorne ein. Der Radler hat dann oft Schwierigkeiten, in seine gewohnte Position zu rutschen. Dem Hinterrad wird – ähnlich wie bei einem zu kurzen Hinterbau – deshalb zuviel Gewicht aufgebürdet und das Vorderrad wird leicht nervös. Ein zu steil angestelltes Sitzrohr belastet zwar einerseits das Vorderrad mehr mit dem Gewicht des Fahrers, was den Fahreigenschaften durchaus zugute käme, doch schwebt andererseits die Sattelspitze fast über dem Tretlager. Ein ökonomischer Tritt ist nicht mehr möglich.

Fazit: Die Sitzrohrstellung beeinflußt die Fahreigenschaften nur dann, wenn wegen geringer Verstellmöglichkeiten eine ungünstige Fahrposition bzw. Fahrerschwerpunktlage auf dem Rad eingenommen werden muß. Erst das kann sich auf das Lenkgeschehen auswirken. Zum Nachvollziehen: Bei einem 56/57-Rahmen verändert sich die Sattelposition pro Grad um einen Zentimeter. Demzufolge steht sie bei einem

Geometrie eines modernen Rennrades.

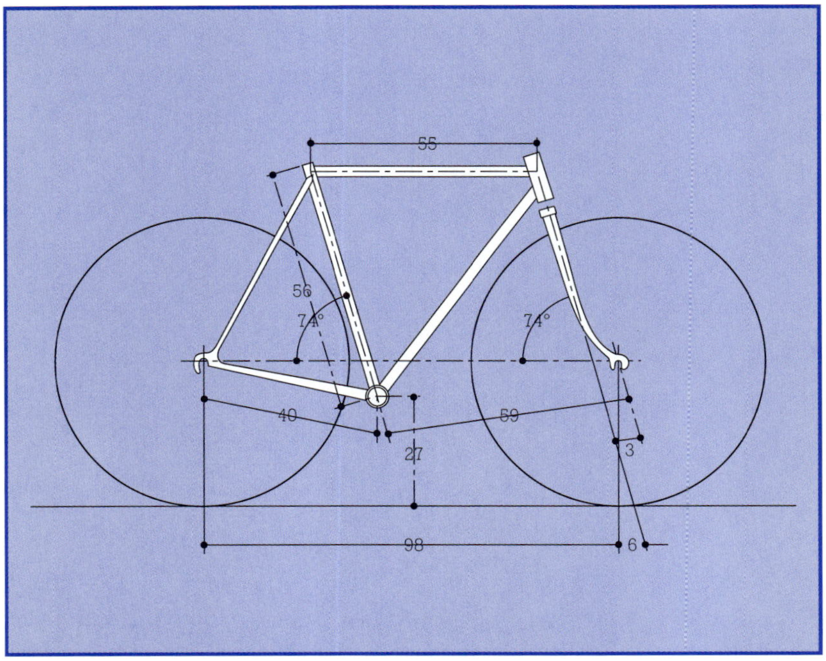

Das Kernstück des Rades: der Rahmen

74er-Sitzrohrwinkel 6 cm weiter vorne, als bei einem Rahmen mit 68 Grad.
In erster Linie wird die Stabilität des Zweirades von seinen Maßen und Winkeln bestimmt.

Diamant-Rahmen

Den Betrachtern damals vor ca. 100 Jahren in England erschien die Form wie eine Raute, daher nannte man ihn kurz »diamond«, das englische Wort für Raute, woraus im Deutschen »Diamantrahmen« wurde. Diese traditionelle Rahmenform existiert heute noch, denn nach wie vor wurde keine bessere Lösung gefunden, mit weniger Material einen haltbareren Rahmen herzustellen. Doch »ist nicht alles Diamant was glänzt…«: Vertikal sehr hart und stabil, könnte der Diamantrahmen selbst ein Pferd tragen. Seitlich dagegen schwänzelt er wie ein Lämmerschwanz. Wäre es umgekehrt, könnte man den perfekten Fahrradrahmen küren. Eine vertikale Elastizität würde Fahrbahnschläge dämpfen und eine seitliche Steifigkeit das gefürchtete Rahmenflattern verhindern. Trotz allem ist das Diamantkonzept so interessant, daß es sich in jedem Fall lohnt, es einmal eingehender unter die Lupe zu nehmen.

Vertikale Belastung

Sein Hinterbau bildet zusammen mit Unter- und Sattelstreben sowohl rechts wie links vom Hinterrad je ein Dreieck, wobei das Sattelrohr gleich zweimal als »Seite« herhalten muß. So ein Dreieck aus Stäben und Rohren stellt eine extrem steife und winkelstabile Anordnung dar. Das ist schon sehr lange bekannt, wurde es doch bereits im mittelalterlichen Fachwerkbau eingesetzt. Denn egal, auf welche Weise eine dreieckige Form belastet wird, die Seiten (Rohre und Stäbe) bekommen zwar Druck- oder Zugkräfte ab, werden aber nicht auf Biegung beansprucht. Mittels eines klappbaren Metermaßes ist diese statische Grunderkenntnis einfach unter Beweis zu stellen: Drei Glieder zu einem Dreieck zusammenklappen; drückt man nun auf die Ecken dieser Triangel bzw. zieht an ihnen, wird man sofort merken: Hier tut sich rein gar nichts. Das Dreieck steht felsenfest. Genauso verhält es sich beim Dreieck des Radhinterbaus: Wollte man die Sattelstreben eines Fahrradrahmens unter vertikaler Krafteinwirkung auch nur um einen halben Millimeter zusammenstauchen, müßte man satte zwei Tonnen Gewichtskraft auflegen. Für die Vertikale sind dem Rahmenhinterbau demnach die Attribute »steif« und »starr« zu verleihen.
Dennoch ist immer wieder die Rede davon, daß ein langer Hinterbau die Federung eines Velos verbessere. Das kann so nicht stehen bleiben. Der Hinterbau bleibt, egal wie lang er ausfällt, unverändert hart. Allerdings verlagert sich das Fahrergewicht weiter nach vorne zwischen die Laufräder. Dadurch, daß nun mehr Pfunde auf dem vorderen Rahmenviereck lasten, gibt es dort (wie anschließend erläutert) tatsächlich eine leicht verstärkte Federwirkung.

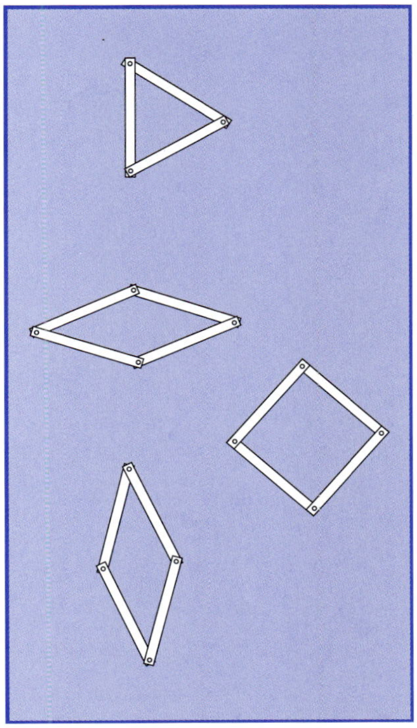

An den Gliedern eines Zollstockes auszuprobieren: Das Dreieck ist winkelstabil, das Viereck klappt hin und her.

Fahrkomfort

Der Vorderbau eines Diamantrahmens stellt ein Viereck dar, und dieses ist Winkelverschiebungen keineswegs abgeneigt, es ist statisch gesehen also instabil. Zum Beweis den Zollstock erneut zur Hand nehmen: Wenn an den Ecken des zum Quadrat gefalteten Maßstabes abwechselnd gedrückt und gezogen wird, klappt das ganze Gebilde hin und her, wobei sich die Winkelstellungen der Glieder stets zueinander ändern. Verständlich, daß jedem Konstrukteur nicht im Traum einfiele, solche Vierecke einzuplanen, denn ein so zusammengesetztes Bauwerk könnte unter hohen Belastungen in Null Komma nichts zusammenklappen. Beim Radrahmen sind eigene Muffen mit der Aufgabe betraut, das Zusammenklappen zu verhindern. Zudem stützen und stabilisieren Sattel- und Unterstreben das Sattelrohr. Die Tendenz zur Winkelverschiebung wird damit allerdings keineswegs aufgehoben. Unter-, Ober- und Steuerrohr verändern ihre Stellung zueinander auch weiterhin, indem sie sich einfach durchbiegen. Die Skizze unten dokumentiert, wie sich

Elastische Rohrverkrümmung bei unebener Fahrbahn.

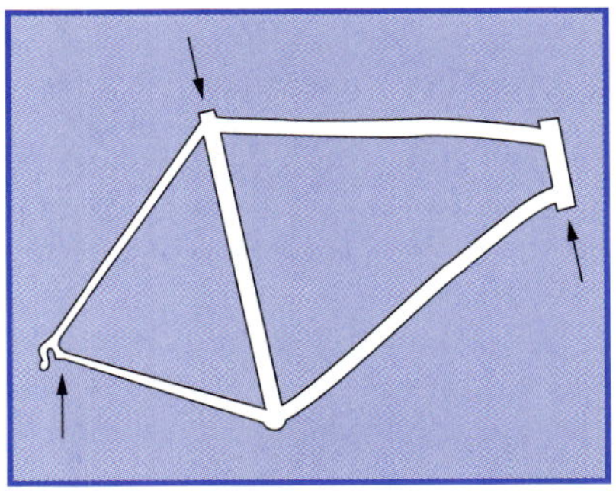

Das Kernstück des Rades: der Rahmen

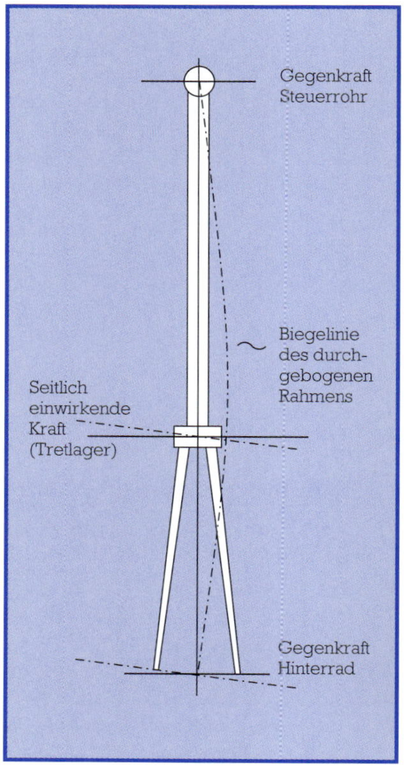

Beim Wiegetritt entsteht kurz vor dem Tretlager die Höchstbelastung für das Unterrohr.

Mit den sogenannten bikonischen Sattelstreben (oben dünner werdend) wird Seitensteifigkeit verschenkt.

Rahmenrohre verformen, wenn das Rad durch ein Schlagloch fährt. Auch wenn Gehirnwindungen bei dieser Schlagloch-Durchquerung durchgerüttelt wurden, der Diamantrahmen hat den Stoß erträglicher gemacht.
Durch die Verwendung dünnwandiger oder querovaler Rohre könnten die Konstruktionsvorteile des Diamantrahmens noch ausgebaut werden. Ein hochgezogenes Steuerrohr bzw. ein nach hinten abfallendes Oberrohr geben dem Diamantrahmen noch mehr Komfort. Das aber ist zumindest beim Rennrad optisch stark gewöhnungsbedürftig.

Horizontale Belastung

Seitlich auf den Rahmen treffende Kräfte sind relativ gering. Sie treten bei dem gefürchteten Rahmenflattern und beim kraftvollen Wiegetritt am deutlichsten spürbar auf. Über das Phänomen des Rahmenflatterns wird nachher noch eingehend geschrieben.
Es sind also seitliche Biegekräfte am Werk, die von den einzelnen Rahmenpartien unterschiedlich akzeptiert werden. Ein weiteres Mal ist der Hinterbau die stabile Komponente der Konstruktion und zwar aufgrund des Abstandes, welcher die beiden gegenüberliegenden Winkelecken aus Sattel- und Kettenstreben voneinander trennt. Doch an zwei Stellen geht es gefährlich eng zu: im Sattelmuffenbereich der oberen Streben und im Tretlagerbereich der Kettenstreben.
Den Erfindern einiger aerodynamischer Kreationen »gelang« es sogar, Soll-Bruchstellen zu fabrizieren: Die Sattelstreben endeten auf einem dünnen Steg hinter der Sattelmuffe. Diese »Engstelle« vermag natürlich keine Seitenkräfte aufzunehmen. Sie förderte das Rahmenflattern und brach. Im übrigen verschenken auch bikonische, also oben dünn zulaufende Sattelstreben Seitensteifigkeit. Ideal hingegen ist das Anbringen der Sattelstreben, das um die Sattelmuffe herum bis um das Oberrohr reicht, denn die auf Biegung bedachten Kräfte werden hier ohne Umwege ans Oberrohr weitergeleitet.
Zwischen den Kettenstreben liegt ausreichend Abstand und ihr Durchmesser ist größer. Würde man den Quersteg hinter dem Tretlager nicht wegnehmen, könnten auch hier Ermüdungsbrüche praktisch nicht auftreten. Nur das zu starke Eindellen der rechten Kettenstrebe (die Kettenblätter müssen vorbeirauschen können) ist noch eine Ursache für Brüche der Strebe.
Aus Fertigungsgründen entfällt der Quersteg jedoch häufig, ja, der Verzicht darauf wird sogar als modische Verbesserung angepriesen. Allein die Unterstreben haben die Belastung durch Biegung zu tragen, werden somit zum Sorgenkind in bezug auf die Dauerbelastbarkeit des Rahmens. Nicht zuletzt opfert man Seitensteifigkeit, denn unten »geht's«, wie man in der Fachsprache so schön sagt.
Es wäre wohl ungerecht, kämen die Rahmenrohre gänzlich ungeschoren davon. Etwa 10 cm vor dem Tretlager (siehe auch Skizze oben) ist das Unterrohr dran. Das Oberrohr trifft es kurz vor der Sattelmuffe. Doch die negativen Auswirkungen der Materialbelastung bleiben aufgrund des homogenen Materialgefüges und der beim hochwertigen Rahmen sagenhaften Festigkeit der Rohre begrenzt. Allenfalls auf die seitliche Labilität wirkt sich das aus. Bruchprobleme sind hier eine Rarität; und wenn doch, basieren sie normalerweise auf Lötfehlern. Etwas wird in diesem Zusammenhang von den Rad-Aktiven zumeist übertrieben hochgespielt: das Ausweichen des Tretlagers beim Wiegetritt zur Seite. Viele sind der irrigen Annahme, daß damit ein

Das Kernstück des Rades: der Rahmen

Kraftverlust verbunden sei. Genaugenommen verhält es sich jedoch folgendermaßen:
Weicht der Rahmen im Wiegetritt zur Seite hin aus, kommt zur Abwärtsbewegung von Kurbel und Pedal noch eine seitliche Komponente hinzu. Anders formuliert: Der Abwärtsweg der Kurbel wird um das seitliche Ausweichen des Rahmens verlängert. Unmittelbar vor dem unteren toten Punkt läßt die Pedalkraft nach und die im seitlichen Ausweichen »gespeicherte« Energie fließt der Antriebsbewegung zu. Das weiche Unterrohr wirkt also demnach – wohlgemerkt im Wiegetritt – wie eine Art Kurbelverlängerung. (Energieeinbußen treten nur auf, sobald Kräfte in plastische Verformung oder Reibungswärme umgewandelt werden.)
Doch wo eine Regel, da auch eine Ausnahme: Ist der Rahmen seitlich so weich, daß sich die Laufräder nach links und rechts aus der Spur versetzen, dann radieren die Reifen auf der Straße. Und das kostet allerdings Energie; nämlich Tretenergie, um den Bremseffekt zu überwinden.

Rahmenflattern

Vielen Radlern bekannt und immer unangenehm: Das sogenannte Rahmenflattern. Wohl allen Radlern fährt der Schreck in die Knochen, wenn das bislang so brave Stahlroß plötzlich verrückt spielt, und das Vorderteil herumtänzelt wie ein wildgewordener Handfeger. Bei der »großen Flatter« (wieder ein flotter Begriff aus der Radler-Fachsprache) schwingt sich der Vorbau in Sekundenschnelle zu seitlichen Ausschlägen bis in den Dezimeterbereich auf.
Doch warum und weshalb? Vom Vorderrad, welches im übrigen immer kleinere Unwuchten aufweist, wird dem Vorderbau pro Radumdrehung sozusagen ein leichter Schubser verpaßt. Kritisch wird es, wenn die Aufeinanderfolge der Anschübe mit der Eigenfrequenz des Vorderbaues übereinstimmt. Es ist so ähnlich wie beim Anschieben einer Schaukel. Selbst bei relativ leichtem Zutun, doch dies zur rechten Zeit, wird die Schaukel von Mal zu Mal höher steigen. Bei dieser Erscheinung spricht man in der Physik von Resonanz. Die »große Flatter« ist so ein Resonanzfall. Angenommen, die Eigenfrequenz eines Vorderbaues liegt bei 8 Hz (d. h. acht Hin- und Herschwingungen pro Sekunde), dann paßt alles zusammen, wenn das Vorderrad ebenfalls acht Umläufe pro Sekunde macht (das ist bei einer Geschwindigkeit von etwa 60 km/h der Fall). Doch ist nicht gesagt, daß die Flatterei zwangsläufig eintritt, da noch diverse Faktoren eine Rolle spielen. Hat das Vorderrad Bodenkontakt und die Hände verbleiben am Lenker, wirken sich beide Einflüsse dämpfend aus, erschweren also den Resonanzfall.
Unter gewissen Umständen allerdings unterstützt die Hand am Lenker noch das Flattern. Denn die Zitterbewegung des Menschen kann in den Rhythmus von Vorderradimpuls und Rahmenpendelei hineinpassen.
Noch eine Tatsache: Es ist keineswegs notwendig, bei jedem Pendelvorgang das Kind auf der Schaukel anzuschubsen, um es schließlich in die gewünschte Höhe schweben zu lassen. Es ist vollkommen ausreichend, wenn lediglich bei jedem zweiten oder dritten Durchgang ein entsprechender Impuls erfolgt. Wollte man hingegen bei jedem Pendelgang zweimal anschieben, käme der Schwingungsrhythmus durcheinander. Auf die Radlerpraxis umgesetzt, bedeutet dies, daß ein Rahmen durchaus schon bei 30 km/h vibrieren kann – der Vorderbau erhält bei jedem zweiten oder dritten Pendelweg seinen synchronen Impuls. Allerdings wirkt sich bei diesem Tempo die Unwucht des Vorderrades lediglich ein Viertel so stark aus wie bei doppelter Geschwindigkeitsanzeige. Oberhalb der Eigenfrequenz tut sich dagegen kaum etwas. Daher könnte man den Resonanzbereich zum Beispiel auch mit

Moderne Microfusions-Tretlager verzichten auf den Steg zwischen den Kettenstreben. Es erleichtert einerseits die Rahmenfertigung, verschenkt andererseits aber Seitensteifigkeit.

einer Tempoforcierung verlassen. Selbstverständlich kann man die Eigenschwingung des Vorderbaues auch konstruktiv beeinflussen. Ist er länger, ist die Eigenfrequenz des Rahmens geringer (zum Beispiel auf 6 oder 7 Hz, d.h. sechs oder sieben Schwingungen pro Sekunde). Was lediglich bedeutet, daß der Rahmen nun bereits bei niedrigeren Geschwindigkeiten in den Resonanzbereich gerät. Denselben Effekt würden dünnere Rohre (vor allem das Oberrohr) bzw. Rohre mit geringerer Wandstärke erzielen. Auch die Masse des schwingenden Vorderbaues ist eine unbekannte Größe im Spiel der Pendelkräfte. Das wird spürbar, wenn z.B. Gepäck die Eigenschwingungsfrequenz des Rahmens merklich herabsetzt.
Man kann jedoch auch den vorderen Rahmenteil versteifen – indem die Rohre verkürzt bzw. die Durchmesser verkleinert und die Wandstärken erhöht werden. Das bewirkt, daß die Schwingungsfrequenz steigt, und es sorgt dafür, daß Unwuchten im Vorderrad eindeutig stärker ausfallen müssen, um den Rahmen zum Flattern zu bringen. Zu wenig versteift, kann der Schuß aber auch nach hinten losgehen: Das Flattern kommt ebenso, überrascht aber dann den Radler bei höheren Geschwindigkeiten und ist deshalb umso gefährlicher. Also: »Wenn schon, denn schon«, d.h., wenn versteift wird, dann aber richtig.
Das Oberrohr müßte bei zahlreichen Rahmen sowohl im Durchmesser als auch in der Wandstärke zulegen. Mit einem Materialaufwand von 150 g, die den Rahmen um sage und schreibe ganze 6 % schwerer werden ließen, wäre dem Flattern der Garaus zu machen.
Den Rahmen mittels eines dicken Unterrohres vor künftigen Zitterpartien zu bewahren, lohnt nicht. Laut Untersuchungen der Technischen Hochschule Aachen wäre man hier nämlich gezwungen, mit einer im Vergleich zum Oberrohr dreifachen Versteifung zu operieren.

Flatter-Vorsorge

Was aber tun, wenn man einen »Flattermann« sein eigen nennt?
Bei höheren Geschwindigkeiten, z.B. bergab, ist das Flattern meist ganz plötzlich da. Zur Abhilfe ist es ratsam, sich weiter über den Lenker zu beugen. So wird das Vorderrad mehr belastet (Gewichtsbelastung), und dies erhöht die Dämpfung: also schon mal eine Schwingungsbremse. Eine weitere Möglichkeit bei unruhiger Fahrt ist, die Knie ans Oberrohr zu legen bzw. drücken. Wirksam ist auch, vor der Fahrt den Luftdruck im Vorderrad ein wenig zu reduzieren. Zur Erklärung: Das Belastungsverhältnis Hinterrad zu Vorderrad beträgt in etwa 2:1. Die Rollreibung des Reifens steigt oder fällt linear mit der Belastung. Demzufolge geht bei einem weniger aufgepumpten Vorderrad nur minimal Energie verloren, was zudem mit einem stärker aufgepumpten Hinterradreifen jederzeit wieder wettzumachen ist. Steht also eine lange, schnelle Abfahrt in Aussicht: den Luftdruck im Vorderradreifen auf 6 bar oder 5 bar vermindern.
Auf jeden Fall sollten Sie das Vorderrad einmal unter die Lupe nehmen.

Statisches Auswuchten des Vorderrades.

Es muß schön rund laufen und auf keinen Fall einen Seitenschlag von 2 mm oder mehr aufweisen. Ein uralter Pneu sollte es auch nicht sein, mit dem man durch die Gegend rollt.
Das Vorderrad kann man übrigens zumindest statisch auswuchten. Einfach eine Mutter nach der anderen auf den Ventilsatz schrauben (siehe Abb. oben), bis das Vorderrad aufhört zu pendeln und, wie es sich gehört, in jeder beliebigen Position stehenbleibt.
Darüber hinaus sollte der Steuersatz ab und zu inspiziert werden. Schlakkert es, leidet unter Umständen der Fahrstil.

Wenn's flattert: Oberkörper nach vorne und Knie ans Oberrohr.

Das Kernstück des Rades: der Rahmen

Rahmenrohre

Exakt elf Rohre braucht's, um einen schicken Velo-Rahmen entstehen zu lassen. Doch Schönheit allein hält bekanntlich nicht auf Dauer. Und darum sollten die elf schon von besserer Qualität sein. Wer kennt sie nicht, die Aufkleber der Rohrhersteller, die sozusagen als Gütesiegel am Sitzrohr ins Auge stechen. Obwohl geschweißte Rohre mittlerweile (erst recht, wenn sie nach dem Schweißen weitergezogen wurden) immer höhere Qualität erreichen, bleiben die nahtlosen Rohre in Mode.
Die Herstellung der »Nahtlosen« gelang erstmals den Gebrüdern Mannesmann mit ihrem Schrägwalzverfahren (siehe Skizze links). Es gab kaum technische Probleme mit dem weiter Auswalzen und Dünnerziehen der Stahlrohre, damit sie eben schlanker und dünnwandiger wurden. Den Technikern war klar, daß Rohre mit ihrer inneren Höhlung nicht ausschließlich zum Durchleiten von Gas und Flüssigkeit genutzt werden können, sondern daß Rohre außerdem hervorragende Elemente für steife und leichte Gebilde abgeben. Zur Verdeutlichung: Ein Rohr mit 28,6 mm Durchmesser und 0,6 mm Wandstärke wiegt ebensoviel wie ein Rundstab von ca. 8,3 mm Durchmesser. Das Rohr weicht einer etwaigen Biegebeanspruchung aber nur um 3% des Weges aus, den der »volle« Stahlstab sich biegt. Das heißt, der massive Stahlstab würde, mit 100 N (etwa 10 Kilopond) belastet, in der Mitte 43 mm durchhängen, das gewichtsidentische Rohr hingegen lediglich ca. 1,3 mm.
Fazit: Je größer ein Rohr im Durchmesser ist und je geringer seine Wandstärke ausfällt, desto besser kann mit wenig Gewicht viel Steifigkeit erzielt werden. Dazu gleich noch ein Beispiel:
Würde man ein zölliges Rohr (Durchmesser 25,4 mm, Wandstärke

Gütesiegel für hochwertige Rennrahmen: der Rahmenaufkleber dokumentiert die verwendeten Rohre.

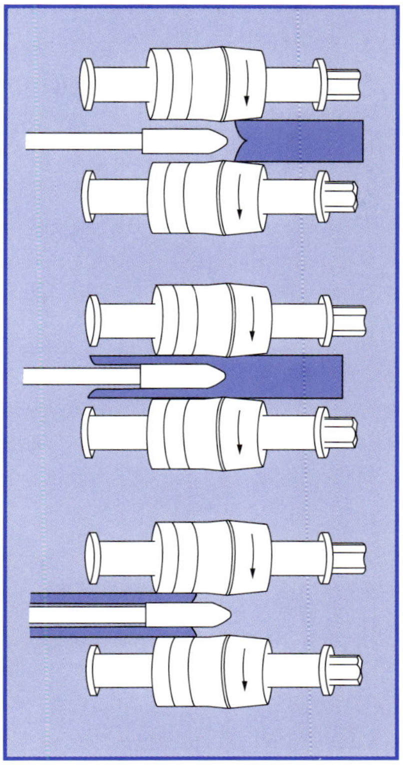

Mannesmann-Verfahren zur Rohrherstellung: Zwei Walzen laufen in gleicher Drehrichtung und zermürben dadurch den Kern eines zylinderförmigen Stahlstückes. Ein Dorn weitet anschließend die zermürbte Zone zu einem dickwandigen Rohr.

Bei gleichem Gewicht ist ein Rohr um ein Vielfaches biegesteifer als ein Vollstab.

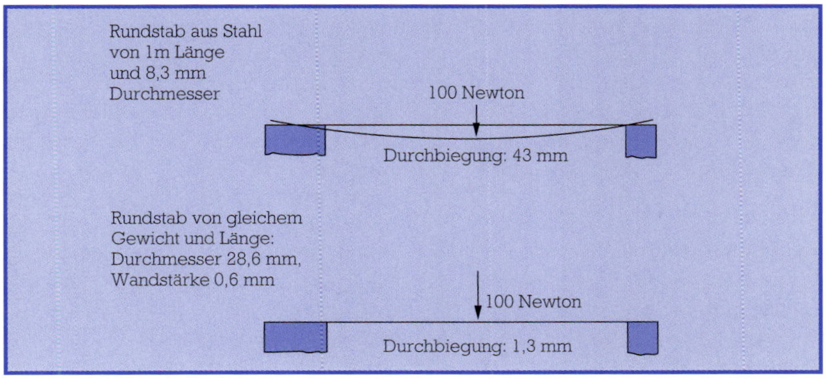

Das Kernstück des Rades: der Rahmen

0,6 mm) durch eines mit 28,6 mm Durchmesser und 0,5 mm Wandstärke ersetzen, wäre letztgenanntes nicht bloß um 6% leichter, nein, auch noch um 19% biegesteifer.
Theoretisch könnte man das »Abspecken« der Wandstärke fortsetzen. In der Rahmenbaupraxis liegt das Limit jedoch bei ca. 0,35 mm (Reynolds 753), denn ab hier beginnt langsam aber sicher der Bereich, in dem Rohre wie eine Cola-Dose eingedrückt werden können.
Warum statt Abnehmen nicht noch eins draufpacken und die Wandstärke verdicken? Die Rohre werden jedenfalls steifer – jedoch nur linear. Das heißt, doppelte Rohrwandstärke ergibt etwa doppelte Steifigkeit. Die Zunahme des Durchmessers geht dagegen in der dritten Potenz ein. Denn doppelter Durchmesser ergibt die achtfache Biegesteifigkeit. Neben diesen definitiven Gesetzmäßigkeiten bestimmen das Rohr zudem noch artspezifische Eigenschaften.

Die Zerreißfestigkeit: So bezeichnet man die Eigenschaft, die durch die Belastung eines Quadratmillimeters eines Materials bestimmt wird. Die Fahrradrohre können sich diesbezüglich sehen lassen. Die Festigkeitswerte qualitativ hochwertiger Rohre für den Fahrradbau liegen immerhin zwischen 750 und 1180 N pro mm². Für ein Oberrohr, das 1 Zoll Durchmesser und 0,6 mm Wandstärke hat, bedeutet das, daß man schon eine Zugkraft von 3,6 bis 5,6 Tonnen benötigt, ehe es in zwei Teile zerrissen wird.
Die Zerreißfestigkeit wirkt sich jedoch keineswegs auf die Steifigkeit des Zweirades aus. Sie entscheidet lediglich darüber, ob der Rahmen bei Extrembelastungen (wie einem Sturz) in seine ursprüngliche Geometrie zurückfedert oder krumm bleibt.

Die Bruchdehnung: Sie drückt in Prozenten die Längenveränderung des Rohres bei Zug aus, bevor es zerreißt. Die besseren Rohre liegen zwischen 8 und 18%. Der Wert gibt sozusagen Auskunft darüber, ob ein verbogener Rahmen noch gerichtet werden kann oder ob er verschrottet werden muß.

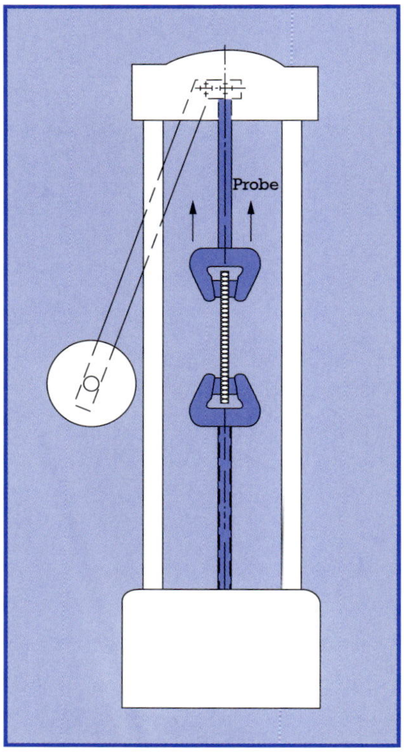

Mit dem Zerreißversuch wird die Festigkeit von Werkstoffen ermittelt. Hier eine schematisierte Zeichnung einer Anlage zur Ermittlung der Zerreißfestigkeit.

Der Elastizitätsmodul: Diese material-spezifische Eigenschaft bezeichnet den Widerstand, den die unterschiedlichen Materialien einer Verbiegung entgegensetzen.
Hier ist von frappierenden Familienähnlichkeiten innerhalb der einzelnen Materialsorten zu berichten. Stahl hat, selbst wenn Legierungsbestandteile untergemischt wurden, stets den etwa dreifachen Elastizitätsmodul wie Aluminium und immerhin noch den doppelten von Titan. Carbon übertrumpft Stahl um Faktor fünf bis sechs. Allerdings erreicht es diesen computererrechneten Wert in der jetzigen Verbundbauweise Faser/Harz nicht tatsächlich.

All diese Fakten und Daten verleiten natürlich zu interessanten Gedankenspielen. Nur eine Andeutung davon: Ein Aluminiumrohr zum Beispiel müßte bei gleichem äußeren Durchmesser die dreifache Wandstärke eines Stahlrohres haben, um mit dessen Steifigkeit gleichzuziehen; dann wäre es aber etwas schwerer als das Stahlgestänge.
Doch sollte Logik die Oberhand behalten. Würde man das schon verdickte, stählerne Oberrohr von 28,6 mm Durchmesser und 0,5 mm Wandstärke (siehe auch S. 21) durch ein noch voluminöseres von 41 mm Durchmesser und ca. 1,2 mm Wandstärke aus Aluminium ersetzen, hätte diese pipeline-ähnliche Röhre das gleiche Gewicht wie das Stahlrohr, wäre aber gut zweimal biegesteifer als der Stahlkonkurrent. Und aufgrund der Wandstärke der Alu-Ausgabe von immerhin noch 1,2 mm wäre dem »Eindrückeffekt« (Cola-Dosen) vorgebeugt. Lediglich die Optik spricht eventuell gegen diese »aufgeblasene Bauweise« mit dicken Alu-Rohren. Doch die ist bekanntlich Geschmackssache.

Carbon-Rahmen

Der geradezu unglaublich hohe Elastizitätsmodul von Carbon (bei seinem spezifischen Gewicht von nur 1,75 kg/dm³) spukt den Konstrukteuren verständlicherweise permanent im Kopf herum. Doch dieser »Stoff« ist ungemein eigenwillig, und das erschwert die Sache immens. Technisch nutzen kann man es demzufolge nur, wenn die Kohlenstoffäden mit einem Bindemittel wie Expoxidharz fixiert werden. Doch damit sind schon zwei an dem Prozeß beteiligt – das Bindemittel und die Fäden. Andere Kunststoffasern weisen ähnliche Eigenschaften auf wie Carbon und benötigen ebenso ein Bindemittel. Kevlar und Spektra, Fäden aus Aramit oder Polyurethan, haben als »Elastisch-Macher« Einzug in die Technik gehalten.

Das Kernstück des Rades: der Rahmen

Moderner Carbonrahmen von TVT mit runden Rohren. Bei gleicher Steifigkeit noch leichter als der unten abgebildete Kestrel.

Werkstoffspezifische Auslegung zeigt der Kestrel-Rennrahmen. Aber: die Krafteinleitstellen »kosten« Gewicht.

Werden jene Fäden »unidirektional«, also ausschließlich in Rohrlängsrichtung, fixiert, nehmen sie hervorragend die Biegekräfte auf, können jedoch mit Fingerkraft oval gedrückt werden. Wickelte man die Carbonfasern hingegen nebeneinander (wie bei einer Garnrolle) um den Kern, lägen die Fasern quer zur Belastungsrichtung. Es wäre beinahe möglich, in ein solches Rohr einen Knoten zu machen, aber den Querschnitt könnte nur ein Schraubstock ovalisieren.
Der Konstrukteur muß sich bei Verwendung von Carbonmaterial im Gegensatz zu Stahlrohr auch gut überlegen, auf welche Weise die Kräfte einwirken werden. Exakt in dieser Kraftrichtung müssen die Fasern dann im Rohr verlaufen!
Solch werkstoffgemäße Auslegung ist logischerweise aufwendig und kostenintensiv, selbst unter der Voraussetzung, daß computergesteuerte Spinnmaschinen die Wickelei ausführen. Darum hat man sich auch ein unkomplizierteres Verfahren einfallen lassen. Nicht separate Fäden, sondern ein fertiger Strumpf aus Fäden wird über einen Kern gezogen und später mit Harz getränkt. Am dafür bestimmten Rohr verlaufen sie dann um 45 Grad versetzt und können – wenn es auch nicht gerade das Gelbe vom Ei ist – sowohl Radial- als auch Biege- und Verdrehkräfte schlucken. Neueste Carbon-Rahmen haben allerdings einen hohen Faseranteil unidirektional laufen und können deswegen mit erheblich verbesserten Steifigkeitswerten aufwarten, die selbst den Stahlrahmen (bei weniger Gewicht) in der Zwischenzeit überholt haben.
So weit, so gut. Wäre da nicht eine unangenehme Eigenschaft, die Carbon-, Kevlar-, Spektrafasern gleichermaßen anhaftet. Ihre materialbedingte Bruchdehnung beträgt magere 2 bis 3%. Bei einem Crash muß man statt mit einem verbogenen Rahmen schlimmstenfalls mit einem gesplitterten rechnen: ziemlich spröde also die schwarzen und gelben Wunderwerke. Material-spezifisch vorteilhafter sind Monocock-Rahmen wie der von Kestrel. Da aber die Krafteinleitung in die großvolumigen Rohre mit einem unrunden Querschnitt relativ problematisch ist, wird hier eine Menge Gewicht verschenkt, so daß letztendlich der Rahmen nur eine Kleinigkeit leichter ist, jedoch exotischer wirkt.

Einen großen Pluspunkt der Carbon-Rahmen darf man nicht unterschlagen: Der Materialverbund (Harz und Fasern) dämpft besser, als die glokkenklar schwingenden Stahl- bzw. Alu-Rohre. Strampelt man auf einem Carbon-Rahmen, so scheint es, als ob die Schlaglochkanten ein wenig abgerundet wären. Carbon-Rahmen sind also komfortabel.

Das Kernstück des Rades: der Rahmen

Endverstärkte Rohre

Nach diesem Exkurs in die moderne Werkstofftechnik nun wieder zurück zu den guten, alten Stahlrohren, die es seit den Zeiten des seligen Mr. Reynolds »butted« gibt, also mit ein- oder beidseitig wandverdickten Rohrenden. Diese endverstärkten Rohre sind in der Lage, die Spitzen der Biegebeanspruchung im Tretlager- und Sattelbereich (Wiegetritt) leicht zu verkraften. Die Gegend um das Steuerrohr wird erst, wenn der Radler auf ein Hindernis rauscht, mit höheren Belastungen konfrontiert. Bei normalen Rohren ist die Gefahr groß, daß Ober- und Unterrohr bei solchen Stößen einknicken. Daher bewirkt die Verdickung auch hier hinsichtlich der Materialerhaltung Positives.
Der größte Vorteil endverstärkter Rohre zeigt sich in der problemlosen Verarbeitung. Zum einen ersetzt die zusätzliche Wandstärke die beim Lötvorgang eingebüßte Festigkeit, zum anderen ist es nicht mehr so schlimm, wenn bei der Nachbearbeitung die Feile ein wenig abgerutscht ist.
Die Nachfahren des ersten Nahtlosziehers, heute die Firma Mannesmann (versorgte übrigens schon seit geraumer Zeit die Firma Reynolds mit vorgezogenen Rohren), startete vor einigen Jahren ihr eigenes Programm mit Radrohren. Ihre Produkte sind von erlesener Materialgüte, aber nicht endverstärkt, dafür jedoch über die gesamte Rohrlänge mit einer etwas dickeren Wandstärke ausgestattet. Damit haben auch Mannesmann-Rohre einen so hohen Überschuß an Steifigkeit, daß sie sich ohne weiteres zur Rahmenfertigung eignen.

Besondere Rohrformen

Auch Fahrradrohre sind von Modeströmungen betroffen. Ein Beispiel dafür ist das SLX-Rohr von Columbus. Als Besonderheit wird von der Werbung hervorgehoben, daß die Endbereiche durch fünf 0,35 mm dicke Rippen verstärkt sind, – angeblich ermöglicht das höhere Torsionsbelastungen. Hätte man stattdessen der Wandstärke einfach 0,2 mm zugegeben, würde das Rohr zweifelsohne besser mit der beschworenen Torsionsbelastung fertig werden.
Ähnliches gilt übrigens für Rohre, deren Querschnitt vom runden Ideal abweicht. Nach wie vor ist das kreisrunde Rohr Sieger im Kampf mit den verschiedenen hereinstürmenden Kräften. Es sei denn, Belastungen wirken überwiegend auf Biegung hin – hier kann ein oval gedrücktes Rohr durchaus Vorteile bringen. Ein queroval gedrücktes Oberrohr beispielsweise fängt die vom Lenkrohr bzw. Lenker ausgehenden Verwindungen ziemlich gut ab. Wobei aber gesagt werden muß, daß hauptsächlich Biegespannung auf das Oberrohr einwirkt. Obendrein macht ein solches Rohr den Rahmen vertikal elastischer, sorgt also für mehr Fahrkomfort.
Von welchem Produzenten die Rohre stammen, ist mittlerweile fast egal. Die renommierten Rohrzieher liefern sich in Sachen Qualität ein Kopf-an-Kopf-Rennen. Den Wandstärken der Rohre sollte die größte Aufmerksamkeit gewidmet werden, denn sie entscheiden über die Steifigkeit. Und sie ist ungeheuer wichtig für Rahmen, die höher als 58 cm sind.

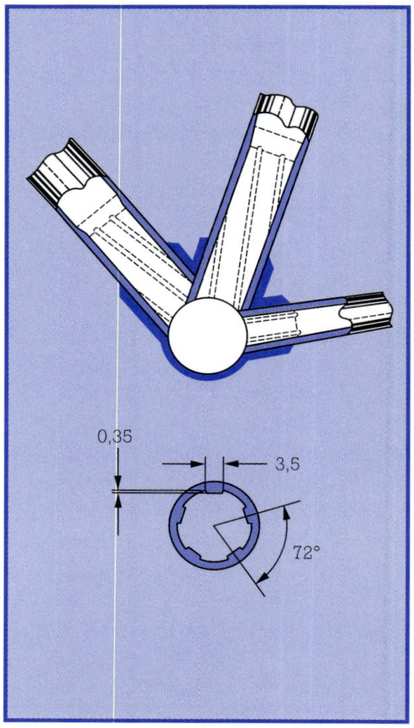

In erster Linie werbewirksam ist die Rohrverstärkung per Rippen. Eine gleichmäßige Wandstärkenverdickung »bringt« mehr.

Die Geometrie eines sogenannten endverstärkten Rennrahmen-Rohres.

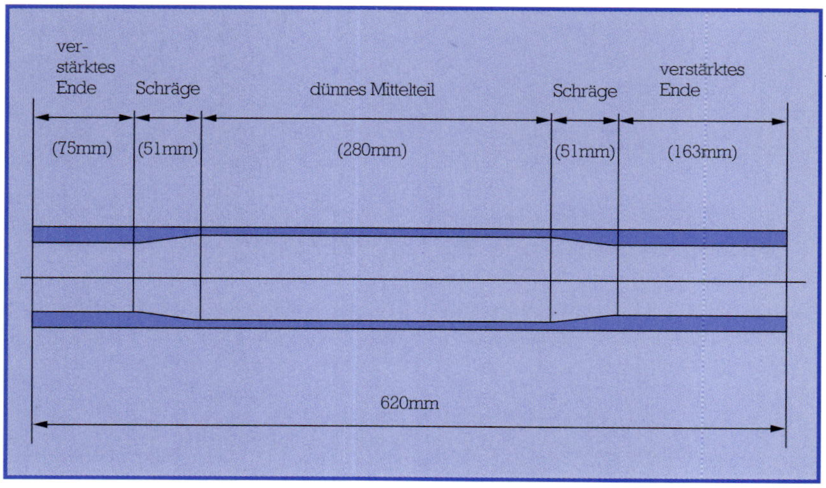

Das Kernstück des Rades: der Rahmen

Das Fügen der Rohre

Aus den Rohren sollen schließlich Rahmen werden. Ganz zu Beginn bestanden die Rahmen aus Volleisen, das man im Schmiedefeuer zusammenschweißte. Rohre – innen hohl – wären für dieses Unterfangen nicht geeignet gewesen, weshalb man sie mit Muffen verband und per Hartlötung die Vereinigung dauerhaft besiegelte. An der Prozedur hat sich bis zum heutigen Tage nichts geändert. Qualitätsmäßig angehoben wurden lediglich die Rohrmaterialien, die Muffen sowie das Lot und sein Flußmittel. Und die Wärmequelle heißt nicht mehr Schmiedeofen, sondern Gasbrenner.
Andere Versuche, die Rohre zu verbinden – wie mit Stiften, Nieten oder Schrauben – sind gescheitert. Erst in letzter Zeit haben sich das Kleben, vor allem bei Alu- und Carbon-Rohren, sowie das WIG-Schweißen (Wolfram-Inert-Gasschweißen) eine gewisse Anerkennung der Rahmenhersteller verschaffen können.
Aber zuerst zum Löten.

Löten heute

Das Grundprinzip ist einfach: Man erwärmt zwei Metallteile unterhalb ihres Schmelzpunktes und »bindet« die beiden mit einem dritten Metall, dem sogenannten Lot, welches geschmolzen wird. Was hier so lapidar klingt, ist in Wahrheit ein enorm komplizierter Vorgang. Die Auswahl des richtigen Lotes, die Vorbereitung der Rohrmaterialien und der Lötvorgang selbst sind sehr sorgfältig auszuführen. Dazu sind viel Wissen und Erfahrung notwendig.
Ist der Rahmen fertig, kreisen Feile und Schmirgel zu Nachputzarbeiten. Oftmals eine stundenlange Werkelei. Sandstrahlen, ab und zu schon durch Beizen ersetzt, schließt sich daran an. Endziel der Schufterei ist ein metallisch sauberer Rahmen, der dann grundiert werden kann. Bei einem

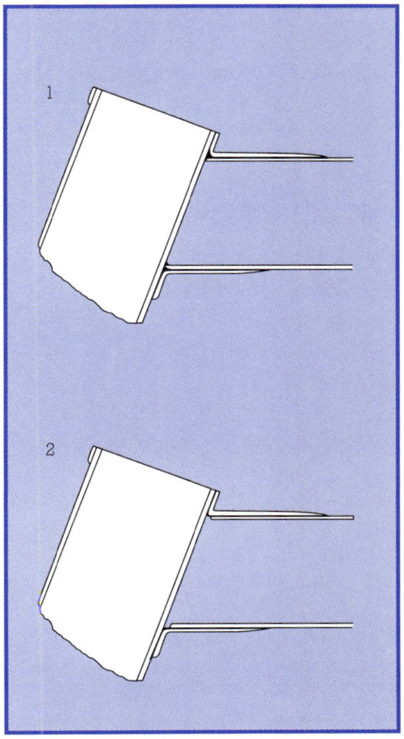

1 Steife Muffenlötung, wenn die Rohre in der Muffe auf Gehrung liegen.
2 Elastische Muffenlötung, wenn die Rohre einen Abstand zueinander halten. Aber – die Muffe muß entsprechend stabil ausgelegt sein.

Unten rechts: Nacharbeit in Eigenleistung: Es vermeidet Kratzspuren an der Sattelstütze.

So werden Aluminium- und Carbonrahmen geklebt: Ein Klebestutzen ragt ins Rohrinnere und sichert den Kraftfluß.

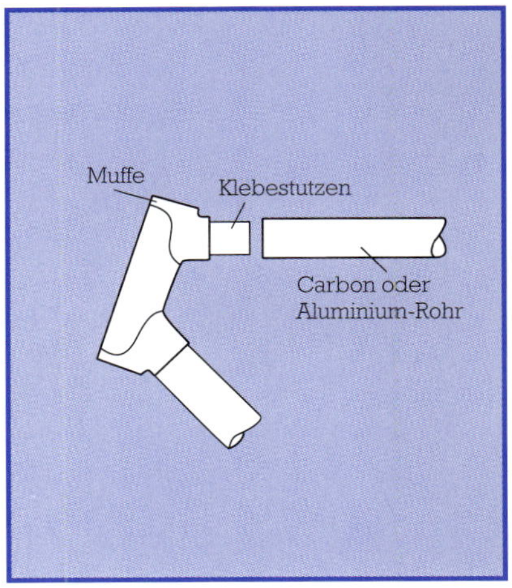

wertvollen Rahmen geht eine Phosphatierung voran, die die Stahloberfläche mit einem Hauch von Phosphat durchsetzt und zum einen eine Art Rostschutz darstellt, zum anderen eine optimale Unterlage für die Grundierung und den Lack bildet.

Nacharbeiten

Bevor es darangeht, den Rahmen zu komplettieren, muß noch nachgearbeitet werden. Dazu gehört zunächst das Nachschneiden und Planfräsen des Tretlagergewindes. Die Seiten des Tretlagergehäuses müssen nach dem Planfräsen zumindest zu zwei Drittel von Lack und Farbe befreit sein. Nur dadurch können die Kugellaufbahnen der Tretlagerschalen später parallel zueinander stehen.
Auch die Planseiten der Steuerrohre sind noch von Lackierungsresten zu befreien, sonst sitzen die Steuerschalen nicht übereinstimmend.
Bei der Nachbearbeitung des Sattelrohres wird von den Herstellern oft geschludert. Die Folge ist immer ein Grat im Sattelrohr. Dieses Ärgernis schafft man am besten eigenhändig aus der Welt, indem man sich einen Streifen 180er-Schmirgelleinen um Zeige- oder Mittelfinger legt und damit die obere, innere Kante der Sattelmuffe, den Klemmschlitz über seine gesamte Länge und die Entlüftungsbohrung des Oberrohres bearbeitet.

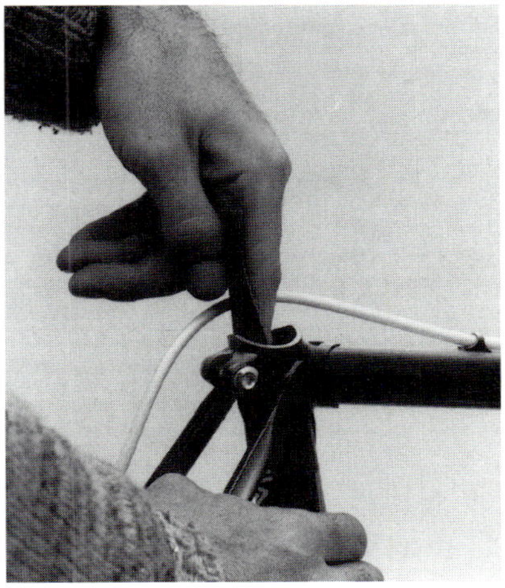

Das Kernstück des Rades: der Rahmen

Zusammenfassung

Damit dieses komplexe Thema Rahmen übersichtlicher wird, noch einmal kurz und knapp das Wichtigste:

- Langer Radstand und großer Nachlauf verbessern den Geradeauslauf des Velos. Wobei ein langer Hinterbau günstiger ist als ein langer Vorderbau.
- Steile Steuerrohre und kurze Hinterbauten machen Räder wendig. Wenn die Steuerrohrneigung steiler als 74 Grad wird und die Hinterbaulänge unter 40 cm rutscht, bekommt das Rad ein kritisches Fahrverhalten.
- Tiefe Tretlager (Bodenfreiheit unter 27 cm) vermitteln ein sicheres Fahrgefühl, »verschenken« aber Seitensteifigkeit.
- Rahmen aus dünnwandigen Rohren bieten mehr Fahrkomfort, neigen aber bei weniger versierten Radlern zum »Flattern«.
- Die Seitensteifigkeit eines Rahmens hängt entscheidend von Rohrwandstärke und Rohrdurchmesser ab.
- Aluminium-Rahmen können bei geringerem Gewicht nur dann mit der Steifigkeit von Stahl-Rahmen konkurrieren, wenn ihre Rohre einen größeren Durchmesser haben. Die neuesten Carbon-Rahmen übertreffen diesbezüglich allerdings wieder die Stahlrahmen.
- Kleine Rahmen sind steifer, weil ihre Rohre kürzer sind. Werden die »Kleinen« jedoch mit langen Sattelstützen und Vorbauten ausgestattet, gelangen größere Hebelkräfte auf den Rahmen; die einen Teil der Steifigkeit wieder eliminieren.
- Das kreisrunde Rohr verkraftet zusammengesetzte Belastungen (Zug, Biegung, Torsion) am besten.
  Querovalgedrückte Rohre als Ober- und Unterrohr machen das Velo seitensteifer und komfortabler.
- Am Rahmen wird Seitensteifigkeit verschenkt
  durch zu enge Sattelstrebenanlegung ans Sitzrohr,
  durch bikonische (oben dünner werdende) Sattelstreben,
  durch moderne Tretlagermuffen, die auf den Steg zwischen den Unterstreben verzichten.

Lackpflege

Regelmäßige Pflege gehört normalerweise zum Alltag eines gewissenhaften Pedaleurs. Neben allen anderen Bestandteilen des Fahrrades sollte auch Lack und Chrom Gegenstand dieser regelmäßigen Aktionen sein. Das Auge radelt schließlich mit. Und der beste Rahmen wirkt nicht, wenn er ungepflegt ist.
Man kann davon ausgehen, daß jeder noch so gute Lack im Laufe der Zeit kleine Schönheitsfehler bekommt. Steinchen werden gegen den Rahmen geschleudert, oder Transporte auf dem Autodach bzw. im Kofferraum hinterlassen ihre Spuren. Irgendwie findet der Rost dann den Weg zum blanken Metall. Was tun? Am besten eine Anleihe bei der Natur machen: Wachs dient schließlich nicht bloß den Bienen als Baustoff, auch andere Insekten und Pflanzen schützen sich mit dem wasserabstoßenden Naturprodukt vor Feuchtigkeit und Nässe.
Als Versiegelung der kostbaren Rahmenrohre bietet sich ein hauchdünner Film aus Wachs geradezu an. Schmutz und Rost starten dann vergebliche Versuche, das Metall anzugreifen. In diesem Zusammenhang erweist sich das oft gepriesene Sprühwachs aus der Dose ein weiteres Mal als sehr nützlich und praktisch. Ein wenig davon aufs Rahmenrohr sprayen und mit einem sauberen Lappen verteilen. Dann das nächste Rohr, die Felgen, das Zubehör »benebeln«, bis letztlich das ganze Rad von einem dünnen Film der schützenden Masse ummantelt ist. Nach einer Viertelstunde Wartezeit das Wachs mit einem weichen Tuch glänzend reiben. Dadurch ist die Oberfläche zudem noch leicht schmutzabweisend – also erleichterte Radpflege.
Lack-Politur schmirgelt verwitterte Oberflächen etwas ab und läßt dadurch auch verblaßten Lack wieder farbenfroher erscheinen. Doch ja nicht zu eifrig polieren, sonst wird der Lack dünner. Ein bis zwei Politur-

Schier unbegrenzt ist der Einsatz von Sprühwachs. Hier wird der Lack konserviert.

Das Kernstück des Rades: der Rahmen

Einsätze pro Jahr sind vollkommen ausreichend. Lieber die Lackschicht durch Einwachsen schonen.
Aluminium rostet bekanntlich nicht, doch es oxidiert. Dann bildet sich jene weißlich pulvrige Schicht, die Aluminium erschreckend schnell und tief »anfrißt«. Straßenschmutz und Körperschweiß beschleunigen diesen Prozeß vehement. Aber schon ein Polieren der Oberfläche kann den Verfall stoppen. Die zerklüftete »Alu-Haut« unbearbeiteter Aluminium-Oberflächen sieht unter dem Mikroskop wie eine Felsenlandschaft aus. Geglättet, also poliert, nimmt man der Oxidation den Ansatzpunkt, an dem sie »knabbern« könnte. Eloxieren ist ein noch effektiverer Schutz. Dieser Vorgang erzeugt auf galvanischem Weg eine erste Oxidationsschicht, die anschließend verdichtet, sogar gefärbt wird. Weitere (schädliche) Oxidation ist somit gebannt. Erfahrungsgemäß ist auch das noch nicht ideal, daher auch die Alu-Oberflächen wachsen. Optischer Glanz und die Festigkeit des Materials sind den zusätzlichen Aufwand wert.
Mit diesen beiden Anwendungsgebieten haben sich die Dienste des Wachses noch lange nicht erschöpft. Sämtliche Stellen, an denen etwas geschraubt bzw. gesteckt ist, sollten mittels Sprühwachs verdichtet und somit vor Korrosion geschützt werden. Besonders am Spalt zwischen Sattelstütze und Sattelrohr, zwischen Nippel und Speichen sowie Nippel und Felge, an Vorbau und Lenker und am Gabelschaftrohr empfiehlt sich diese Sprühkur. Die Schraubschalen des Tretlagers, die Trennzonen von Steuersatz und Steuerrohr zuzüglich aller Schräubchen und Mütterchen freuen sich auf diese Fürsorge.
Ein angenehmer Nebeneffekt ist die zusätzliche Schraubensicherheit durch das ausharzende Wachs: eine Schraube erst wieder an ihren Bestimmungsort zurückbringen, wenn Muttern- und Bolzengewinde mit einem kleinen Spritzer Wachs versehen wurden. Das Festrosten der

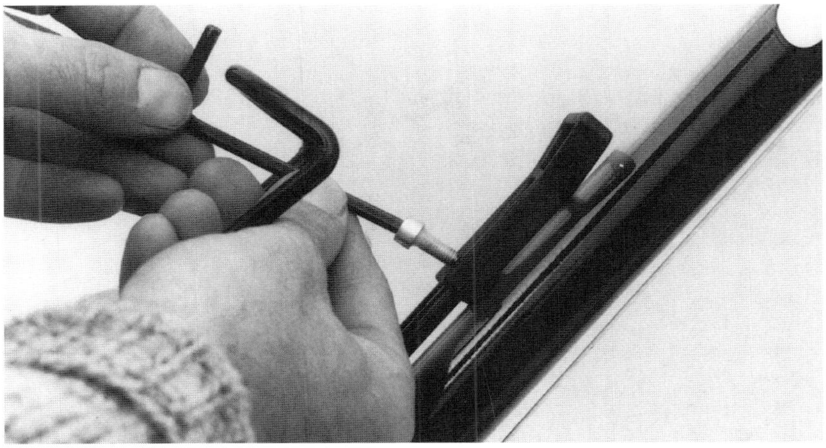

Noch eine Einsatzmöglichkeit von Sprühwachs: Überall können Schrauben gegen Festrosten und Lösen mit Hilfe von Wachs gesichert werden.

Schraube gehört dann der Vergangenheit an. Zugleich wird sie durch das zäher werdende Wachs zuverlässig gehalten. Die Schraube kann sich also nicht mehr unangemeldet aus dem Staub machen.
Nach einer Regenfahrt bloß keine Reinigungsaktion per Dampfstrahlgerät: Der Kombination von starkem Druck und hoher Temperatur des dampfenden Strahles halten weder die »gedichteten« Lagerungen noch die abgedeckten Leichtlauflager des Rennrades stand.
Auch das sollte bedacht werden: Ritzen und Spalten im Lack sind nach der »Dampfstrahlung« ein gefundenes Fressen für den Rost, auch weil im Dampf noch aggressive Reinigungsmittel enthalten sind.
Warmes Wasser und ein weicher Schwamm sind die Mittel der Wahl. Das im Verlauf der Waschung herabrinnende Wasser läßt die Lagerungen ungeschoren. Die Fettpackung schützt zur Genüge.
Werden Lackschäden erst zu einem späteren Zeitpunkt wahrnehmbar, steht eine gründliche Ausbesserung der rostgefährdeten Stellen an. Die Schadstelle entfetten und mit Originalfarbe wieder auffüllen. Zügiger geht dies mit Tipp-Ex als »Füller«. Renommierte Rahmenhersteller liefern Lackstifte im Rahmenton von vornherein mit. Die gefüllten Stellen damit überlackieren.
Die Farbe mit einem feinen Pinsel

Lackschäden kann man selbst ausbessern. Zuerst Farbe auftupfen, trockenen Lack dann glattschmirgeln.

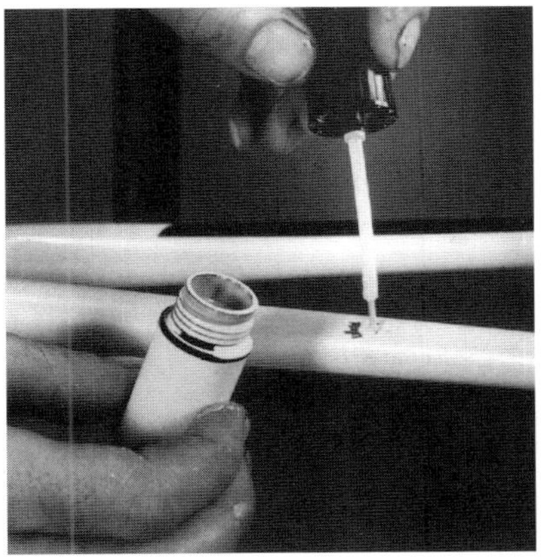

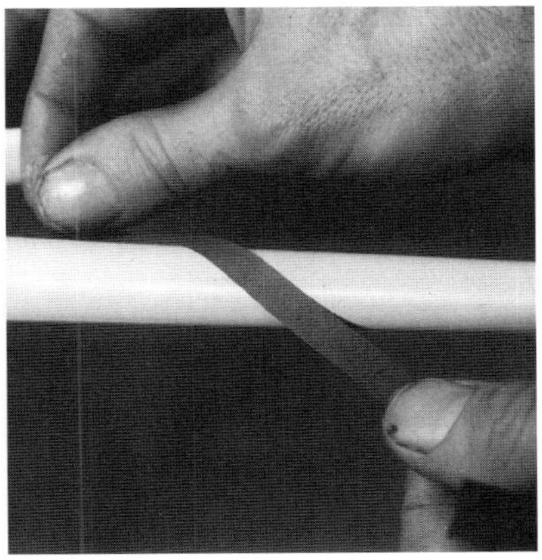

auftragen. Die erste Lage so dünn wie möglich, damit sich die Ränder nicht kräuseln. Nach einer Trockenzeit (mittels Fön zu verkürzen) weitere Lagen aufpinseln, bis das »Loch« gefüllt ist (falls nicht Tipp-Ex diesen Part bereits übernommen hat). Ist sorgfältig gearbeitet worden, kann das Ergebnis schon jetzt auf der Straße präsentiert werden.

Doch es geht noch besser: Einen Bogen 500er-Schmirgelpapier in schmale Streifen schneiden, diese in Wasser mit einigen Spritzern Geschirrspülmittel tunken und damit um's Rohr schmirgeln. Hin und her, rauf und runter, bis die Flickstelle eingeebnet ist. Hundertprozentigen Feinschliff erzielt man durch eine Nachbehandlung mit 1000er-Schmirgel. Den Glanz bringt schließlich etwas Autopolitur. All diese Utensilien zur Reparatur werden im Autozubehörhandel geführt.

Häufen sich die Schadstellen an einigen Zonen (Gabelscheiden oder Kettenstreben), kann man durch richtig gesprühte Teil-Lackierungen für Abhilfe sorgen. Gezielt gewählte Farbdifferenzen können die Optik des Rades ja durchaus aufwerten.

Wie gehabt, werden zu allererst die Kratzer und Risse ausgefüllt, diesmal allerdings mit feiner Spachtelmasse. Daran anschließend den gesamten Sprühbereich leicht anschleifen. Jetzt geht's ans Ankleben. Ein kleiner Tip: Die nicht zu lackierenden Flächen gut abdecken, denn der Farbnebel verselbständigt sich oft in einem nicht vorhersehbaren Ausmaß.

Damit die Lackschicht später ohne Absatzkante bleibt, empfiehlt es sich, die Sprühgrenze mit einem schmalen Klebeband zu verdecken. Beginnt der aufgetragene Lack zäh zu werden, den Streifen abziehen; spätestens aber nach fünf Minuten. Die Farbe verläuft aufgrund dieser Vorsorgemaßnahme weich und ohne jene Kante, an der sonst ewig das Lappengefussel hängenbleiben würde.

Beim Sprühen unbedingt die Gebrauchsanweisung beachten. Genügend Abstand zwischen Düse und Oberfläche halten. Lieber mehrfach zu dünn sprühen, als einmal zu dick, sonst gibt's »Lack-Tränen«. Auch ist eine höhere Umgebungstemperatur vorteilhaft, weil die Verdünnung dann schneller verfliegt und eventuelle »Tränen« kaum noch Zeit haben, sich zu formieren.

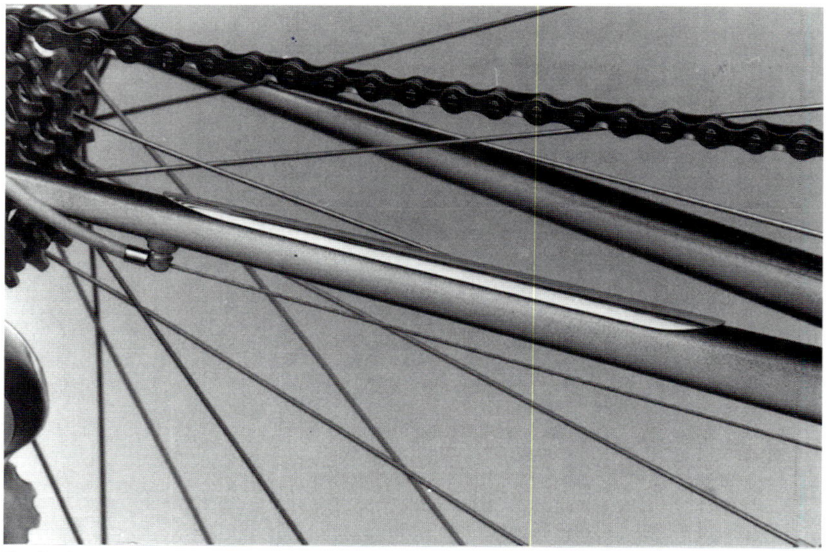

Lackschutz vor der schlagenden Kette bietet ein Klebestreifen.

Wem abrupte Farbübergänge zu simpel sind, kann auch Spitzen und Bögen in sein Lackierungs-Programm aufnehmen. Dazu ein schmales 2-mm-Band aus dem Modellbauladen besorgen. Ein breites Band bereitet nur Scherereien – es legt sich unwillig in Kurven, hebt stellenweise sogar ab.

Wer einen sorgfältigen Lackaufbau für überflüssig hält, bekommt postwendend die Quittung, wenn der neue Farbstrahl die Ränder der Steinschlaglöcher kräuselt. Selbst nach gründlicher Vorbereitung ist es am sinnvollsten, die erste Schicht nur hauchdünn aufzutragen und abzuwarten, was passiert.

An einigen Rädern ist auch der Chrom nicht mehr taufrisch und tendiert in Richtung »Reibeisen«. Unter Umständen gibt es in solchen Fällen noch Rettung, wenn man die Chromteile mit viel Muskelschmalz und Politur noch einmal richtig auf Hochglanz bringt, gründlich entfettet und am Schluß mit Klarlack versiegelt. Die Lacke sind mittlerweile – wie auch Sprühwachs – überwiegend in »umweltfreundlichen« Sprühdosen abgefüllt.

Wer seinem Rad die besondere Note verleihen will, sozusagen ein Schmuckstück daraus zaubern möchte, hat vielerlei Möglichkeiten. Zum Beispiel feine Linierungen der Vertiefungen an Muffen und Kurbelstern, Fräsungen an der Sattelstütze und einigen anderen Stellen – ganz nach Geschmack. Dabei kommt der feine Pinsel erneut zum Einsatz. Ein fusselfreier Lappen sollte in Reichweite liegen, um kleine Ausrutscher umgehend beseitigen zu können.

Verzierungen sozusagen aus dem Handgelenk heraus sollten eigentlich zitterfreien, erfahrenen Experten vorbehalten werden. Besser wieder auf das 2-mm-Band zurückgreifen. Wird es rechtzeitig entfernt, entstehen auch bei solchen Feinarbeiten keine unschönen Lackabsätze. Der Lack ist wie »aus einem Guß«.

Daß die Kette nicht gerade zimperlich mit dem Lack umgeht, hat schon viele Velo-Eigner zur Verzweiflung getrieben.

Das Kernstück des Rades: der Rahmen

Spezielle Klebestreifen (auch mit Chrom-Effekt erhältlich) schützen den Kettenstreben-Lack vor der brutal am Rahmen schlagenden Kette. Beim Transport mit ausgebautem Hinterrad ist der Lack durch die schlagende Kette sehr gefährdet. Der bei manchen Modellen angelötete Kettenhaken erfüllt seinen Zweck hier nicht. Ein anderes, wirksameres Mittel ist ein Stück Besenstiel. Bis zu 127 mm lang wird es als Stellvertreter von Ritzel und Nabenkörper ins Ausfallende praktiziert. Natürlich ist dazu vorher das Hinterrad auszubauen. Eleganteste Haltemöglichkeit, um den durchbohrten Besenstiel am Ausfallende zu halten: Eine Spannachse. Positive Nebenwirkung: Auf diese Weise kann beim Transport auch kein unbedachter Tritt den Hinterbau verbiegen.

Verzogener Rahmen und andere Unfallfolgen

Stürze sind wohl so ziemlich das Unangenehmste, was einem Radler passieren kann. Seine Blessuren verheilen meist problemlos – doch die seines Sportgerätes?! Wichtig ist in jedem Fall, sich rechtzeitig vom Rad zu lösen. Die Querfeldeinfahrer sagen: »Allein fällt sich kein Rad kaputt.« Tatsache ist, daß die übelsten Beschädigungen am Rad häufig von der »stürzenden Masse« des Fahrers bzw. mitfallender Leidensgenossen stammen. Das Rad sieht dann selten besser aus als der Besitzer.

Zahlreiche Defekte sind nicht gleich offensichtlich. Ist man unsicher, inwieweit der Rahmen nach einem leichten Sturz doch verbogen sein könnte, ermöglicht das Peilen vom Steuerkopf zum Sattelrohr eine erste, bereits ziemlich exakte Orientierung. Sich dazu in gut 3 m Abstand vor das Rad hocken, und zwar so, daß sich die Außenwölbung von Steuer- und Sattelrohr aus dem Blickwinkel des Betrachters heraus decken. Ein Auge zukneifen. Nunmehr ist unschwer erkennbar, ob beide Rohre noch parallel zueinander stehen. Spätestens eine Freihändigfahrt macht es spürbar – das Rad »zieht« dann zur Seite. Ein preiswerter Rahmen, der nur wenig verzogen ist, läßt sich fast immer wieder auf Vordermann bringen. Allerdings ist man dazu auf partnerschaftliche Hilfe angewiesen. Der Partner hält das Rad beim eingebauten Hinterrad (es muß ja nicht unbedingt das teure mit 28 Speichen sein) und am Sattel. Nunmehr ein langes Rohr ins Gabelschaftrohr des Rahmens stecken. Die Gabel muß selbstverständlich zuvor demontiert werden; und der Rahmen ist damit wieder so hinzubiegen, daß Gabelschaft- und Sitzrohr fluchten. Wohlgemerkt – diese Anleitung ist ausschließlich für Rahmen aus Billig-Rohren zutreffend. Kostet das tragende Skelett des Fahrrades jedoch um die 1000,– DM, ist es wesentlich sinnvoller, einen Rahmenbauer aufzusuchen, schon der persönlichen Sicherheit zuliebe.
Genauer läßt sich ein verzogener Hinterbau auf folgende Art nachweisen: Mit einer geraden Leiste oder einem strammen Faden vom Steuerrohr ausgehend und das Sattelrohr berührend den Abstand vom Ausfallende zur Leiste (oder zum Faden) ermitteln. Ebenso auf der anderen Seite des Rades. Sind es mehr als 2 bis 3 cm – unverzüglich zum Rahmenbauer.
Der Gabelverzug ist in einer Drehbank einwandfrei auszumessen. Der Gabelschaft wird bis zum Konus-Sitz ins Drehbankfutter gespannt. Vom Reitstock an den Abstand zu den Gabelscheiden messen. Gabel im Drehbankfutter um 180° drehen und erneut vermessen. Normalerweise wäre es keine große Sache, die Gabel auf der Stelle zu richten. Doch ist dieses Vorhaben, ebenso wie die Entscheidung – noch brauchbar oder Schrott – wiederum dem Rahmenfachmann zu überlassen.

Ausmessen des Rahmens.

Das Kernstück des Rades: der Rahmen

Richtmethode für unterwegs, wenn die Gabel verbogen ist: Füße am Tretlager abstützen und Gabel mit Vorderrad gerade ziehen.

Verbogene Schaltungsaugen lassen sich mit einem zweiten Hinterrad ausmessen und richten.

»Knautsch«-Zonen

Bei Auffahrunfällen »dämpft« die Vordergabel die meiste Verformungsenergie, indem sie sich nicht selten bis in Tretlagernähe nach hinten biegt. Unterwegs – vorausgesetzt, man ist noch fahrtüchtig – bleibt zur Schnell-Reparatur nur die »Willi-Altig-Methode« (siehe Abb. links). Beim Heimrollen dann bitte auf der Hut sein. Eine zurückgebogene Gabel sowie ein entsprechend »behandelter« Rahmen sind sicherlich wieder einigermaßen einsatzbereit; der Dauerbelastbarkeit sind nun jedoch Grenzen gesetzt. Brüche sind mit einzukalkulieren.

Ist dagegen jemand von hinten auf das Rad aufgefahren, ist unter Umständen das Schaltungsauge verbogen. Das Schaltungsauge kann man mittels eines geliehenen zweiten Hinterrades zumindest provisorisch begradigen:

Die Schaltung abschrauben, das zweite Hinterrad ins Schaltungsauge drehen und mit einer Spannachse festspannen. An der so entstandenen Zwillingsbereifung kann man nun denkbar einfach die Abstandsdifferenz zwischen den beiden Rädern peilen und sodann mit einem gefühlvollen Ruck für einen korrekten Parallellauf sorgen.

Experten-Urteil

Die »Do-it-yourself«-Methode im Zusammenhang mit verbogenen Rahmen kann unter keinen Umständen empfohlen werden; vielmehr ist zu hoffen, daß niemand es scheut – schon der eigenen Sicherheit wegen – sich an einen versierten Rahmenbauer zu wenden. Ist der Rahmen im Bereich der drei Hauptrohre verbogen, bleibt ohnehin nichts anderes übrig. Mit Fachkenntnis und Erfahrung erkennt der Rohrexperte am ehesten, ob und was von dem Velo noch zu retten ist. Auch bei Knicken oder Rissen an den Muffen ist er die kompetente Anlaufstelle.

Das Kernstück des Rades: der Rahmen

Übrigens, selbst beim Alu-Rahmen kann der autorisierte Fachmann innerhalb gewisser Grenzen noch etwas drehen und wenden. Carbon-Rahmen vertragen derartige Bemühungen aber nicht – sie brechen an kaum vorhersehbarer Stelle plötzlich weg.

Größte Aufmerksamkeit ist bei Edelrahmen geboten, denn sie sind aus ungeheuer hochwertigen und dünnen Rohren gebaut. Diese federn zwar gut, besitzen aber weniger Bruchdehnung. Das heißt, sie reagieren auf plastische Verformungen recht empfindlich.

Tip: Der Entscheidung zu einer Investition von über 1000,– DM für den Rahmen sollte gleich die Besorgung der Adresse des Rahmenbauers folgen.

Besonders für Rahmen für große Fahrer bietet sich das »Max-Rohr« von Columbus an. Im Bild der Cratoni-Rahmen, der trotz Rahmengröße 62 nur 2,4 kg wiegt und enorm seitensteif ist.

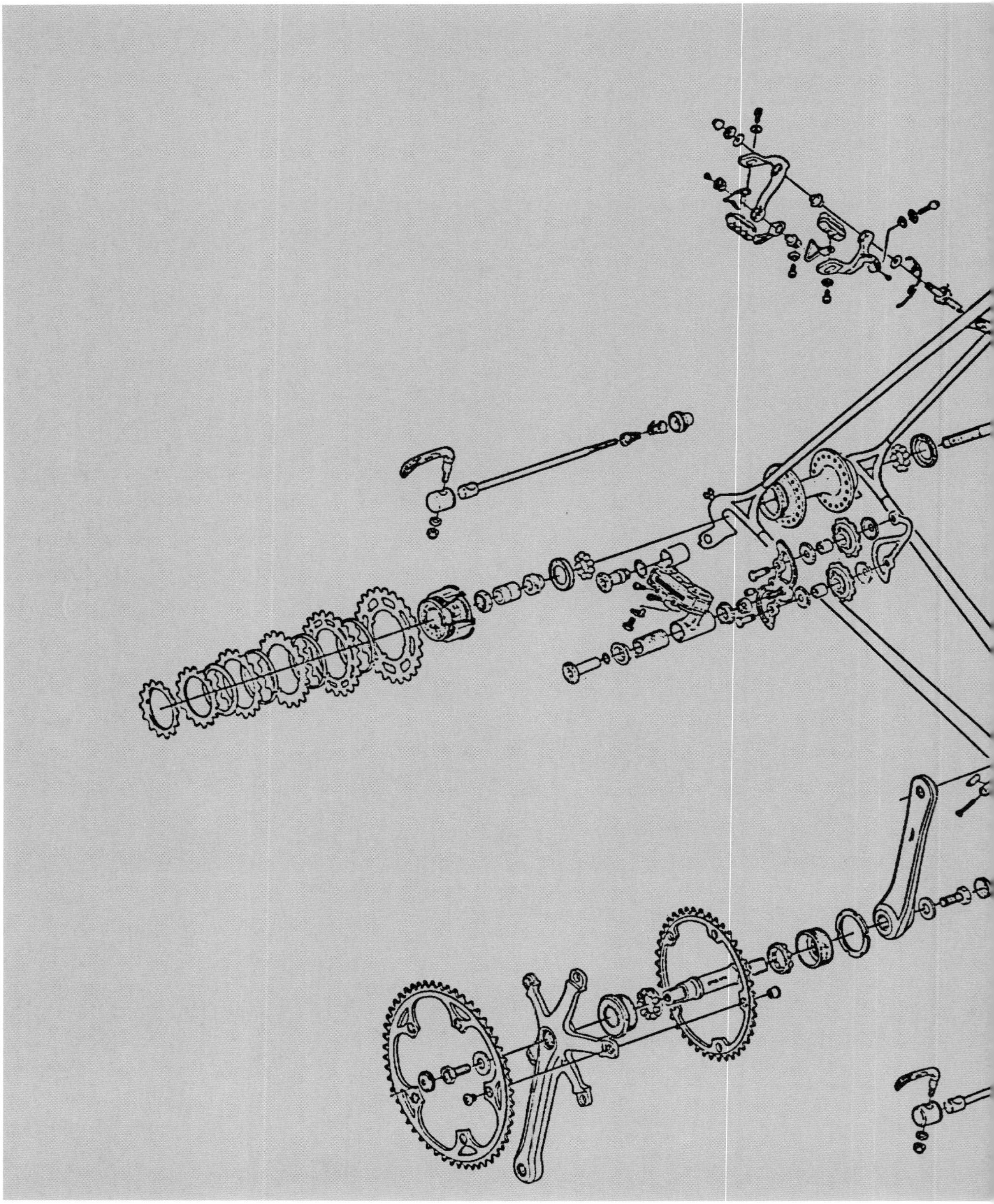

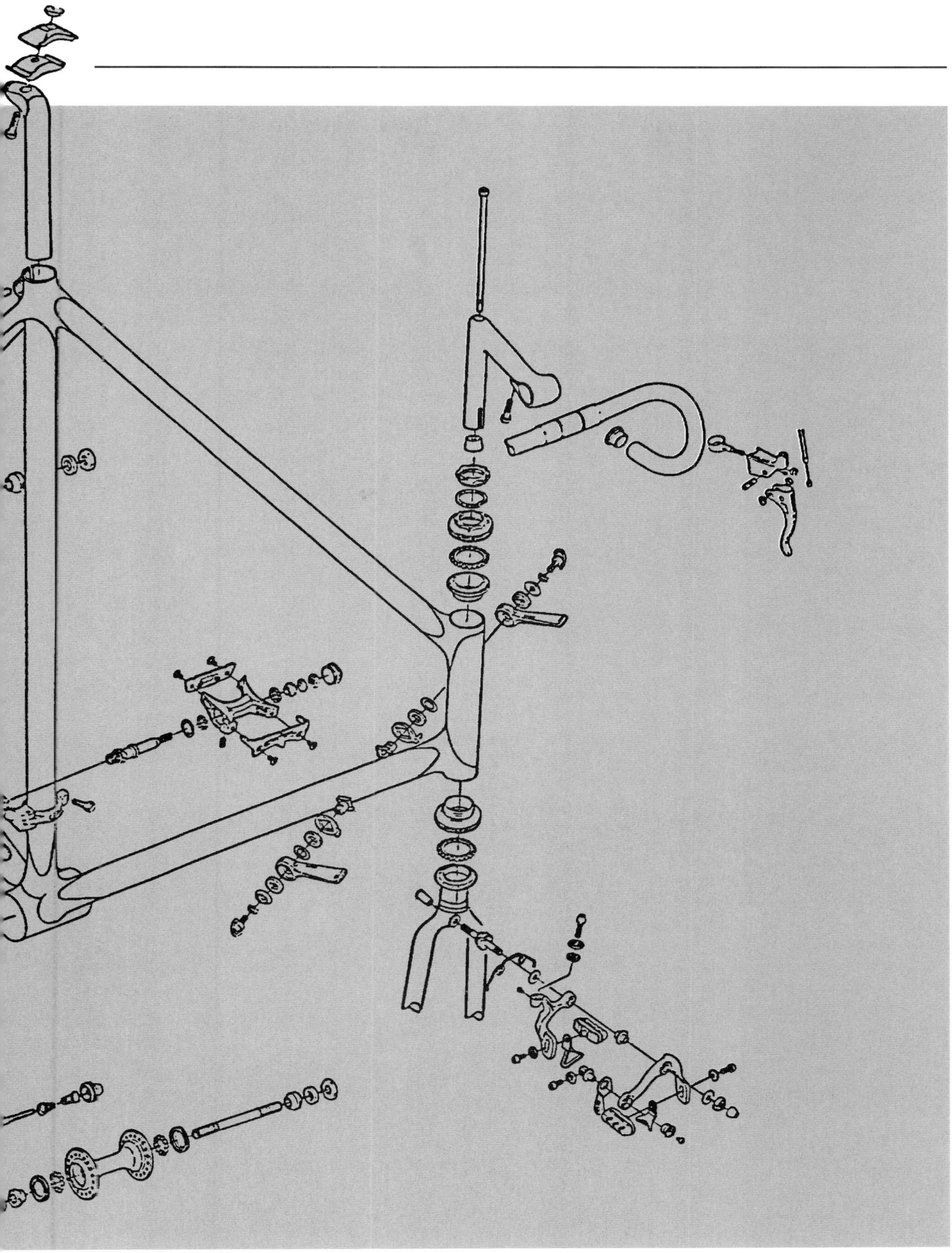

Was den Rahmen zum Rennrad macht

Was unterscheidet ein billiges von einem teuren Rad, ein teures von einem sehr teuren Rad? Naja, wird der Fachmann sagen, beim teuren ist eben alles mehr oder weniger besser. Nachdem das Fahrrad aus sehr vielen Einzelteilen besteht, wirkt sich die Anhebung der Qualität in jedem einzelnen Teil in der Gesamtqualität und natürlich im Preis aus. Sicher ist dabei der Rahmen das Herzstück, aber zum Rennrad wird das Ganze erst durch seine Komponenten. Auf die Auswahl, Wartung und Pflege dieser Komponenten, jedes Teil für sich ein kleines technisches Wunderwerk, legt jeder Radsportbegeisterte besonderen Wert.
Im folgenden wird versucht, alle wichtigen Aspekte für die einzelnen Komponenten darzustellen. Dabei liegt je nach Teil der Schwerpunkt mehr auf der Darstellung der technischen Prinzipien, der Wahlmöglichkeiten verschiedener Modelle oder der Wartung und Pflege. In jedem Fall sollte jeder die Information und die Ratschläge finden, die ihm helfen und nützen, Spaß an seinem Rad zu haben.

Einfetten eines Ledersattels.

Sattel

Radrennsportler sind für ihre konservative Einstellung bekannt, und sie ist bisweilen sogar begründet. So radeln nicht nur »alte Hasen« mit einem Ledersattel durch die Lande. Nach wie vor sorgt ein gepflegter und ausreichend »eingerittener« Kernledersattel für einen hervorragenden Sitzkomfort. Allerdings ist es ein schönes Stück Arbeit bis dahin und ein mühsames Unterfangen, das Erreichte zu halten.
Gleich nach dem Kauf beginnt auch schon die Pflege. Der neue Sattel muß ausgiebig mit Lederfett behandelt werden. Fahrradläden bzw. Großversender haben es in ihrem Sortiment. Wichtig ist, daß während der Behandlung vorwiegend die Innenseite des Sattels »ihr Fett abbekommt«. Das Fett kann per Handballen eingerieben werden. Damit es schneller einzieht, wird es samt Sattel 10 Minuten bei 50 °C im Backrohr »gegart«. Dann die Einfettungsprozedur wiederholen. Den Sattel erneut mit den Handballen kräftig walken oder noch wirkungsvoller durch viele kleine Schläge mit einem Gummihämmerchen bearbeiten.

Jetzt wird der Sattel montiert und zunächst nur kurz probegefahren. Maximal 30 bis 40 km, denn schließlich ist der Sattel noch relativ hart. Beim nächsten Mal können dann schon ein paar Kilometer mehr zugelegt werden. Seine wahren Qualitäten – so sagt man wenigstens – zeigt der Sattel dann nach etwa 300 km.

Die vom Sattelgestell gespannte Lederdecke paßt sich an, und federt obendrein. Der Sattel selbst federt um so mehr je nach Abstand von Sattelkerze zu Auflage des Fahrergewichtes (A_f)

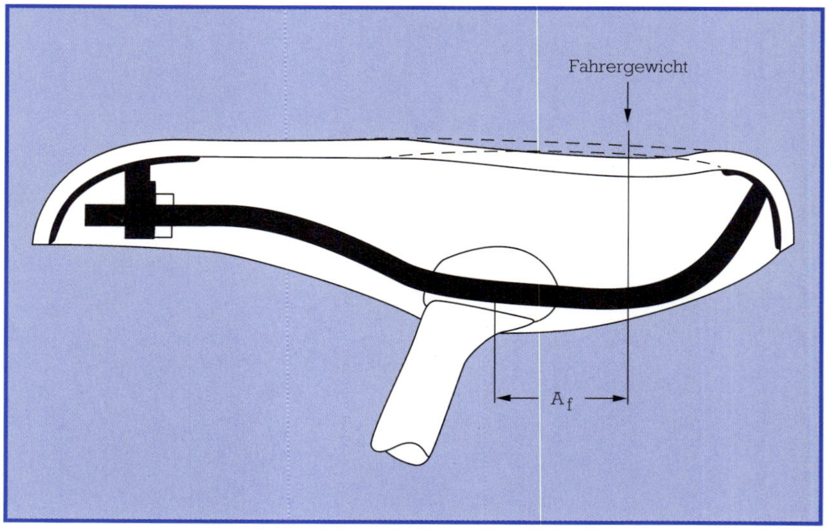

Was den Rahmen zum Rennrad macht

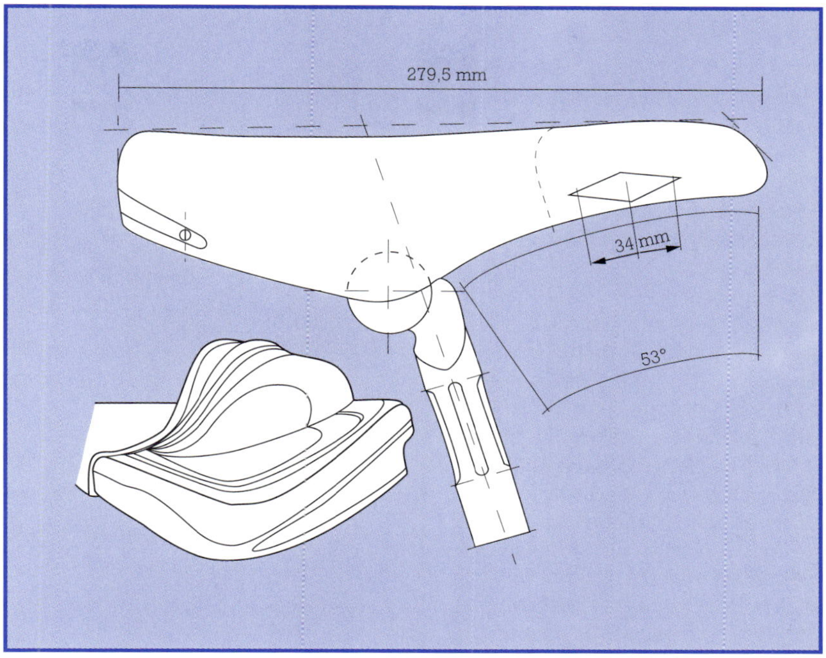

Viel Aufwand muß bei Kunststoffsätteln getrieben werden, will man an den Komfort der Ledersättel heranreichen.

Unproblematischer und heutzutage auch komfortabel ist der Kunststoffsattel. Vor allem bedarf er keiner allzu aufwendigen Pflege und ist praktisch sofort einsatzbereit. Der Kernledersattel verlangt nach dem Einfahren weiterhin in gewissen Abständen eine Behandlung mit Sattelfett. Er muß obendrein ein- bis zweimal jährlich nachgespannt und tunlichst vor Regen und intensiver Sonneneinstrahlung geschützt werden.
Beim Kunststoffsattel kann man all dies vergessen. Und er ist leichter. Sein Aufbau ist dem des »Kernigen« ähnlich. Auch bei ihm spannt ein Sattelgestell das Satteloberteil, welches jedoch aus Kunststoff besteht und entschieden härter ist als das organische Leder. Aus diesem Grunde polstert man die Satteloberseite noch aus. Ganz moderne Sättler legen sogar eine Lage Silikongel dazwischen, welches sich den individuellen Konturen anpaßt. Allerdings kann es durchaus vorkommen, daß bei manchen Sätteln sozusagen »bleibende Eindrücke« entstehen, wenn das Gel nicht von bester Qualität ist. Der eigentliche Vorteil wird dann zu einem schmerzlichen Nachteil.
In der Regel sind bei Rennfahrern schmale Sattelausführungen gefragt. Sie werden übrigens auch nicht permanent auf ein und derselben Stelle »besetzt«. Der Radler rutscht halt mal nach vorne, wenn die Drehzahl erhöht wird und mal nach hinten, wenn ein dickerer Gang vor dem Wind gehalten wird bzw. wenn es bergauf geht.
Welcher Sattel nun der beste sei, kann man beim besten Willen nicht sagen. Der eine schwebt mit seinem Sattel im siebten Himmel, dem anderen würde genau dieser Sattel nur Schmerzen und Pein bereiten. Nur eines gilt für alle: Keine Billigsättel!

Unten: Frauen benötigen kürzere und breitere Sättel.

Rechts: Enormen Fahrkomfort bietet dieses gefederte Sattelgestell.

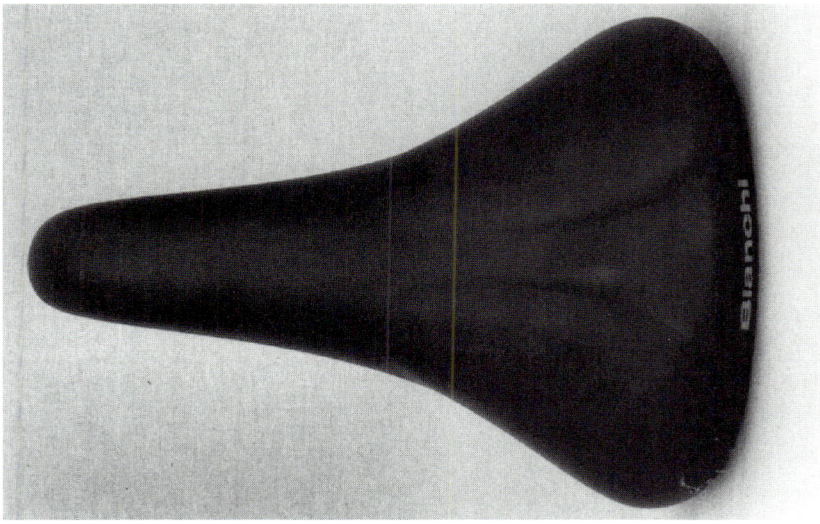

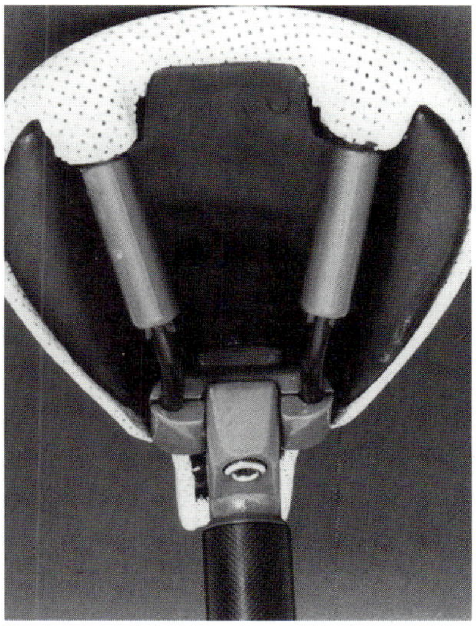

Sattelstütze

Die Sattelstütze bringt den Sattel auf Position und fixiert ihn. Für Rennräder sind die sogenannten Patentstützen gebräuchlich. Mit ihnen kann der Sattel problemlos und schnell montiert werden und ist außerdem noch besser fixiert.
Die Sattelneigung und waagerechte Verstellung lassen sich bei der überwiegenden Zahl der Stützen an einer einzigen Schraube einstellen (entweder mit einer 13er-Schlüsselfläche oder einem 6-mm-Inbus). Dazu ein Tip: Soll der Sattel ausschließlich horizontal verschoben werden, reicht es, die Schraube nur minimal zu lösen. Damit ist gewährleistet, daß sich die Sattelneigung nicht verändert. Zur Neigungsverstellung des Sattels: Schraube weiter lösen.
Bei einer Reihe von Stützen – wie Campagnolos Super Record oder Miche – neigt sich der Sattel stufenlos, bei Laprade rastet der Mechanismus in Zwei-Grad-Schritten ein. Die alte Campa-Stütze sowie die Modelle von Rubis, SR und Suntour klemmen das Sattelgestell mit zwei Schrauben fest: Zur Neigungsverstellung die eine Schraube leicht lösen und mit der anderen die Spannung wieder herstellen. Hierbei neigt sich der Sattel. Soll der Sattel lediglich horizontal verschoben werden, die Zahl der Umdrehungen der Schrauben zählen, um anschließend die Position der Sattelneigung ohne Zögern wiederzufinden. Bei Campagnolo und SR sind die beiden Halteschrauben unter der Sattelfläche versteckt, und nur mit einem Spezialschlüssel (im Fachhandel erhältlich) ist an sie heranzukommen.
Einfache Renner haben häufig noch die altertümliche Sattelkerze mit Kloben. Lupft man an einer Seite die Schürze der Satteldecke, findet man darunter eine 13-mm-Sechskantmutter, die auf der Gegenseite eine Schwester hat. Sollte diese mitdrehen, muß sie mit einem zweiten Schlüssel festgehalten werden.
Moderne Rahmen mit steilem Sattelrohr bereiten Fahrern mit relativ langen Oberschenkeln Sorgen, da sie den Sattel nicht ausreichend genug zurückschieben können. Ihnen seien die alten Campa-, SR- oder Rubis-Modelle empfohlen. Sie »bringen«

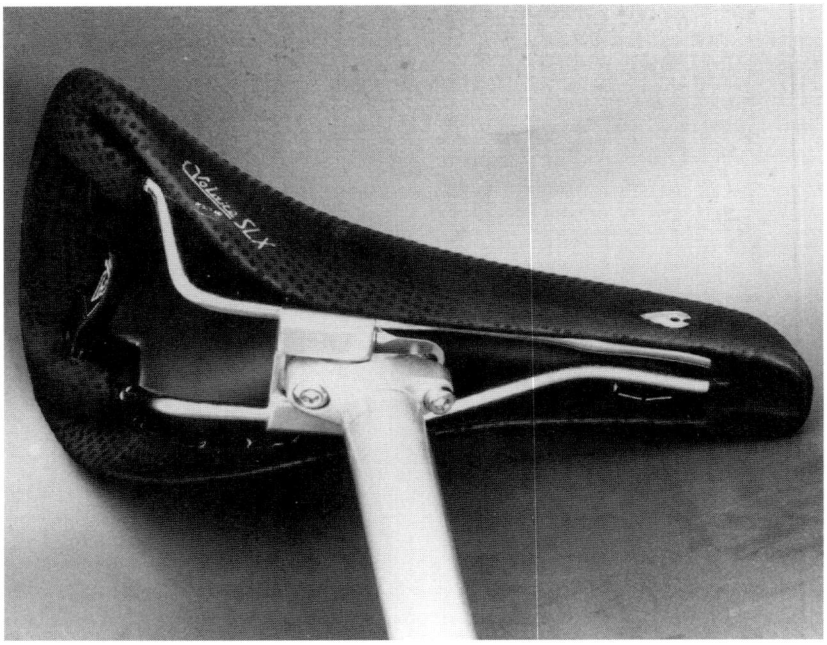

Mit einer oder zwei Schrauben läßt sich der Sattel auf der Stütze verstellen.
Oben die feiner einzustellende Halterung mit zwei Schrauben.
Unten die einfachere Lösung mit einer Schraube.

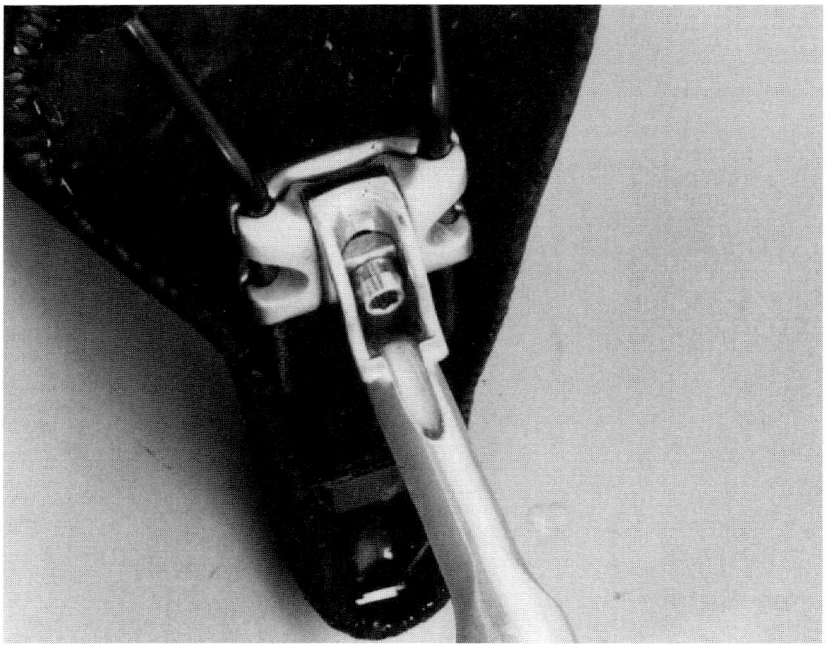

1 cm mehr in Richtung Hinterrad. Reicht das immer noch nicht, muß halt die gute alte Sattelkerze mit dem Kloben her. Die Sattelstütze aus Stahlrohr mit einer Schweißflamme anwärmen und behutsam nach hinten biegen. Den Sattel mit dem Kloben befestigen. Auch wenn's nicht unbedingt eine Augenweide ist – der Zweck heiligt dieses Mittel. Möglicherweise hilft Ihnen dabei ein Schlosser aus der Bekanntschaft oder Nachbarschaft.
Bei Radlern, die mit hohen Trittfrequenzen fahren, sollten die Sattelstützen nicht über 20 cm herausgezogen werden, sonst wippt die Stütze. Moderne Sattelstützen sind im oberen Teil oval oder tropfenförmig und leicht nach hinten gebogen. Damit sind die Stützen in der Lage, Fahrbahnschläge elastischer abzufangen; dadurch wird die Einspannstelle in der Sattelmuffe weniger belastet.
Ein Sattel federt übrigens um so besser, je weiter er nach hinten geschoben wird. Das liegt am Hebelarm (siehe Abb. S. 34), über den das Sattelgestell besser arbeiten kann. Außerdem sollten Langstrecken-Radler und Viel-Fahrer keinen zu weich gepolsterten Sattel benutzen. Die Körperkonturen drücken sich zu tief in die Satteloberfläche ein, und man reibt sich schneller wund.

Radler mit langen Oberschenkeln müssen den Sattel weit nach hinten stellen. Notfalls hilft eine nach hinten gebogene, stählerne Sattelkerze.

Vorbau

Im Kapitel Position sind Standard und Abweichungen des Abstandes Lenker – Sattel beschrieben. Vorbauten in Längen von 60 bis 140 mm ermöglichen wirklich jede gewünschte Position des Lenkers auf dem Rennrad. Die Vorbauten werden mittels Spreiz- oder Schrägkonus im Gabelschaft verklemmt. Merkwürdigerweise war der Schrägkonus früher nur an billigen Rädern zu finden; heute ist er auch an edlen Geräten auf dem Vormarsch. Sein wesentlicher Vorteil: der Schrägkeil löst sich beim Lockerdrehen der Vorbau-Spannschraube eigenständig, was den herben Hammerschlag auf die Inbusschraube am Vorbau-Knick überflüssig macht. (Wenn er schon notwendig ist: ein Stück Hartholz oder Aluminium unterlegen.) Außerdem liegt der Schrägkeil mit größerer Fläche im Gabelschaftrohr an. Dies bewahrt vor der Gefahr, dort bleibende Beulen einzudrücken, wenn die Konus-Klemmung einmal zu stramm geraten ist. Im übrigen wird der Vorbauschaft durch die Anzugschraube (sie reicht durch den ganzen Vorbauschaft) vorgespannt. Es macht den Vorbau widerstandsfähiger gegen Verwindungen. Manch neuere Modelle haben allerdings diese Spannschraube versenkt. Sie kann nun nicht mehr den gesamten Vorbau vorspannen. Statisch gesehen geht diese Modeerscheinung auf Kosten der Sicherheit.

Vorbauten mit Schräg- oder Spreizkonus. Der aufklappbare Mavic-Vorbau erleichtert den Lenkerwechsel.

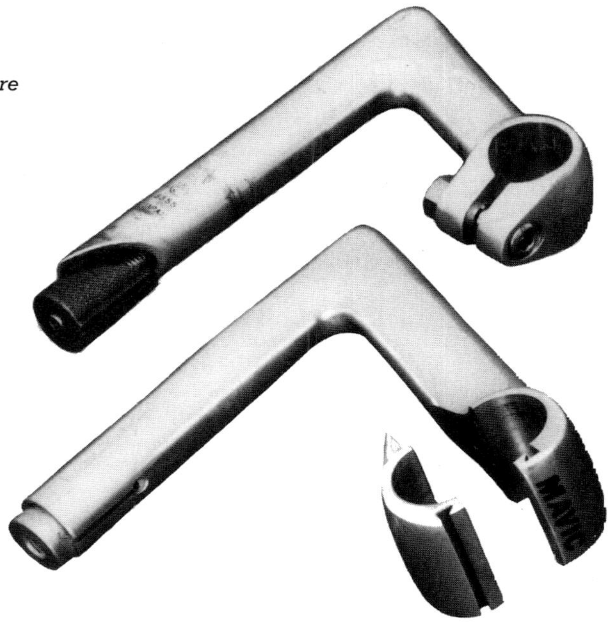

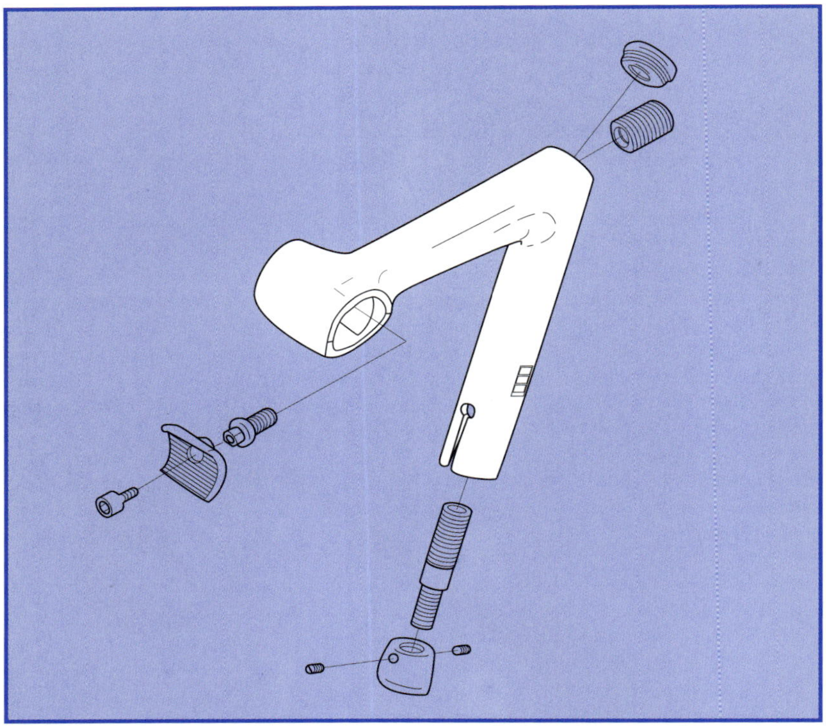

Auch hinsichtlich der Lenkerbefestigung gibt es leider von statischen Unsinnigkeiten zu berichten – Mode hat ihren Preis. Obwohl die traditionelle Schlitzklemmung sowohl optisch wie technisch eleganter ist, werden von einigen Herstellern Vorbauten mit Keilklemmung auf den Markt gebracht. Die Keile drücken auf eine kleine Fläche am Lenker und die wiederum drückt auf das Vorderteil des Lenkerauges im Vorbau, welches dadurch dicker ausgelegt werden muß. Zudem droht dem Lenker, an der Klemmseite wegen der punktuellen Belastung eingedellt zu werden, und er muß im Mittelteil verstärkt werden. Bei einem harten Ziehen am Lenker schaukelt er auf dem Keil hin und her, was sich durch Quietschen und Knarren bemerkbar macht. Dagegen hilft, die Quietschstelle zu fetten. Apropos Lenkerklemmung: Die Maße für Lenker- und Vorbaudurchmesser variieren bei verschiedenen Fabrikaten. Cinelli baut seinen Vorbau mit 26,35 mm Durchmesser, SR und 3ttt mit nur 26 mm. Darum, sofern möglich, Vorbau und Lenker eines Herstellers verwenden, dadurch kann man vermeiden, daß das Vorbauauge durch unnötiges Auf- und Zubiegen strapaziert wird. Die Lenkermanschette dankt es ebenso.

Kurze Vorbauklemmschraube (unten); Nachteil: keine Vorspannung des gesamten Vorbauschaftes, Lenkerklemmung mit Keil; Nachteil: Lenker schaukelt, Lenkerrohr kann eingedellt werden.

Traditionell, und dennoch gut: die Schlitz-Lenkerklemmung.

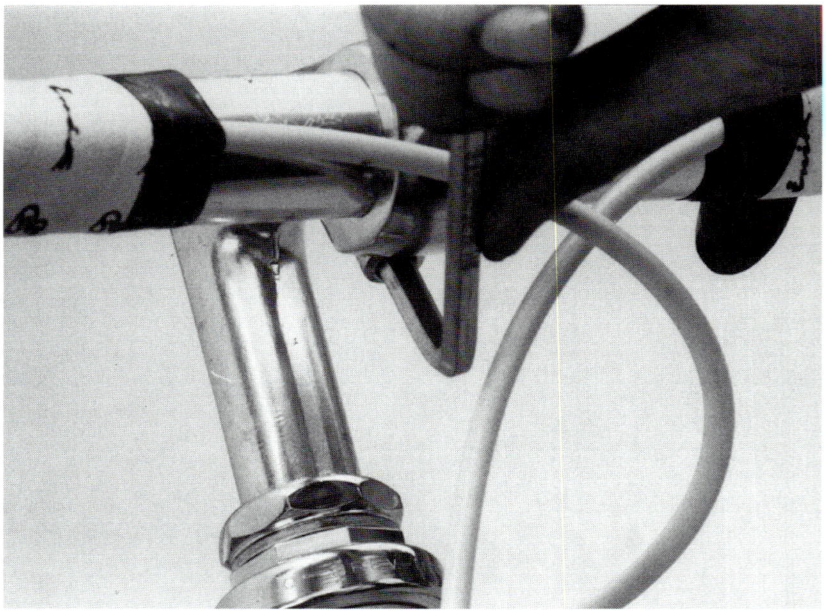

Ausbau

Ist man entschlossen, den Vorbau zu wechseln, muß auch der Lenker seinen angestammten Platz verlassen. Dazu sind folgende Arbeitsgänge notwendig:

1. Auf einer Seite das Griffband abwickeln.
2. Lenkerstopfen mit kleinem Schraubenzieher aus Rohr hebeln.
3. Bremsinnenzüge von Bremse lösen.
4. Auf »nackter« Lenkerseite Bremsgriff abschrauben. Gelockerten Bremsgriff vom Lenker ziehen.
5. Schraube am Vorbauauge lösen. Lenker aus Vorbau ausfädeln. Vorbauschaft lösen (bei Spreizkonus mit gezieltem Hammerschlag) und austauschen.

Vor dem Wiedereinbau alle Teile wie gewohnt mit reichlich Fett versehen.

Lenker

Dieses Kapitel ist dem Ast gewidmet, an dem man vor allem beim Wiegetritt keuchend hängt: dem Lenker. Beim Rennrad wird meist der sogenannte Rennbügel verwendet. Die Beliebtheit des Rennbügels ist hauptsächlich darauf zurückzuführen, daß er verschiedene Griffpositionen ermöglicht. Insbesondere bei längeren Ausfahrten ist ein Griffwechsel wohltuend und entspannt Hände, Arme und Rückenmuskulatur. Drei Lenker-Varianten haben sich eingebürgert: Am meisten verbreitet ist der Lenkertyp »Merckx«. Er ist eckig und bietet auf dem oberen Querstück viel Platz für den Griff bei aufrechter Haltung auf dem Rad.
Der »Poulidor« fällt von der Manschette schräg zu den Bremsgriffen ab und begünstigt dadurch die Bremsgriffhaltung.
Die Form »Gimondi« wirkt durch ihre weichen Übergänge zu den Lenkerbögen optisch sehr attraktiv. Der Platz an der Querstange ist hier naturgemäß kleiner als etwa beim »Merckx«. Ein »Gimondi« ist demzufolge eher der Lenker für Fahrer, die das Lenkerhorn unten fassen. Daneben hat sich noch eine gänzlich neue Lenkerform etabliert. »Modolo« hat die Lenkerbögen an den Kontaktstellen der Rennfahrerhände begradigt. Auf diese Weise liegen die Hände, verstärkt in der tiefen Position, entspannter im Lenkerbogen. Jüngster »Modolo«-Gag: längs des Lenkers sind Vertiefungen zur Aufnahme des Bremszuges in den Lenker gedrückt. Es ist wesentlich sicherer als Löcher zu bohren und erlaubt trotzdem eine aerodynamische Verlegung der Bremszüge. Eine gute Idee!

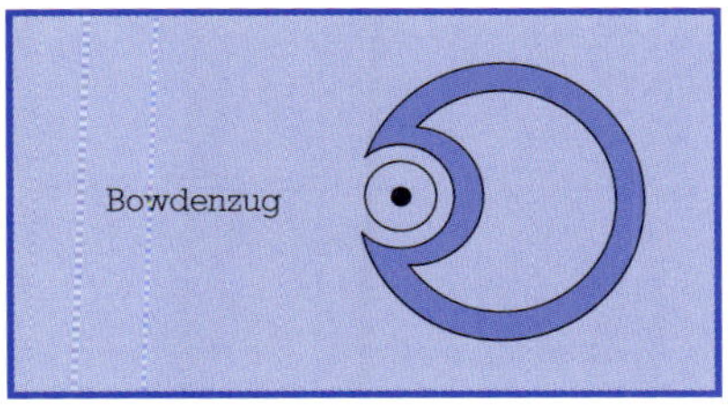

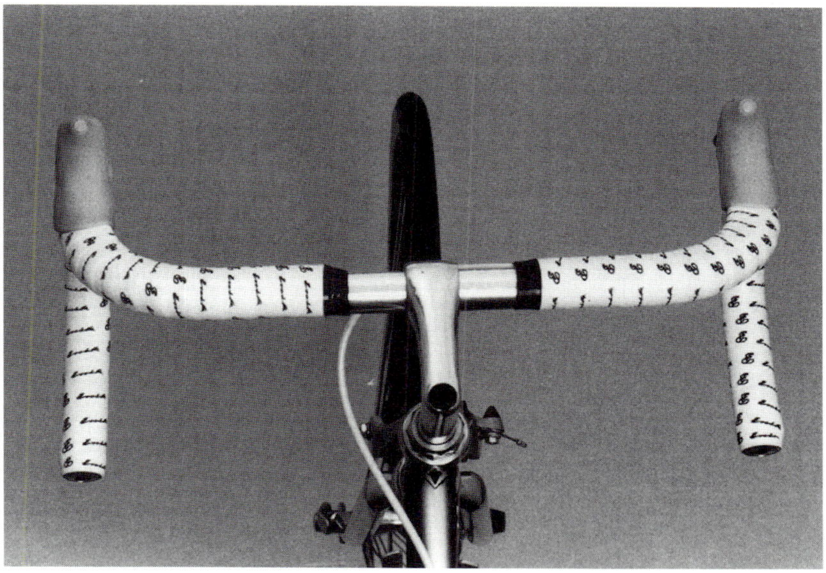

Hervorragende Kraftentfaltung und zahlreiche Griffvariationen läßt der auf der Abbildung zu sehende klassische Rennlenker zu.

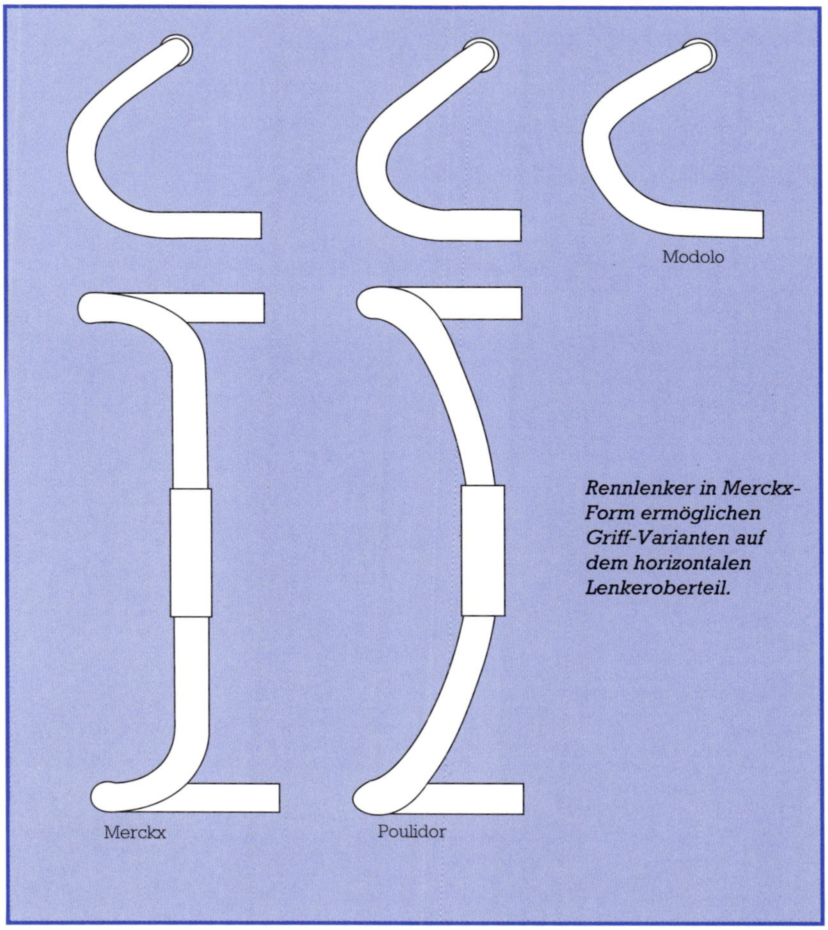

Rennlenker in Merckx-Form ermöglichen Griff-Varianten auf dem horizontalen Lenkeroberteil.

Was den Rahmen zum Rennrad macht

Mit dem Lenker von »3ttt« Super Legero ist die Gelegenheit gegeben, Gewicht zu sparen. Bei gleichen äußeren Abmessungen ist er dünnwandiger, durch die Verwendung von hochfestem Aluminium aber ausreichend stabil. Während die gängigen Lenker 350 g auf die Waage bringen, ist der Super Legero mit lediglich 250 g ein Leichtgewicht. Er kostet ca. 20,– DM mehr als ein normaler Lenker, eine Investition, die gewichtsmäßig soviel wie Achsen aus Titan bringt.
Vom Internationalen Radsportverband bei Wettbewerben nur für Solofahrten zugelassen ist der Hornlenker. Die Griffmöglichkeiten sind kaum geringer als beim Normallenker, und die Behauptung einer höheren Unfallgefahr ist nicht zu beweisen. Erstens sitzt der Vorbauknick ca. 6 cm tiefer als üblich und entweicht damit eindeutig aus der Gefahrenzone. Zweitens lassen sich die Bremsgriffe bündig mit den Lenkerenden montieren und verwandeln die spitzen Hörner in Stützpunkte für die Hände. Möchte man seinem Rad also Hörner aufsetzen, so ist noch nicht einmal ein Original-Horn notwendig. Ein umgedrehter und im Bogen abgesägter Lenker tut's auch und hält – da jetzt kürzer – übrigens obendrein die Verwindung des Lenksystems geringer. Weil außerdem ein kürzerer Vorbau möglich ist, kann der zudem noch niedriger eingestellt werden kann.
Die Standardbreite der Rennbügel beträgt 42 cm. Die überwiegende Mehrheit der Pedaleure kommt damit zurecht. Frauen und Jugendliche wählen besser einen 40-cm-Lenker. Breitschultrige Sportskanonen benötigen häufig 44 cm, um sich auf dem Velo richtig entfalten zu können. Von der Hebelwirkung her ist das natürlich ungünstiger, denn kräftige Herren wuchten auch kräftig und dadurch schaukelt die Lenker-Vorbau-Kombination oft beängstigend – bei guter Qualität sollte sie die Belastung aber durchstehen.

Besonders für alle Wettbewerbe mit Zeitfahrcharakter wie z. B. auch beim Triathlon bietet der Hornlenker guten Krafteinsatz und gute aerodynamische Position. Auch im Bahnradsport wird er eingesetzt.

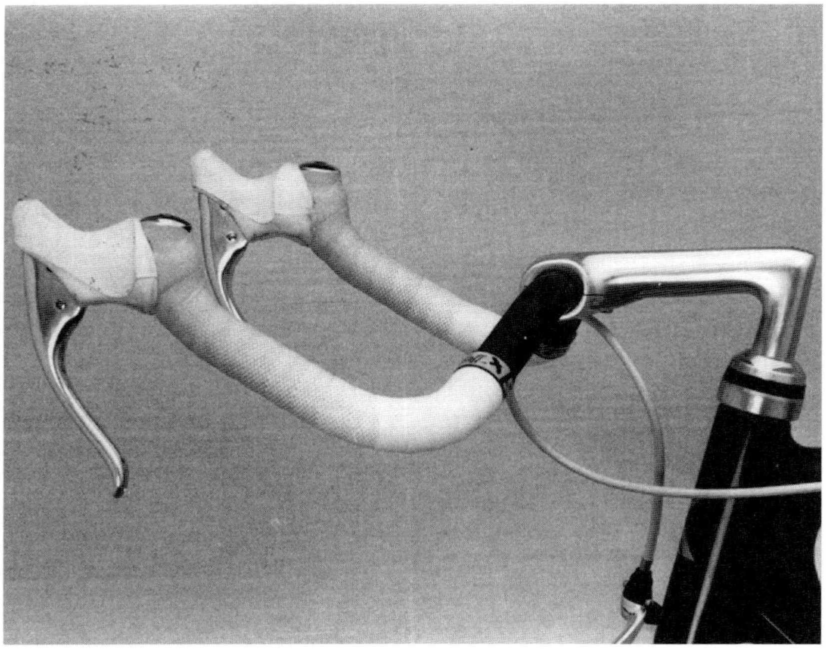

Triathlon-Lenker

Neben den etablierten und von der UCI abgesegneten Rennlenker-Variationen sowie den sogenannten »Hörnchen« ist der Velo-Markt im letzten Jahr mit den Triathlon-Lenkern bereichert worden. Diese sind allerdings von der UCI nicht für Massenstarts zugelassen, sondern lediglich bei Zeitfahr-Veranstaltungen gebilligt. Sinn und Zweck jener Lenker-Ausführung ist, einen möglichst geringen Luftwiderstand zu bieten, bei relativ entspannter Körperhaltung. Ziel ist natürlich, schneller zu sein. Die Haltung auf dem Rennrad ist dabei vergleichbar mit der eines Skifahrers und kann nicht unbedingt mehr als radlertypisch bezeichnet werden. Gilt es beispielsweise einen Berg zu erklimmen, kann die Rückenmuskulatur in diesem Fall nicht mehr ganz so effektiv in Anspruch genommen werden. Dafür bietet der Lenker dann andere Griffmöglichkeiten.
Für den Triathleten hingegen ist der Lenker ideal. Man stützt die Unterarme in Ellbogennähe auf dem Lenker ab und schont die bei der nach dem Radfahren folgenden Disziplin, dem Laufen ohnehin arg strapazierte Rückenmuskulatur ein wenig.
Was den Luftwiderstand anbelangt: Er scheint tatsächlich geringfügig günstiger zu sein als bei normalen Rennlenkern. Fundierte, belegbare Aussagen durch Windkanal-Untersuchungen stehen noch aus. Den bisher veröffentlichten Messungen der Hersteller sollte man mit leichter Skepsis begegnen.

Lenkerband

Will man seinem Lenker ab und zu einmal eine neue farbliche Note geben, bietet sich ein Lenkerbandwechsel geradezu an. Einerseits sind bunte Bänder recht preiswert, andererseits bieten abgenutzte und aufgerissene Lenkerbänder ja auch nicht unbedingt einen schönen Anblick.

Was den Rahmen zum Rennrad macht

Brandneu und umstritten ist der Triathlon-Lenker. Er gestattet, eine windschnittige Haltung auf dem Velo einzunehmen, läßt aber weniger Kraftentfaltung zu, ist andererseits sehr bequem.

Diejenigen, die ein wenig unelastisch auf dem Rad sitzen bzw. oftmals mit schlechten Straßen zu kämpfen haben, können sich mit gepolstertem Lenkerband Linderung für die geplagten Hände verschaffen. Die beste Dämpfung erzielt man mit Weichgummischläuchen, die über die Lenker gestülpt werden. Allerdings sehen diese Moosgummi-Würste etwas gewöhnungsbedürftig aus. Rennfahrer greifen nach wie vor gerne zum altbewährten Leinen-Baumwoll-Band, vor allem, wenn sie ohne Handschuhe fahren. Selbst bei schweißnassen Händen bleibt das Band immer griffig und sorgt für festen Halt.
Korkbänder haben ähnliche Eigenschaften, dämpfen darüber hinaus aber noch ein bißchen. Ganz verwöhnte Radler schließlich liebäugeln mit exklusiven Lederhüllen. Sie werden in der Regel in Schlauchform über den Lenker gezogen oder mit einem kräftigen Faden vernäht.
Zum Applizieren des neuen Bandes das erste Stück schräg anschneiden und mit den Wicklungen am Lenkerende beginnen. Schlag um Schlag geht es dann in Richtung Bremse, deren Bandage zuvor bereits mit einem separaten Streifen getarnt wurde, damit später kein blinkender Lenkergrund durchschimmert. Um den Bremsgriff führt die Wicklung mit halbem Achterschlag Runde um Runde weiter bis zur oberen Querstange.
Ob die Wicklung bis zur Vorbaumanschette geführt oder ein Stückchen früher aufgehört wird, bleibt dem Geschmack bzw. den Griffgewohnheiten jedes einzelnen überlassen.
Das letzte Stück Lenkerband wieder schräg abschneiden und mit Isolierband oder den mitgelieferten Bändchen umwickeln.
Die gerade beschriebenen Gummigriffschläuche lassen sich bequem aufziehen, indem man sie vorab in warmem Seifenwasser geschmeidig macht; anschließend trocknet die seifige Flüssigkeit aus und der Schlauch sitzt fest.
Um bei dem Schlauch die Bremsgriffbandagen abzudecken, kann man ein entsprechendes Stück herausschneiden. So sieht man nachher nur noch die Stoßkanten der beiden Schlauchhälften.
Beim Griffbandwechsel kann man auch feststellen, ob die Länge des unteren Lenkerendes auch den individuellen Bedürfnissen entspricht. Ist das Griffband an den äußersten Lenkerenden nicht abgenutzt, ist dies ein eindeutiges Indiz dafür, daß jenes Stückchen Lenker im Grunde genommen überflüssig ist Sollte man sich daran bisweilen gar mit dem Knie gestoßen haben – absägen!
2 cm leicht schräg oder gerade abgetrennt, beseitigen eine mögliche Gefahrenquelle, die bei schwindenden Kräften im Wiegetritt zur Geltung kommt. Die Lenkerstopfen passen übrigens auch auf die leicht abgeschrägten Enden.

Was den Rahmen zum Rennrad macht

Triathlon- Rennrad mit Original-Scott-Rennlenker.

Noch mehr Griffmöglichkeiten durch die aufgesetzten Hörner (Scott) am normalen Rennlenker.

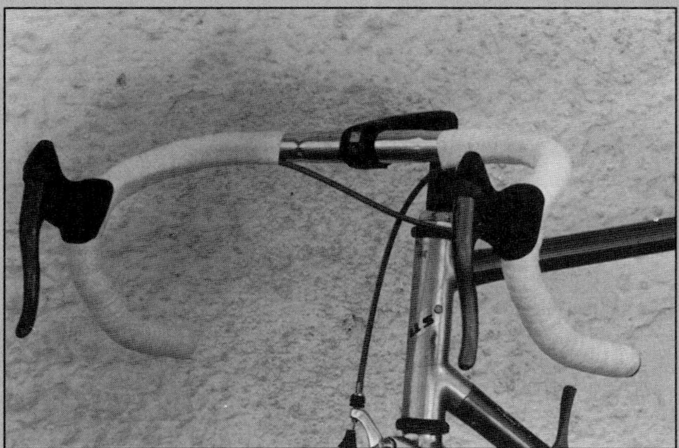

Nach wie vor beliebt und zweckmäßig: der Modolo-Lenker.

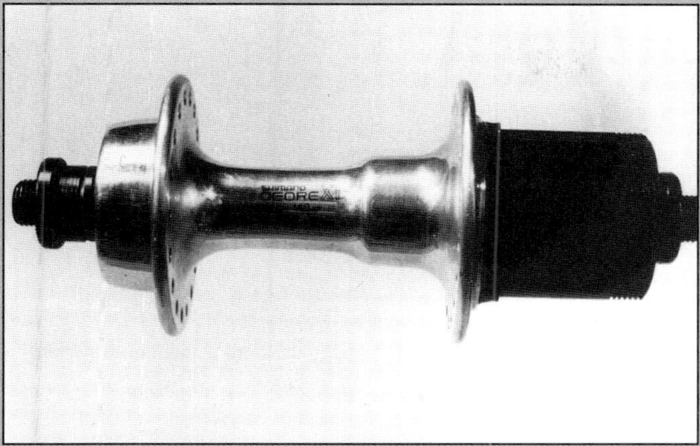

Kassettennaben haben den Freilauf integriert. Kranzwechsel ist einfach, die Bruchsicherheit verbessert. Links eine bewährte Primano-Nabe.

Konventionelle Hinterradnabe mit verschiedenen Schraubenkränzen.

Suntour-Nabe: Ganz aktuell.

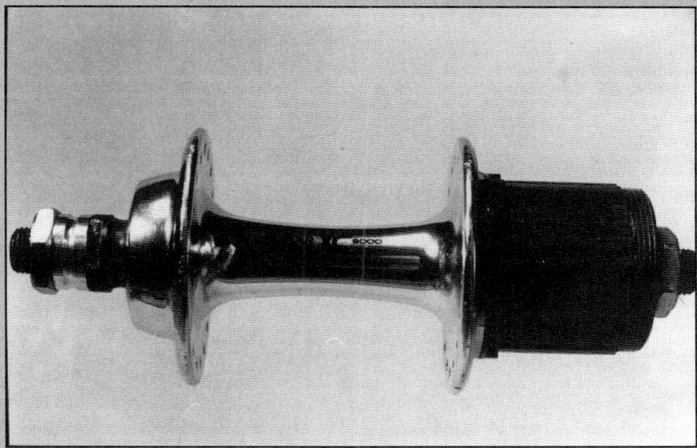

Hügi-Nabe: Schweizer Qualität.

Naben

Leichtgängige Naben und hoher Reifenluftdruck sind das Geheimnis der Leichtläufigkeit von Rennrädern. Schon bei einem (mit dem bloßen Auge nicht zu erkennenden) Gefälle von 0,5 % rollt ein Rennrad »bergab«. Möglich machen das Kugellagerungen, die nur wenige Promille der Tretleistung als Reibarbeit verbrauchen. Aufgrund ihrer Robustheit bei kleinen Abmessungen werden von der Radindustrie nach wie vor hauptsächlich Konus-Kugellager bevorzugt. Die Kugeln drehen ihre Runden eingegrenzt zwischen Lagerschale und Konus. Finden die Kügelchen zwischen den beiden Lagerbahnen noch eine saubere, gut gefettete Rutsch- und Rollbahn vor, fühlen sie sich ausgesprochen wohl zwischen ihren krummen Wänden und lohnen dies mit einer langen, langen Lebensdauer.

Nabendichtung

Lebensverkürzend für die Lager der Nabe wirken vor allem Wasser und Schmutz. Gewiß, eine schleifende Gummilippe als Dichtung bekommt das Wasser in den Griff. Doch hat sie den Nachteil, daß sie weit mehr Energie schluckt als das belastete Kugellager. Deswegen begnügten sich die Techniker lange Zeit mit Abdeckscheiben, die vom Nabenkörper bis auf einen 0,5 mm schmalen Spalt an den Konus heranreichen. Die restliche Dichtarbeit soll das Lagerfett übernehmen. Diese ebenso notdürftige wie allgemein übliche Versiegelung hält aber nur eine geraume Zeit an. Nach einem halben Jahr spätestens muß das Nabeninnere freigelegt, gesäubert und frisch gefettet werden.

Zerlegen der Nabe

Man geht am besten folgendermaßen vor:

1. Beim Hinterrad Freilaufkranz abziehen (siehe auch Zahnkranz S. 81). Auf zahnkranzabgewandter Seite Konus mit Konus-Schlüssel (Schlüsselweite 13, 14 oder 15 mm) festhalten. Mit zweitem Schlüssel Gegenmutter lösen.
Beim Abdrehen von Mutter und Konus bereitet das vom Ausfallende lädierte Gewindestück oftmals Schwierigkeiten. Darum gut einölen, auf der anderen Achsseite gegenhalten und Konus und Gegenmutter im »Pilgerschritt«-Verfahren (eine Umdrehung vor, eine halbe zurück) über angequetschte Stelle drehen.
2. Achse so weit herausziehen, daß das Ende im dünnen Naben-Mittelteil verschwindet, jedoch noch als Stöpsel gegen eventuell durchfallende Kugeln dient.
3. Staubkappen mit kleinem Schraubenziehergriff vorsichtig aus Nabenkörper hebeln; achtgeben, daß keine der meist neun Kugeln verschwindet.
4. Hand schützend vor offene Nabenseite halten, Rad umdrehen. So fallen die Kügelchen praktischerweise direkt in den Handteller.
5. Achse ganz herausziehen und wie unter 3. und 4. beschrieben mit der Zahnkranzseite verfahren.
6. Nabenbohrung, Kugeln, Konen und Staubkappen penibel mit fusselfreiem Lappen säubern.
Sind die Kugeln nach dem Reinigungsvorgang noch immer matt bzw. weisen sie flächige Stellen auf, sofort austauschen. Lediglich Pfennigbeträge sind dafür zu investieren. Das gleiche gilt für Konen und Lagerschalen. Beim Entdecken von Löchern oder tiefen Rillen in den Laufbahnen gibt es nur eines – sich Ersatz im Fachhandel besorgen.

Der Zahnkranzabzieher wird per Schnellspanner gesichert.

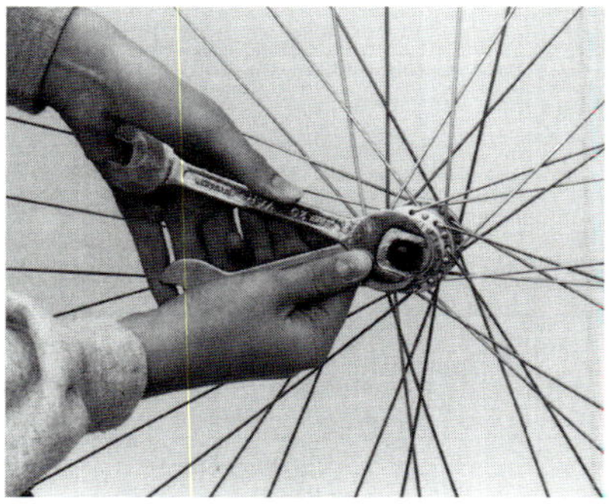

Lösen der Konterung.

Konus von der Achse drehen.

Staubkappe heraushebeln.

Was den Rahmen zum Rennrad macht

Zusammensetzen der Nabe

1. Vor Montage eine sorgfältige Säuberungsaktion der Nabeninnereien durchführen. Wurden die Konen ausgetauscht, für die Zahnkranzseite Konus und Gegenmutter mit den entsprechenden Zwischenscheiben zusammenschrauben und stramm gegeneinander verdrehen (kontern). Dabei 4 mm Achsgewinde fürs Ausfallende überstehen lassen. In beide Lagerschalen gutes Lagerfett (Campagnolo, Zeus oder Shimano) einfüllen. Ersatzweise qualitativ hochwertiges Kugellagerfett der Industrie verwenden. Die Kugeln einzeln ins Fettbett drücken. Das Fett sichert sie vorm Verrutschen.
2. Staubkappe ebenfalls gut ein fetten und in Nabenkörper eindrücken. Den Konus großzügig mit Fett versehen und samt Achse in Nabenkörper eindrücken. Sobald Fett herausquillt, bedeutet dies eine Gewähr für gute Dichtwirkung.

Einstellen des Spiels

Kommen wir zum wichtigsten Teil der Wartung, der exakten und spielfreien Justage der Nabe.

1. Den zweiten Konus so weit eindrehen, bis man – natürlich eine Frage von Gefühl und Erfahrung – nur noch minimal mit der Achse wakkeln kann. Konus mit Konusschlüssel festhalten. Gegenmutter aufdrehen und fest gegen den Konus drehen.
2. Geht das Lager zu stramm, Gegenmutter und Konus lösen und eine Spur nach außen drehen. Dann erneut kontern. Wenn das Lagerspiel zu weit geht und die Achse wackelt, umgekehrt verfahren.
3. Pendelprobe machen: Hinterrad ohne Kette ins Rennrad einführen. Schnellspanner nur ganz leicht anziehen. Kontrollieren, ob Rad bei sanften Schaukelbewegungen mit schwerster Stelle nach unten zeigt. Daraufhin Spannhebel fest anziehen. Stellt Rad Pendelbewegung ruckartig ein, neuerdings mit etwas mehr Spiel kontern.

Moderne Dichtungen

In erster Linie durch's Mountain-Bike beeinflußt, gehen einige Produzenten über den allgemeinen Dichtungs-Standard hinaus. Der Schlager im Rennrad-Bereich ist der mitlaufende Dichtring. Er klemmt ohne Mühe auf dem Konus und ragt berührungslos in eine Nut in der Staubkappe hinein. Oder auch andersherum: Er klemmt in der Staubkappe und ragt berührungslos in eine Nut im Konus. Spritzwasser und Straßenstaub müßten schon um einige Ecken, ehe sie ihr schändliches Werk an den problemlos rollenden Kugeln verrichten könnten und ziehen es daher vor, gar nicht erst einzudringen. Campas C-Record-Naben bieten ebenfalls einen erhöhten Dicht-Service. Die Staubkappen wurden breiter und die Eindringlinge sind gezwungen, 12 bis 15 mm weit durch den Spalt Staubkappe-Konus zu »tunneln«. Gelingt ihnen dieses Vorhaben dennoch einmal, hindert sie ein auf dem Konus sitzender O-Ring am Zugang zum Allerheiligsten des Lagers.Hübsche Kniffe, um einerseits die Dichtwirkung deutlich zu erhöhen und andererseits die Leichtläufigkeit der Naben zu erhalten.

Naben mit Industrie-Kugellager

In jüngster Zeit steigt die Verwendung sog. Industrie-Kugellager bei der Naben-Lagerung sprunghaft an. Zwei Laufringe mit unterschiedlichem Durchmesser werden ab Werk mit den Kugeln zu einer Einheit zusammengebaut. Unterstützt von einem langlebigen Fett sind sie für ihre gesamte Lebensdauer wartungsfrei. Selbstredend kann auch sie das Schicksal von eingedrungenem Schmutz ereilen, trotz vorhandenem Schmutz-Schutz. Ist dies der Fall, sind also deutlich malende Geräusche zu hören, heißt es die kompletten Lager auszuwechseln.

Lagerwechsel

Keine schwierige Angelegenheit:

1. Nach Lösen der üblichen Konterung oder Beistellmuttern (manche sind mit einem kleinen Schlitz bzw. mit Inbusschrauben gesichert) das Lager mit einem Abzieher (aus dem Fachhandel) entfernen. Zur Not tut's ein Metallstab von ca. 8 mm Durchmesser, ein leichter, kleiner Hammer und etwas »Gefühl«.

Aufbau einer Vorderrad-Nabe.

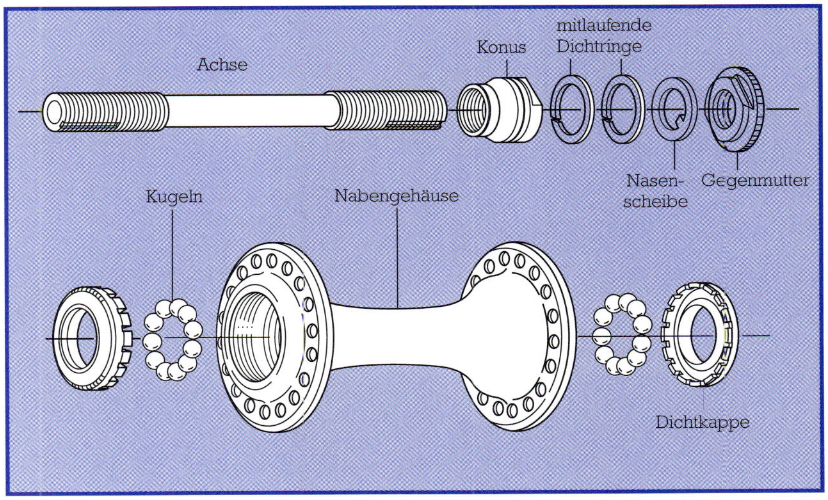

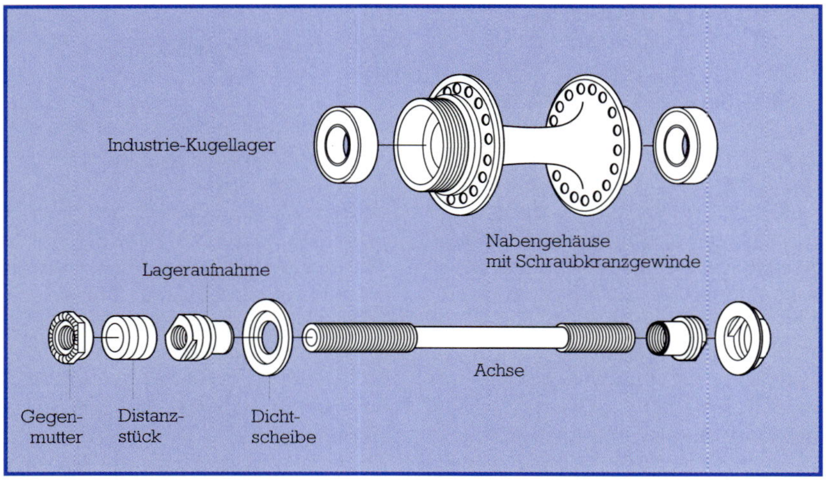

Aufbau einer Hinterrad-Nabe mit Industrie-Kugellager.

2. Stab auf inneren Lagerring halten und mit Hammer gefühlvoll austreiben.
Widerstrebt das Lager solch einer Behandlung, ist es vermutlich verklebt. Dann ist der Gang zum Fachmann (Radfachhändler) zu empfehlen.

3. Der nächste Schritt ist eine gründliche Reinigungsprozedur und bestmögliche Entfettung mit Aceton einschließlich der Kugellager (zu beziehen sind Kugellager über den Kugellager-Handel).

4. Nunmehr Kugellager und Lagersitz in der Nabe dünn mit Zweikomponentenkleber einstreichen, Lager eindrücken und mit Beistellmuttern spielfrei einstellen. Nach dem Aushärten des Klebstoffes bereiten die Lager garantiert wieder lange Freude am reibungsarmen Leichtlauf der Räder.

Extrem belastete Naben

Werden Naben, hervorgerufen beispielsweise durch ein hohes Körpergewicht des Radlers oder durch rüde Fahrweise, übermäßig beansprucht, kann es passieren, daß die Hinterradachsen sich verbiegen. In Extremfällen brechen die Achsen sogar. Schuld an der Misere sind immer breiter werdende Zahnkranzpakete auf der Hinterradnabe. Die 7- und 8fache Bestückung bietet zwar mehr Übersetzungskomfort, vergrößert aber auch den Abstand vom Konus zum Ausfallende. Je größer der Abstand, desto biege- und bruchgefährdeter ist die Achse. Manche Nabenhersteller (Mavic, Omas) haben ihre Industrie-Kugellagernaben mit 12-mm-Achsen versehen. Sie sind resistenter. Einen anderen Weg weisen Kassettennaben. Hier ist der Freilauf automatisch in die Nabe integriert, wodurch man den äußeren Konus wieder ein Stück näher an das Ausfallende rücken kann. Das Positive daran ist, daß die Achse Belastungen bis 10 000 Newton verkraftet, was der Gewichtskraft von immerhin 1 Tonne entspricht.

Felgen

Zusammen mit den Speichen, Naben und Reifen bilden die Felgen die Einheit »Laufrad«. Ein Wunderwerk, bedenkt man die außergewöhnliche Stabilität bei geringstem Gewicht. Soll das Laufrad noch lange unbeschadet seine Dienste tun, müssen seine voneinander abhängigen Elemente, so auch die Felgen – in Ordnung gehalten werden.
Bekommen die Felgen bei einem Sturz oder einem Sprung über ein Hindernis eine Beule ab bzw. ist ein Speichenloch angerissen, sich ohne Zögern nach Ersatz umschauen (Kostenpunkt zwischen 15,– und 150,– DM). Zweifelsohne kann man eine gebeulte Felge durch starkes Nachspannen der Speichen einstweilen wieder rundziehen. Das Laufrad als Ganzes leidet daraufhin aber an innerer Verspannung. Einige Speichen werden über Gebühr gestreßt,

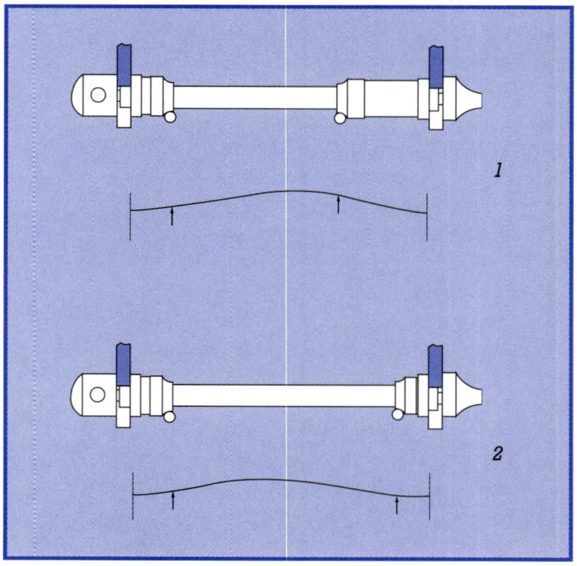

1 Durch breiter werdende Zahnkränze wandert der Konus weiter nach innen, was zu Achsverbiegungen bzw. zum Bruch von Achse und Ausfallende führen kann.

2 Bei Kassettennaben sitzt der Konus in Ausfallenden-Nähe. Daher gibt's hier keine Achsprobleme.

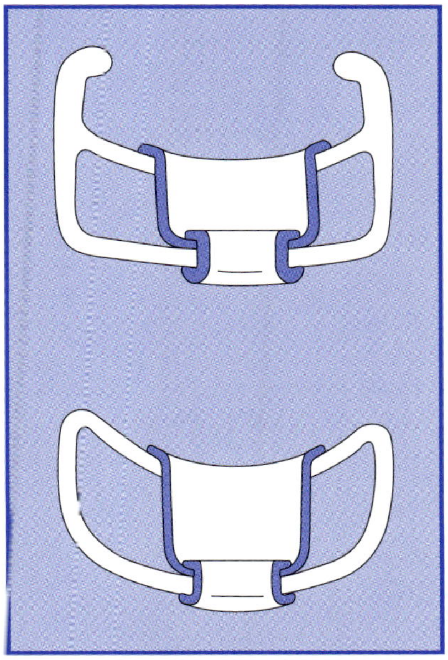

Steife Kastenprofile für Draht- und Schlauchreifenfelgen schützen vor Speichendefekten.

andere stehen nur lose im Rad herum. Mit solch aufwendigen und sinnlosen Bemühungen handelt man sich lediglich eine drastische Häufung von Speichenbrüchen ein.
Damit Felgen eine hohe Lebensdauer erzielen und Speichendefekte zur Rarität werden, hat die Felge eine Reihe von Bedingungen zu erfüllen. Zum einen sollte sie sowohl vertikal als auch seitlich steif sein. Außerdem muß eine brauchbare Widerstandsfähigkeit gegen Verwindungen gegeben sein. Das Tropfenprofil kommt den genannten Kriterien am nächsten. Als Draufgabe ist es obendrein imstande, den Windwiderstand herabzusetzen. Auf Rang zwei folgen Schlauchreifenfelgen, gleich dahinter Drahtreifenprofile, die dank ihrer Kastenform steifigkeits- und verwindungsresistent sind. Drahtreifenfelgen bringen jedoch in der Regel mehr Gewicht auf die Waage.
Am schlechtesten kommen bei dieser Gegenüberstellung Felgen mit einem simplen U-Profil weg. Meist verwendet bei Fahrrädern der billigen Kategorie. Bei Sportgeräten über 600,– DM findet man dieses ungünstige Profil gottseidank nicht.
Wesentlich für die Haltbarkeit der Felgen und Speichen ist die Verarbeitung der Felge am Stoß. Liegt hier ein Versatz vor, kann er nur mit Speichengewalt einigermaßen geradegezogen werden, was unterschiedliche Speichenbelastung bedeutet und damit vorzeitiger Speichenbruch. Die Eigenschaften der drei erstgenannten Profilformen ähneln sich dermaßen, daß das Felgengewicht als Maßstab für Steifigkeit und Haltbarkeit herangezogen werden kann.
Die Bestrebungen der Rennfahrer, die drehenden Massen am Rad so gering wie möglich zu halten (siehe auch Kapitel »Reifen« auf S. 83) sind durchaus sinnvoll; bei den Felgen hingegen stößt übermäßige Gewichtsreduzierung bald an physikalische Grenzen. Setzen wir uns also mit den Belastungen und deren Wirkung auf die Felge auseinander:
Die Felge verliert einen Teil ihrer Rundung jeweils dort, wo sie – vom Reifen geschützt – den Boden berührt; ihre Rundung flacht ab und die Speichen werden an dieser Stelle entlastet. Je leichter – also biegenachgiebiger – eine Felge ist, desto stärker bildet sich die Abflachung aus. Übersetzt auf den Fahrbetrieb bedeutet eine höhere Entlastung der Speichen größere Spannungswechsel, und sie ermüden entsprechend schneller. Ein »Schwergewicht« auf dem Rad provoziert zusammen mit einer reduzierten Speichenzahl den System-Kollaps.
Grundsätzlich können Fahrer bis 70 kg Felgen mit 300 g oder knapp weniger fahren. Ist die hintere mit 32 Speichen, die vordere sogar mit nur 28 ausgestattet, dann ist das durchaus seriös und haltbar. Wiegt ein Rad-Aktiver mehr als 80 kg, sind 400-g-Felgen und 36 Speichen auf

Immer mehr Felgen werden am Stoß geschweißt. Die Stelle ist in der Bildmitte schwach erkennbar.

Die matt glänzenden hart eloxierten Felgen sind pflegeleichter und künden von guter Material-Qualität.

die Dauer vorteilhafter und sicherer. Benutzt er leichtere Felgen mit weniger Speichen ist es auch nicht unbedingt ein großes Malheur. Der Sicherheit wegen sollte er dann aber ein- bis zweimal jährlich die Speichen wechseln.
Bis zu einem gewissen Grad läßt sich die Haltbarkeit der Felgen und Speichen auch mit Hilfe der Fahrweise beeinflussen. Aus persönlicher Erfahrung kommt die Erkenntnis, daß sich Speichen- und Felgenbrüche verringerten, seitdem ich den Winter mit Querfeldeinfahrten überbrücke. Logische Erklärung: Crosser sitzen zwangsläufig elastischer auf dem Rad und gleichen Fahrbahnunebenheiten sanfter aus. Speichen und Felgen danken es mit längerer Lebensdauer.

Alu – hart oder weich?

Ein weiteres Kriterium für gute Felgen ist die Materialqualität. Die »Dunklen« aus kaltgehärtetem Aluminium erfreuen sich zunehmender Beliebtheit. Ihr wesentlicher Vorteil: Eine »dicke« Eloxal-Schicht erleichtert die Pflege und verhindert, daß Aluspäne aus der Felgenoberfläche in die Bremsbeläge eingedrückt werden. Nicht zuletzt schlucken sie beinharte Schläge von Kantenüberquerungen selbst dann noch beulenfrei, wenn Felgen aus weichem Aluminium bereits bleibende Spuren der Mißhandlung davontragen.
Aber: die dunkelgrauen sind nicht etwa steifer; die Steifigkeit der Felgen wird vielmehr von ihrer Geometrie bestimmt – von der Felgenbreite, -höhe und -wandstärke. Der Elastizitätsmodul (die Biegesteifigkeit) ist bei Alu-Sorten immer derselbe. Die ausgehärteten besitzen lediglich höhere Festigkeitswerte. Wird den Felgen aufgrund knallharter Schläge irgendwann über Gebühr zugesetzt, sind die weicheren Alu-Felgen interessanterweise besser – die Sicherheit betreffend. Die dunklen Harten brechen an solch einem Schlag, während die glänzenden Weichen die üblen Beulen zunächst noch wegstecken und wenigstens bis zum Stillstand weitereiern.
Sicherlich ein brauchbarer Tip: Für den Alltag einen Satz Laufräder mit Billig-Felgen und für sonntags das hochwertigere Material. Überdies ist es ratsam, seine Lehrjahre auf billigeren Felgen zu absolvieren. Gerade wenn Jungfahrer zu Beginn ihrer Karriere durch Schlaglöcher und über Bordsteine rumpeln, ist es um die teuren Felgen einfach zu schade.

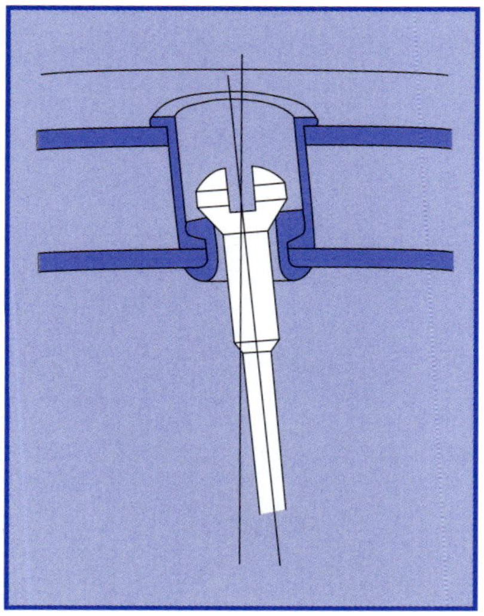

Besondere Felgen

Aero-Felgen als Ergänzung windkanalgeglätteter Räder sehen nicht nur gut aus (was bekanntlich Geschmackssache ist), sie setzen auch den Windwiderstand der Laufräder um rund 10 % je Felge herab. Das macht zusammen zwar keine 3 % des Gesamtwiderstandes von Rad und Fahrer aus, »bringt« aber schon was. Aerodynamischer sind sinnvoll vollverkleidete Scheibenräder; bei ihnen beträgt die Kraftersparnis insgesamt immerhin ca. 10 %.
Keine Wunderdinge darf man sich von Felgen aus Titan erwarten. Gewiß, der Elastizitätsmodul des edlen Werkstoffes ist beinahe doppelt so hoch wie der des schnöden Alus. Doch dafür ist das Gewicht auch doppelt so hoch. Deutlicher ausgedrückt: gleiche Felgenwandstärke, doch erheblich höheres Gewicht der Felge. Nimmt die Felgenwandstärke ab, ist der Vorteil der höheren Steifigkeit vergeben. Also kann man gleich bei den Alu-Felgen bleiben.

Oben: Bei Rissen der Nippellöcher sollten die Felgen gewechselt werden.

Mitte: Verteilung des Nippelzuges durch Einlegscheibchen.

Links: In Speichenrichtung stehende Nippelverstärkungen entlasten bei Campagnolo-Felgen die Speichengewinde.

Was den Rahmen zum Rennrad macht

Der Belastung durch die Speichen begegnen die Felgenhersteller auf unterschiedlichste Art. Ziel aller ist es, langfristig zu verhindern, daß die Speichenlöcher an- oder gar ausreißen. Bei einfachen Sportfelgen ist ausschließlich im zur Nabe hin gerichteten Teil eine Hülse eingebaut. Nisi verzichtet vollständig darauf. Stattdessen werden Scheibchen mit 10 mm Durchmesser zwischen Nippel und Felge eingelegt, um zu erreichen, daß sich der Nippeldruck ein wenig verteilt. Vorteil: Der Reifen liegt »runder« auf. Nachteil: Nur der untere, innere Teil der Felge wird belastet. Im Laufe der Zeit können die Nippel die Felge regelrecht »spalten«, d. h., vom Nippelloch arbeiten sich Risse in Längsrichtung nach beiden Seiten vor.
Andere Felgen dagegen verfügen über Hülsen, die das Felgenbett mit dem Felgenunterteil verbinden. Der Speichenzug wird auch auf das obere Felgenbett geleitet und die Nippellöcher reißen seltener aus.
Einen Schritt weiter geht Campagnolo bei der neuen Felgenserie »Strada XL«. Die Punzenlöcher sind exakt um 5 Grad in Speichenrichtung geneigt; Nippel- und Speichengewinde werden entlastet. Ein weiteres Verdienst von Campagnolo: Sie schlossen mit 280 g schweren Felgen die bestehende Lücke zwischen Superleicht-Modellen von ca. 200 g (Nisi) und den gewichtigeren 400-g-Standardfelgen. Das Marktangebot ermöglicht es mittlerweile jedem Fahrer, seine Felgen nach Wunsch und Körpergewicht zu wählen.
Technisch ausgefuchst löste Wolber das Problem der Kraftübertragung Speichen-Felgenbett bei einigen Modellen: Die zur Nabe gewandte Seite der Felge wurde mit einer dickeren Wandstärke ausgerüstet. Und schon ist allen Problemen ein Ende gesetzt.

Speichen

Es erstaunt immer wieder, wie aus einem an sich labilen Material (der Felgen und Speichen) plötzlich ein Laufrad entsteht, das Gewichtsbelastungen von einer halben Tonne hinnehmen kann. Ein geradezu klassisches Beispiel, was in der Technik durch die sogenannte Vorspannung erreicht wird. Jede Speiche hat das Bestreben, die Felge kräftig zu sich herüberzuziehen. Da alle Speichen dieses Ziel verfolgen, gelingt es keiner. Die Zugkraft wird gleichmäßig aufgeteilt und die Felge schwebt zentrisch über der Nabe. Vorausgesetzt, es ist ordentlich zentriert worden.
Speichen halten erstaunlichen Zugkräften stand. Immerhin sind 2500 Newton (250 kp) nötig, um eine Speiche zu zerreißen. Druck dagegen weichen die dünnen Dinger einfach aus. So lassen sie sich – zwischen zwei Fingern zusammengedrückt – seitlich ausknicken. D. h., daß Speichen weder sich noch irgend etwas abstützen, wie es Radler-Latein angeblich wissen will. Speichen können ziehen, ziehen und nochmal ziehen – aber das ist auch schon alles.
Unter Zug gesetzt, längen sich Speichen jedoch elastisch und gehen nach Wegnahme der Zugkraft in ihre Ausgangslage zurück. Doppel-Dick-end-Speichen (DD) im übrigen ungleich mehr, als solche mit gleichbleibenden 2-mm-Durchmesser. Anders ausgedrückt: Bei gleicher Längung ist der Spannungsunterschied in der dünnen Speiche geringer; ihre Längungen nimmt sie daher williger und dauerhafter hin. Aus den folgenden Ausführungen geht hervor, daß dies für die Verhältnisse am laufenden Rad von Bedeutung ist.
Die Felgen der Laufräder flachen im Kontaktbereich des Reifens mit der Straße etwas ab. An jener Stelle werden ca. fünf Speichen entlastet. Die Kraftdifferenz bekommen die restlichen Speichen aufgebürdet.
Pro Radumlauf ergibt sich für die Speichen ein bestimmter Arbeitsrhythmus: Bei den Speichen außerhalb des Kontaktbereichs der Straße addiert sich zur Vorspannung die Spannungsaufnahme durch die Hilfestellung für die Speichen in Bodennähe. Kommen die freiwilligen Helfer selbst dem Untergrund nahe, erfolgt eine plötzliche Entspannung, die bei lasch eingespeichten Laufrädern sogar zum Klappern der Speichennippel im Felgenbett führen kann. Dann erfolgt erneut ein schlagartiger Anstieg der Spannung auf den Ausgangswert. Ja, und das passiert ungefähr eine Million Mal auf 2000 km.
Logisch, daß dieses Anzupfen der Speichen für durchgehend dicke Speichen ermüdender ist, schließlich haben sie größere Spannungsunterschiede hinzunehmen.
Schwere und damit steife Felgen flachen in Bodennähe weniger ab, das heißt, auch die Speichen werden nicht so stark gefordert. Leichte Felgen sind hingegen zwangsläufig wei-

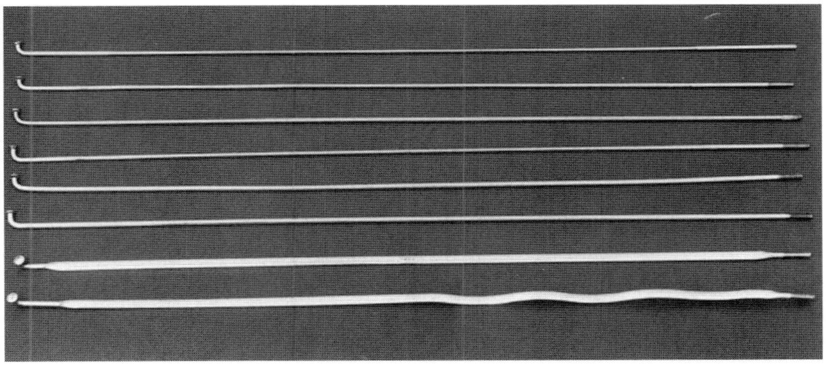

Speichenpalette von 1,8 DD bis 2,3 »glatt« sowie Messerspeichen. Gewellte Speichen (ganz unten) verschaffen dem Laufrad mehr Elastizität.

cher. Sie fangen Bodenunebenheiten zwar besser auf, flachen aber stärker ab und schütteln dabei auch die Speichen kräftig durch. Unzweckmäßig wäre demzufolge eine Kombination von leichter Felge und »schweren« dicken Speichen. Sie würden aufgrund der hohen Spannungsunterschiede bald zerrüttet werden. Zudem lösen sich bei ihnen die Speichen-Nippel rascher.
Beim Hinterrad-Einsatz setzt der stramme Kettenzug bezüglich der dünnen Speichen Grenzen. Harte Antritte überfordern sie auf Dauer. Dementsprechend ist die beste Speiche die 2-mm-DD, deren Mittelteil auf einen Durchmesser von 1,6 mm gedünnt ist.
Lockert sich eine Speiche, so strebt die Felge etwas zum Gegenflansch hin und beult sich ebenfalls etwas von der Nabe weg – nach außen: der sogenannte »Schlag«. Wieder angezogen, holt die Speiche die Felge zur Mitte zurück.
Das ist eigentlich schon das ganze Geheimnis der Radzentrierung.
Außerdem, bekommt ein Laufrad einen Schlag ab, können zwei Dinge passiert sein – es ist möglich, daß sich eine oder mehrere Speichen gelängt haben oder Nippel lösten sich.
In beiden Fällen müßte der Schlag in Höhe und Seite durch bloßes Anziehen der betreffenden Speichen wieder zum Rundlauf zu bewegen sein. Fruchten die Bemühungen nicht, hat die Felge bei einem bösen Rumpler eine flache Stelle bzw. eine Delle abbekommen. Dann ist ein Felgenwechsel anzuraten. Wollte man das über die Speichen ausgleichen, würde eine unterschiedliche Speichenspannung entstehen, die einen vorzeitigen Speichenbruch provoziert.

Zentrieren eines Seitenschlages

1. Pedalriemen um den Bremsgriff festziehen, bis ein Bremsschuh die Felge auf Höhe des Schlages gerade streift.
2. Die dem Felgenschlag abgewandten Speichen eine Vierteldrehung anziehen. Eine Orientierungshilfe: Halten Sie die Hand so an die Felge, daß der Daumen in die Richtung zeigt, in die der Nippel bewegt werden soll (Anziehen: zur Nabe), die Finger geben die Drehrichtung an. Geht Schlag zum Beispiel über fünf Speichen, alle fünf anziehen.
3. Prüfen, ob Felge an Schlagstelle durch Bremsschuhe paßt, ohne zu streifen. Andernfalls Speichen noch eine Vierteldrehung anziehen.
4. Riemen am Bremsgriff enger stellen. Kleinere Schläge – wie oben beschrieben – pro Viertelumdrehung herausziehen.

Oberste Devise beim Zentrieren: Lieber langsam, das geht schneller. Dreht man zu heftig, wird das Zentrieren mit Lösen und Anziehen unnötig kompliziert.
Speichen sind keinesfalls auf alle Ewigkeit den Belastungen gewachsen. Bricht plötzlich eine, gibt's einen beachtlichen »Schlag«. Passiert einem das »auf Tour«, kann man sich glücklich schätzen, wenn vorsorglich eine Reservespeiche an der Luftpumpe mit Klebeband fixiert ist.

Reservespeichen für unterwegs befestigt man mit Klebeband an der Luftpumpe.

Wechseln Sie die gebrochene Speiche umgehend aus, sonst werden die übriggebliebenen nach kurzer Zeit ebenfalls überbelastet sein. Und sollten weitere Speichen ihren Geist aufgeben, wird die Fahrt zu einer holprigen Sache.
Probleme werden auftauchen, wenn die kaputte Speiche hinter dem Ritzelpaket liegt. Dort kann man sie nur bei Hochflanschnaben mit Kriterien-Übersetzung (größtes Ritzel 18 Zähne) überhaupt herausziehen; größere Zahnkränze verdecken das Speichenloch. Gewöhnlich muß der Zahnkranz runter, was unterwegs

Prinzip beim Radzentrieren: Wird die Speiche angezogen, zieht sie die Felge zu sich und auch etwas zur Nabe hin (Bild rechts).

recht schwierig ist, es sei denn, ein Libero-Abzieher gehört zum Werkzeug-Notgepäck (verfügbar für die gängigen Freilaufsysteme, wiegt nur 40 g). Ansonsten die beiden der gebrochenen Speiche gegenüberliegenden eine Idee lockern. Zum einen ist dann der Seitenschlag verschwunden, zum anderen werden die beiden Nachbarn der gebrochenen Speiche auf diese Weise vor einer Überanstrengung bewahrt. Sicherlich ist der entstandene Höhenschlag noch bis nach Hause zu ertragen. Fast völlig vermeiden läßt sich Speichenbruch, wenn man jährlich bzw. spätestens nach 5000 km zumindest die Speichen im Hinterrad wechselt. Auch wenn kurz hintereinander mehrere Speichen reißen, sollte man zur Totalsanierung des Laufrades schreiten.
Tatsache ist, daß die etwas kostspieligeren Edelstahlspeichen das Prädikat pflegeleicht verdienen und unempfindlicher auf Wechselbelastungen reagieren, als ihre verchromten Stahlkollegen. Glatt durchgehende Speichen sind preiswerter (simplere Fertigung), machen das Laufrad härter, brechen früher und lockern sich gerne. DD-Speichen (Doppel-Dickend) sind an den Belastungspunkten (Bogen und Gewinde) dicker – in der Mitte jedoch dünn gehalten. Wie bereits erwähnt, lockern sie sich nicht so schnell und sind länger einsatzbereit.

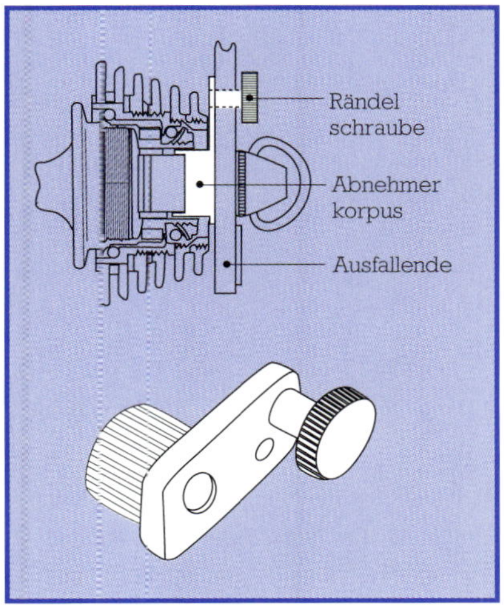

Mit dem Libero (zwischen Ausfallende und Zahnkranz) kann unterwegs der Zahnkranz abgeschraubt und ein Speichenwechsel auf der Ritzelseite vorgenommen werden.

Einspeichen

Die Arbeit des Einspeichens ist sicher nicht für jeden erstrebenswert. Man braucht Zeit dazu, und erst nach einer gewissen Erfahrung gelingt es nach Wunsch. Aber unter zwei Aspekten ist es empfehlenswert, sich mit der Tätigkeit vertraut zu machen. Zum einen ist es für den Fachhändler, wenn er es überhaupt macht, lediglich ein Gefälligkeitsservice, denn meist verdient er nichts daran. Zum anderen ist Einspeichen Vertrauenssache, und manche lassen an die wichtigen Teile ihres Rades niemand anderen heran.

Hinterrad einspeichen
Zur Vorbereitung den Zahnkranz abziehen und Felge und Nabe von den Speichenveteranen befreien.
Beispiel für ein 36-Loch-Hinterrad, 3fache Kreuzung:

1. Erste neun Speichen mit je einem Loch Abstand in Zahnkranzflansch einfädeln. Speichenköpfe innen.
2. Die nächsten neun Speichen in Zwischenräume (Kopf nach außen) einfädeln (Bild 1).
3. Speichen mit Kopf nach innen links rüber, also entgegen der späteren Fahrtrichtung, abwinkeln und eine davon ergreifen.
4. Von zuerst ergriffener aus gesehen die fünfte Speiche von links erfassen (die dritte mit Kopf nach nach außen), nach rechts abwinkeln und über zuerst ergriffene Speiche legen.
5. Felge ergreifen. Ventilloch nach oben drehen.
6. Die nach rechts abgewinkelte Speiche (Kopf nach außen) in erstes Loch links vom Ventilloch einfädeln und Nippel (ca. drei Umdrehungen) aufschrauben.
7. Die Speiche mit einem Zwischenloch Abstand ins dritte Felgenloch (links vom Ventil) durch Felge einfädeln und mit Nippel sichern (Bild 2).
8. Nach links – nächste links-abgewinkelte Speiche ergreifen. Und ihre Nachbarin darüberlegen, also die nächste linke mit Kopf nach außen (Bild 3).
9. Beide in Felge fädeln und zwar nach links mit je einem Loch Abstand, also wäre das der fünfte und siebte Platz vom Ventilloch aus.

1

2

3

Was den Rahmen zum Rennrad macht

10. Mit kommendem Pärchen genauso vorgehen usw., bis alle Speichen eingefädelt sind.

11. Das bereits radähnliche Gebilde umdrehen und erste Speiche auf Gegenseite (Kopf nach außen) genau unter Ventilloch durch die Nabe und über Kreuzungsstelle der eingelegten Speichen führen.

12. Mit je einem Loch Abstand acht weitere Speichen mit dem Kopf nach außen durch Nabenflansch fädeln. Restliche Speichen von der Zahnkranzseite her ein führen.

13. Speiche (Kopf nach außen) ergreifen, welche rechts von gedachter senkrechter Linie Ventillochnabe im Flansch steckt. Ihre Begleiterin wäre wieder fünf Speichen weiter links, also die dritte mit Kopf nach innen (Bild unten).

14. Nach rechts abgewinkelte Speiche über nach links abgewinkelte Speiche legen und links vom Ventilloch in freie Löcher stecken sowie vernippeln.

15. Nach links zu weiter wie gehabt, bis letzte Speiche in letztes Nippelloch eingeführt ist. Und zum Schluß vorsichtshalber noch einmal kontrollieren.

Auf der Gegenseite beginnt man mit den ersten Pärchen wieder links vom Ventil.

Kontrolle

Sämtliche Speichen mit dem Kopf nach außen müssen an den Kreuzungsstellen obenauf liegen.
Auf der Zahnkranzseite müssen die Speichen mit dem Kopf nach innen nach links abgewinkelt sein.
Unter diesen Voraussetzungen können sie der Kombi-Belastung der Antriebskraft und dem Seitendruck – besonders beim Wiegetritt – besser standhalten. Und sie leben länger.
Unter dem Ventilloch müssen die Speichen beinahe parallel verlaufen, damit die Luftpumpe Zugang findet.

Zentrieren eines Laufrades

1. Rad zwischen die Knie stellen. Alle Nippel mittels Nippelspanner oder kleinem Schraubenzieher eindrehen, bis Speichengewinde in den Nippeln verschwindet.

2. Jeweils einen Nippel eine weitere Umdrehung anziehen.

3. Solange mit je einer Nippelumdrehung fortfahren, bis Speichen Spannung bekommen.

4. Laufrad in Zentrierständer spannen.

5. Vorzentrieren: Seiten- und Höhenschläge auf 2-mm-Maximalschlag bringen. Schlägt Felge nach rechts und beult von Nabe weg (Höhenschlag), linke Speichen anziehen. Beult Felge nach rechts und in

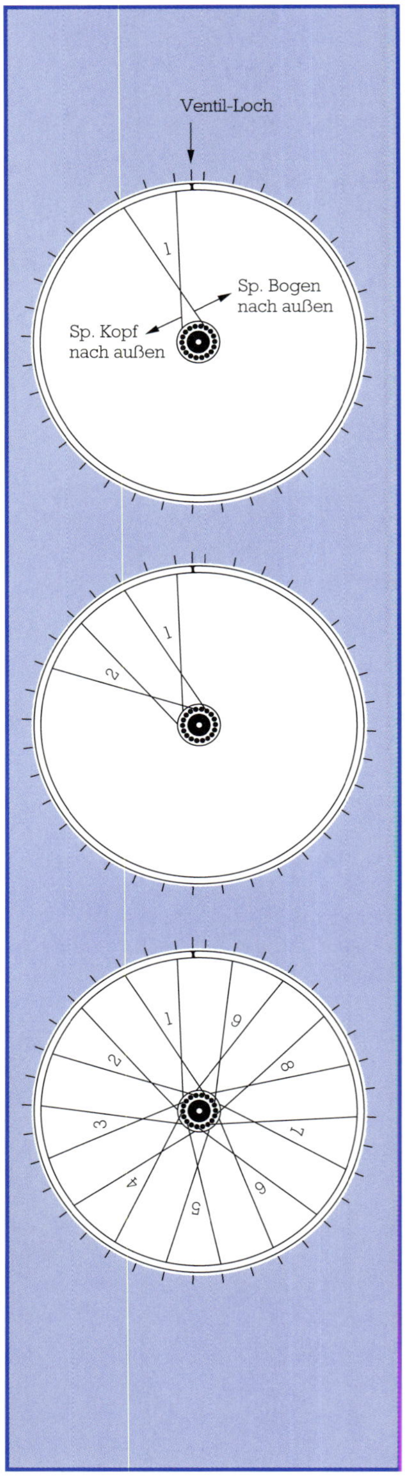

Zur Verdeutlichung aus der Sicht des Einspeichenden: Vernippelung der ersten 18 Speichen.

Mit einem dünnen Schraubenzieher die Nippel eindrehen, bis das Gewinde gerade verschwindet.

Nabenrichtung (Tiefschlag), rechte Speichen lockern. Läuft Felge seitlich rund, hat aber Höhenschlag, rechte und linke Speichen über Schlagbereich gleichmäßig anziehen.
Hier nur mit Vierteldrehungen arbeiten, damit nichts verzogen wird.

6. Durch die Breite des Zahnkranzes, die bei der Hinterachse unbedingt zu berücksichtigen ist, steht die Felge später außermittig zum Zahnkranz hin. Sie muß allerdings mittig zu den Kontermuttern der Achse stehen.
Dazu jede Speiche auf der Zahnkranzseite mit einer zusätzlichen Nippelumdrehung anziehen. Mittels Zentrierlehre oder Zollstock peilen (siehe Abb. unten links), ob die Felge mittig zur Achse steht. Reicht's noch nicht, an den nächsten Umlauf rangehen. Wird die Speichenspannung zu hoch, auf der Gegenseite mit je einer Nippelumdrehung lockern; auch diese Methode bringt die Felge zur Zahnkranzseite »rüber«.

7. Steht Felge mittig, wieder zentrieren.

8. Sind die Speichen noch zu lasch (sie müssen beim Anzupfen richtig und vor allem gleichmäßig klingeln), mit weiteren Vierteldrehungen Spannung ins Speichengeflecht bringen. Anschließend erneut zentrieren.
Wie straff Speichen gespannt werden sollen, ist weitgehend Ansichtssache. Das Lebenslicht strammer Speichen erlischt nicht so früh. Doch fährt sich das Rad eindeutig härter. Bei Speichenbruch ist mit höherem Schlag zu rechnen.
Zu schwach vorgespannte Laufräder führen zu einem schwammigen Fahrverhalten. Bei Speichenbruch sind keine größeren Schläge zu erwarten.

9. Das Laufrad recken: Die Speichenbögen passen sich dem Nabenflansch an, die Punzenlöcher der Felgen verformen sich minimal in Belastungsrichtung der Speichen.
Diesen Prozeß, der ein Nachzentrieren erfordert, kann man entweder durch eine Probefahrt erreichen oder durch Recken des Laufrades beschleunigen. Dazu Rad mit Achse auf den Boden legen, Felge an zwei gegenüberliegenden Stellen fassen und in Richtung Boden drücken, bis die unteren Speichen sich gerade lockern.
Rundum, Speiche für Speiche, Reckvorgang wiederholen. Ebenso mit anderer Felgenseite.
Nicht erschrecken, wenn die Speichen bei diesem Kraftakt knarren.

10. Nachzentrieren, Achsmittigkeit der Felge überprüfen – fertig.

Vorderrad einspeichen

Das Vorderrad des Velos kann man auch unbesorgt radial einspeichen (die Speichen stehen dann senkrecht zwischen Nabe und Felge). Aber die Nabenflansche sind nicht für solche Unterfangen ausgelegt, weshalb man jene Einspeichart auf 28-, höchstens 32-Loch-Naben beschränken sollte. Entscheidet man sich für die radiale Lösung, sollte darauf geachtet werden, daß die Speichenspannung

Recken des eingespeichten und zentrierten Laufrades, damit sich die Speichen »setzen«.

Überprüfen, ob das Rad mittig zentriert wurde.

nicht zu hoch gerät, daß nur DD-Speichen verwendet und daß die Speichenflansche regelmäßig mit Öl, Fett oder Wachs behandelt werden. Bei hochwertigem Alu-Material der Naben (meist mit Kupfer als Legierungsbestandteil) kommt es zur sogenannten Korngrenzkorrosion, wenn Feuchtigkeit das Aluminium umgibt. Ergebnis: ausgerissene Speichenflansche.
Weisen die Speichenköpfe bei eben beschriebener Einspeichmethode nach innen, wird die größte Seitenstabilität, die ein Laufrad bekommen kann, erzielt. Liegen die Speichenköpfe dagegen nach außen, gestalten sie den Flankenwinkel der Speichen flacher, was aerodynamische Vorteile bringt, aber zu Lasten der Seitenstabilität geht.
Radial gespeicht, läßt sich eine Felge bzw. ein Laufrad übrigens einfacher zentrieren, weil die Felge exakt symmetrisch zur Nabe hin belastet wird. Sozusagen die »ehrlichste« Art, eine Felge unter Spannung zu setzen. Hinterräder sollten allenfalls auf der dem Zahnkranz gegenüberliegenden Seite radial eingespeicht werden. Beim vollständig radialen Hinterrad drehen sich beim Antritt die Speichenbögen im Nabenflansch und werkeln die Bohrungen auf.
Bei radial gespeichten Rädern ist ein Lockern der Speichennippel sehr häufig. Deshalb das Speichenbündel vor dem Einfädeln mit dem Gewindeende in Leinöl tunken oder aber mit Wachs besprühen. Beim Zentrieren drehen sich die Stäbchen dann buchstäblich wie geschmiert. Später harzt das Leinöl oder Wachs aus, und somit sind die Speichen gegen unbeabsichtigtes Lockern gesichert. Muß irgendwann nachzentriert werden, dreht es sich zwar etwas schwergängiger, dafür jedoch gut dosierbar. Weiterer Vorteil: Rost und Schmutz können sich zwischen Gewinde und Nippel nicht festsetzen.

Eine andere Art der Sicherung besteht darin, Speichen zu verwenden, die 2 bis 3 mm zu lang sind; die Nippel quetschen sich über das Gewinde hinaus ins frische Material der Speiche. Wie gesagt, eine Alternative, die Selbstlösung der Speichen zu verhindern. Bei dieser Methcde muß darauf achtgegeben werden, daß die überlangen Speichen die Reifen nicht beschädigen.
Noch eine weitere »Sicherung«: Speichennippel ein bißchen anquetschen. Im Schraubstock bzw. mit einer Zange eine Winzigkeit oval drücken,damit der Nippel das Speichengewinde klemmend »packt«.

Speichenbogen

Der kritische Punkt der Speichen ist einwandfrei der Speichenbogen. Bei der Produktion wird der Speichenkopf durch Stauchen des Materials geformt und daraufhin gewinkelt, beides ohne Erwärmung. Durch diese Machart verfestigt sich das Material, wird aber gleichzeitig spröde.

Schutz vor Speichenbruch: Dünne Speichenflansche werden mit einer Unterlegscheibe »aufgefüttert«.

Die Speiche ist im krummen Zustand durchaus belastbar, »knallt« aber, wenn man sie wieder geradebiegt. Der Speichenbogen neigt also zum Bruch, wenn er am Nabenflansch aufgebogen wird. Vermieden werden kann das, indem der Bogen nur knapp durch den Nabenflansch geht, sich im Idealfall sogar etwas in die Nabenbohrung eindrückt. Dies ist bei kleinen Löchern oder bei mindestens 3,2 mm dicken Nabenflanschen der Fall. Mitunter ist jedoch auch der Bogen der Speiche länger gehalten. Wie auch immer – sollte die Speiche im Nabenflansch wackeln, Unterlegscheiben M-2,6 oder M-3 (aus Messing bzw. Edelstahl) vor die Speichenköpfe legen, sozusagen als eine Art Flanschverdickung.

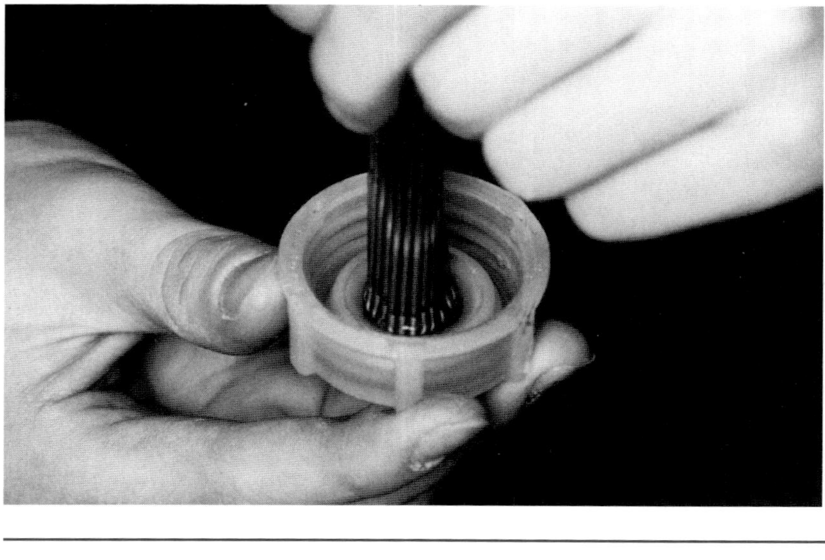

Eintauchen der Speichengewinde in Leinöl.

Was den Rahmen zum Rennrad macht

»Sonnenräder«

Der Defektursache Nummer eins bei den Laufrädern – dem Speichenbogenbruch – versucht man, durch »ungebogene« Speichen und Spezialnaben zu Leibe zu rücken. Das Sonnenrad, so genannt, weil die Speichen von der Nabe ausstrahlen wie Sonnenstrahlen von der Sonne, wurde von der Technischen Hochschule Aachen ursprünglich für Standardfahrräder entwickelt und kann auch dem sportlichen Radler von Nutzen sein. Die Firma Weco produziert dieses sichere und wahrhaft exotisch wirkende Laufrad. Doch dürfen auch hier die negativen Aspekte nicht unter den Tisch fallen: Das Laufrad ist härter. Zudem ist eine höhere Vorspannung der Speichen notwendig. Daher ausschließlich Felgen, die wenigstens 400 g wiegen, verwenden.

Aerodynamische Tricks

Manch' Bastlers Ehrgeiz liegt in der Verringerung der Speichenzahl. Sinnvoll ist dieser Wunsch weniger wegen der minimalen Gewichtsersparnis als vielmehr wegen einer spürbaren Senkung des Luftwiderstandes. Dabei ist ein wenig beachteter Umstand maßgebend: Während die Speiche am Punkt der Bodenberührung steht, rast die entgegengesetzte Speiche oben mit der doppelten Fahrgeschwindigkeit des Rades durch die Luft. Der Grund dafür ist einfach: Bei der obersten Speiche summieren sich Drehgeschwindigkeit des Laufrades und Fahrgeschwindigkeit des gesamten Systems, also des Rennrades, denn die Bewegung geht in die gleiche Richtung. Im untersten Punkt heben sich die Geschwindigkeiten durch entgegengesetzte Richtungen auf. Angenommen, die Fahrgeschwindigkeit beträgt 40 km/h: Nach dem untersten Punkt werden die Drahtstäbchen zusehends schneller, bis sie im Bereich der Bremse fast doppelte Fahrgeschwindigkeit erreichen, also knapp 80 km/h. Es ist einzusehen, daß, je weniger »Windmühlenflügel« sich da drehen, es sich um so leichter radelt. Jedoch: Bis 70 kg Körpergewicht kann man vorne mit 28 und hinten mit 32 Speichen in die Pedale treten. Ein 80-kg-Radler sollte, wenn schon, nur vorne auf 32 reduzieren, oder bei 28 Speichen mindestens jährlich die Speichen ersetzen.

Nippel

Vielleicht kaum zu glauben – aber 60 g können bei Nippeln auf sinnvolle Weise eingespart werden. Das Rezept: Die Laufräder mit insgesamt 72 Alunippel bestücken. Doch ist Vorsicht geboten. Im Handel werden zum Teil preiswerte Nippel verkauft, die von Anbeginn defektträchtig sind. Ohne lang zu überlegen, zu jenen greifen, die aus Duraluminium gefräst sind. Damit läßt sich das Gewicht einer schweren Felge kompensieren oder generell beim gesamten Radumfang Masse sparen. Die Masse muß ja nicht nur in Fahrtrichtung beschleunigt, sondern auch auf höhere Drehzahl gebracht werden. Übrigens droht auch den Nippeln Korrosion. Dem ist durch regelmäßiges Wachsen beizukommen.

Scheibenräder

Angefangen hat es damit, daß irgendwann einmal jemand den Stein im wahrsten Sinne des Wortes ins Rollen brachte; Rad und Wagen waren so gut wie erfunden. Die ersten »Räder« waren rollenartig, wurden schließlich scheibenförmig und erst viel später verstand man es auch, Speichenräder herzustellen.
Doch seltsam, welch' wunderliche Wege der Fortschritt manchmal einschlägt – kommen die top-aktuellen Laufräder doch geradeaus wieder zu ihrem Ursprung, der Scheibenform, zurück. Warum? Der Wind ist daran schuld, genauer gesagt, der Luftwiderstand, dem der Radler bei Tempo 40 beinahe 90% seiner Leistung opfert. Bereits 1914 experimentierte man mit aerodynamischen Verkleidungen herum, um den Fahr-Luftwiderstand senken zu können. Der Durchbruch der Scheibenräder gelang allerdings zum Zeitpunkt des mittlerweile als legendär zu bezeichnenden Stundenweltrekords von Francesco Moser, welcher die UCI-Bestimmungen (keinerlei aerodynamischen Hilfen an Rekordrädern) schlitzohrig zu umgehen wußte. Sei-

Speichenabdeckung des Hinterrades mindert den Luftwiderstand.

Was den Rahmen zum Rennrad macht

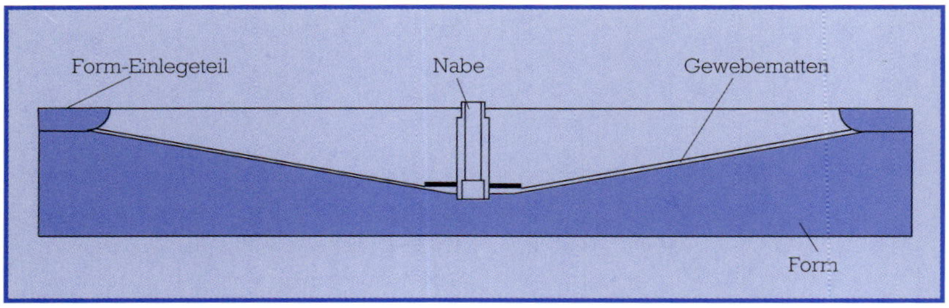

In einer Spezialform wird je eine Hälfte eines Scheibenrades laminiert.

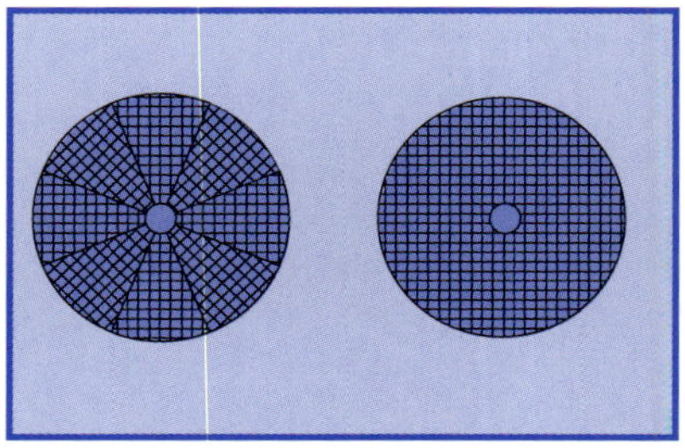

Links Bauweise mit mehr Faseranteilen radial angeordnet, deshalb stabiler.

ne Laufräder waren mit keiner Speichenverkleidung ausgerüstet. Nein, eine stabil ausgeführte Verkleidung machte die Speichen statt dessen überflüssig. Sie war also ein Konstruktionsbestandteil dieser neuartigen Laufräder.
Die Scheibenräder haben mittlerweile ihren Siegeszug rund um die Welt angetreten. Sie sind einfach nicht mehr wegzudenken, wenn es darum geht, gegen die Uhr (beim Zeitfahren) Sekunden zu schinden. Durch 10% Windnachlaß macht es – und dies kann man anhand der Zeitfahrergebnisse der Tour de France nachvollziehen – den Radler rund 2 bis 3 km/h schneller. Kommt der Wind gar um 60 Grad versetzt schräg von hinten, kann durch einen regelrechten Segeleffekt der Vorteil noch mehr verstärkt werden. An und für sich kann auch vorne mit einem Scheibenrad gefahren werden. Problematisch wird es jedoch hier bei böigem Seitenwind. Er drückt über den Hebel des Nachlaufes auf die Lenkung und läßt den Fahrer unfreiwillige Schlangenlinien fahren, die den aerodynamischen Vorteil zunichte machen würden. Ein akzeptabler Kompromiß wäre, bei Seitenwind mit einem kleineren Vorderrad vorlieb zu nehmen, weil hierdurch die das Lenkverhalten beeinflussenden Seitenwind-Einwirkungen reduziert werden.
In Anbetracht der immer wachsenden Beliebtheit der Scheibenräder sowie dem von einer Vielzahl kleinerer und mittelständischer Betriebe eingebrachten wirtschaftlichen Engagement, hat die UCI inzwischen in ihren Bestimmungen die Verwendung der verkleideten Speichenräder freigegeben. Der mit einer Speichenverkleidung erreichbare Windnachlaß ist nämlich dem eines Scheibenrades nahezu gleichzusetzen. Die Verkleidung ist jedoch entschieden preisgünstiger. Darüber hinaus besitzt das verkleidete Rad auch weiterhin die hervorstechende Eigenschaft der Speichenräder, das heißt, es federt die Fahrbahnunebenheiten bis in den Millimeterbereich aus, während auf der anderen Seite die Scheibenräder lediglich Bruchteile eines Millimeters nachgeben. Was dem Radler verkleideter Räder wiederum ermöglicht, mit höherem Luftdruck zu fahren und somit die Rollreibung der Reifen herabzusetzen. Die Scheibenräder hingegen neigen zu einem holprigen Lauf – da vertikal steifer und härter – und müssen mit Ausnahme bei aalglatter Fahrbahn mit weniger Luft gefahren werden.
Erst die moderne Kunststoff-Technik versetzte die Produzenten von Scheibenrädern in die Lage, ein für den Pedalisten zumutbares Gewicht auszutüfteln. In ihrer simpelsten Bauweise besteht die »Scheibe« aus einem Schaum- oder Waben-Kern, auf den Matten aus Glasfasern, Carbon, Kevlar oder aber ein Gemisch dieser Fasern gelegt wird. Anschließend werden die Matten mit Harz getränkt (was die Fasern in ihrer Lage fixiert) – und fertig ist die Scheibe. Da die höhere Belastung des Scheibenrades in der Nabengegend (deshalb Extra-Lagen von Matten) sowie das exakte Einlaminieren der Felge zu berücksichtigen ist, läuft der gesamte Arbeitsvorgang in einer Form ab. Aufgrund dessen, daß das Harz im Grunde genommen nur die Kunststoffäden zu fixieren hat, ansonsten lediglich für überflüssiges Gewicht sorgt, verwendet man zunehmend Preapex. Das sind bereits in Harz getränkte Matten, deren Harz so abgestimmt ist, daß es aber bei Raumtemperatur trocken und unausgehärtet bleibt. Das Zuschneiden der Matten und das Einlegen in die Form geschieht bei diesem Preapex-Material in gleicher Weise wie bei unvorbehandelten Matten. Zur Fertigung wird letztlich die gesamte Form mit dem Laminatinhalt erwärmt, worauf das Harz erneut flüssig wird, sich verbindet und aushärtet. Die in eben beschriebenem Prozeß laminierten Scheibenräder besitzen von der Felge bis zur Nabe hin eine gleichbleibende Scheibenbreite und tun sich insbesondere durch einen extrem holprigen Lauf hervor, weshalb sie nur auf der Bahn bzw. bei guten Straßenverhältnissen in Erwägung zu ziehen sind. Fahrdynamisch effektiver sind Scheibenräder, welche diskusförmig von der Felge bis zur Nabe im Querschnitt zunehmen. Diese Scheibenräder sind vertikal nachgiebiger und in der Regel auch seitensteifer. Das Neueste sind Scheibenräder, die obendrein noch unter Spannung verleimt werden. Vorreiter auf diesem Gebiet war Campagnolo, wobei Kevlarstreifen , die Nabe und Felge verbinden, noch eine Spur Speichenradähnlichkeit vermitteln. Der Schweizer Sticha wagte sich trotz minimaler aerodynamischer

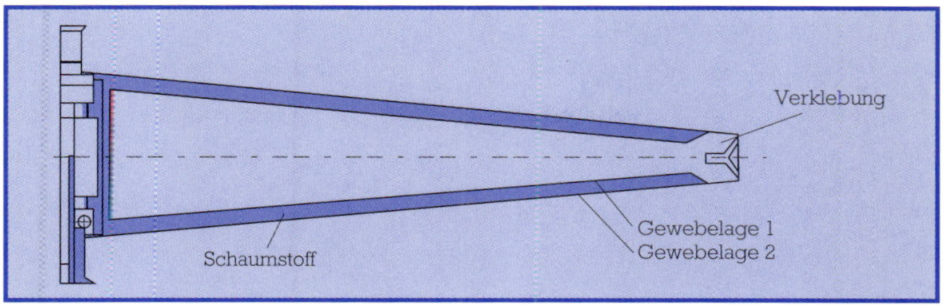

Sandwichbauweise für ein Scheibenrad.

Einbußen einen Schritt weiter und setzte die Seitenflanken seiner Scheibe unter einer Carbonfelge an. Seine Laufräder fahren sich fast wie stramm eingespeichte Speichenräder. Und sind mit einer geradezu phänomenalen Lebensdauer gesegnet. Über 30 000 km sind auf Sticha-Scheiben zurückgelegt worden.
Bei der Ultec-Scheibe werden zwischen Felge und Nabe noch einzelne Carbonfäden gespannt. Damit die Fäden nicht zerfusseln können und des weiteren der aerodynamische Effekt erhalten bleibt, werden die Fäden zusätzlich mit einer dünnen Schaumfolie verbunden. Erhältlich ist dieses zur Zeit leichteste Scheibenrad im Fachhandel. Das Hinterrad wiegt geringe 700 Gramm und unterbietet damit sogar normale Speichenräder. Mit ca. 1700,– DM liegt es zudem relativ günstig im Preis, manche Konkurrenz überschreitet die 3000-DM-Grenze.
Sämtliche Scheibenräder fallen durch eine gewaltige Geräuschentwicklung auf. Das rührt von den Seiten der Scheiben her, die akustisch wie ein Resonanzboden fungieren und die Fahrgeräusche verstärken. Selbst wenn es dem Radler gelingt, dieser Geräuschkulisse teilweise zu enteilen, die Außenstehenden müssen das ratternde und mahlende Fahrgeräusch über sich ergehen lassen. Einzige Ausnahme sind verkleidete Speichenräder, deren Abdeckung aus Wachstuch oder Nylon-Gewebe besteht, die keine Fahrgeräusche übertragen können. Hervorzuheben sei an dieser Stelle die unter Triathleten immer beliebter werdende Uni-Disk-Verkleidung. Hier werden Kunststoff-Adapter über die Speichennippel geklemmt. Sie fixieren das über einen Alureif gehaltene Nylontuch. Ein weiterer Pluspunkt dieser Verkleidung ist auch die Tatsache, daß das Vorderrad – sollte sich vor dem Rennen der Seitenwind plötzlich als zu stark erweisen – geschwinder entkleidet werden kann.

Tretlager

Mittelpunkt der Treterei ist die Tretlagerachse. Sie verbindet die Kurbeln miteinander und hat einiges wegzustecken. Gut über 200 kp bringen Rennfahrer im Sprint auf's Pedal! Vor allem die Kraft, die über den Hebel Pedal-Kurbel wirkt, belastet die Achse. Dabei biegt und windet sie sich an den Enden und in der Mitte um 0,3 bis 0,4 mm. Doch weniger diese Belastung als vielmehr eindringendes Wasser ist schuld am frühzeitigen Aus der Lagerung der Achse. Bei Regen wird der Tretmittelpunkt von einer Wasserfontäne hervorgerufen durch das sich drehende Vorderrad umspült. Durch das Sattelrohr läuft obendrein noch Wasser auf die Achse, wenn der Schlitz an der Sattelklemmung nicht

Moderne Innenlager bevorzugen die Patronen-Bauweise. Sie sind besser gedichtet. Das Mavic-Innenlager ist sogar imstande, bei einer Gewindebeschädigung des Kurbelgehäuses den Rahmen zu retten. Es »trägt« dann auf schräg eingefrästen Schultern der Gehäuse-Außenseiten.

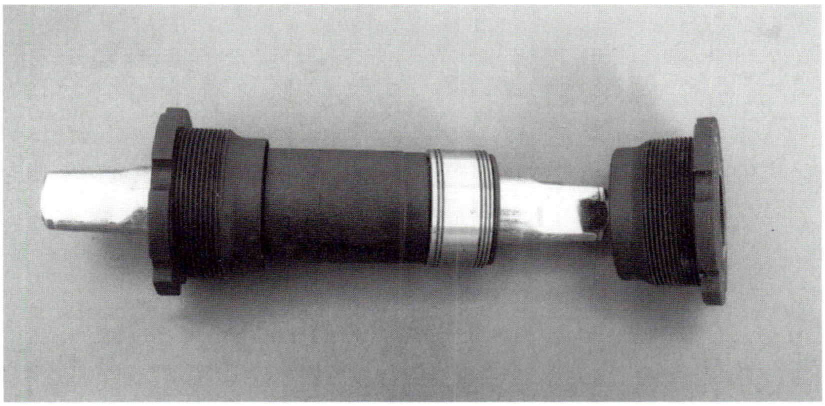

abgedichtet ist. Schließlich kann sich sogar im Innern der Rahmenrohre noch Kondenswasser bilden.
Um diesem Problem vorzubeugen, begannen die Hersteller der Abdichtung ihrer Produkte besondere Aufmerksamkeit zu schenken. Bereits eingedrungenes Wasser leitet eine zwischen beiden Lagerschalen steckende Hülse ab. Nach der Nadix-Initiative (ein verkapseltes Innenlager, das zu Demonstrationszwecken sogar im Wasser rotierte) erdachte Shimano den mitlaufenden Dichtring im Lagerinnern. Er verursacht wenig Reibung und schützt gegen Spritzwasser. Andere Hersteller zogen nach und mittlerweile ist eine ausgefeiltere Schmutzschutzvorrichtung für's Innenlager zumindest bei den gehobeneren Gruppen Pflicht.
Standardlager müssen dagegen auch in naher Zukunft auf Fett als Dichtungsmittel vertrauen. Hier ist spätestens nach einem Jahr eine Säuberungs- und Fettungsaktion zu starten. Beim gedichteten Tretlager können die Wartungsintervalle großzügiger bemessen werden.
Übrigens ist die Bezeichnung »Achse« für den Kern des Tretlagers nicht korrekt. Es handelt sich schließlich um ein drehendes Teil, müßte also »Welle« genannt werden. Nur hat sich der Begriff Tretlagerachse im Laufe der Zeit eingebürgert, folglich sollte man es auch dabei belassen. Wichtiger als jegliche Begriffsstreitereien ist vielmehr: Die Tretlagerachse braucht Wartung.

Demontage
Es gibt sicher viele, die sich scheuen, das Tretlager auseinanderzunehmen. Wenn nicht das richtige Werkzeug zur Verfügung steht, ist auch davon abzuraten. Zur Demontage des Tretlagers sollte deshalb auf alle Fälle folgendes bereitliegen:
- Haken-Schlüssel für den Konterring.
- Stiftschlüssel für die linke Lagerschale.
- Spezialschlüssel für die rechte Lagerschale.
- Kurbelabzieher.

Lösen und Herausdrehen der Kurbelbefestigungsschraube.

Kurbelabzieher einschrauben.

Was den Rahmen zum Rennrad macht

1. Mit großem Schraubenzieher (oder 5-mm-Inbus) Abdeckscheiben aus Kurbelauge drehen.
2. Kurbelschraube lösen und herausdrehen (mit 14- oder 15-mm-Steckschlüssel). Unterlegscheiben entfernen.
3. Abdrückschraube des Abziehers ganz zurückdrehen. Abzieher bis zum Anschlag in Kurbelgewinde eindrehen.
Abdrückschraube eindrehen. Achtung: Unbedingt Unterlegscheibe entfernen und Abzieher vollkommen eindrehen, sonst könnte bei festsitzenden Kurbeln das Abzugsgewinde ausreißen.
Macht die Kurbel keine Anstalten, sich von der Achse zu lösen, die Kurbel erwärmen bis ein aufgetupfter Wassertropfen zischt. Desweiteren gefühlvoll mit dem Gummihammer rund um das Vierkantauge klopfen. Dann erneut einen Abzugsversuch probieren. Andere Kurbel ebenso.
4. Konterring der linken Gewindeschalen (mit Haken-Schlüssel) lösen und abdrehen.
Linke Lagerschale besitzt ausnahmslos Rechtsgewinde. Mit Stiftschlüssel herausdrehen.
5. Achse herausziehen. Vorsicht: Darauf schauen, nach welcher Seite der Kugelring geöffnet ist, damit er beim Zusammenbau ohne Komplikationen wieder eingesetzt werden kann. Je nach Hersteller liegt die Ringkante nämlich innen oder außen (ist in der Regel in Lagerschale eingeprägt).
6. Ist die rechte Lagerschale mit 36 × 24" oder 35 × 1 mm bezeichnet, hat sie wie gewohnt Rechtsgewinde. Bei 1,37 × 24" dagegen Linksgewinde (Losdrehrichtung beachten). Für diese Arbeit unbedingt Spezialschlüssel verwenden. Mit einem normalen 36er-Gabelschlüssel rutscht man auf der schmalen Schlüsselfläche unweigerlich ab und ruiniert sich Lack und/oder Hände.

Anmerkung: Für normale Wartungsarbeiten kann die Lagerschale im Rahmen verbleiben. Sie muß lediglich zum Austausch herausgeschraubt werden.

Lösen des Konterrings auf der linken Tretlagerseite.

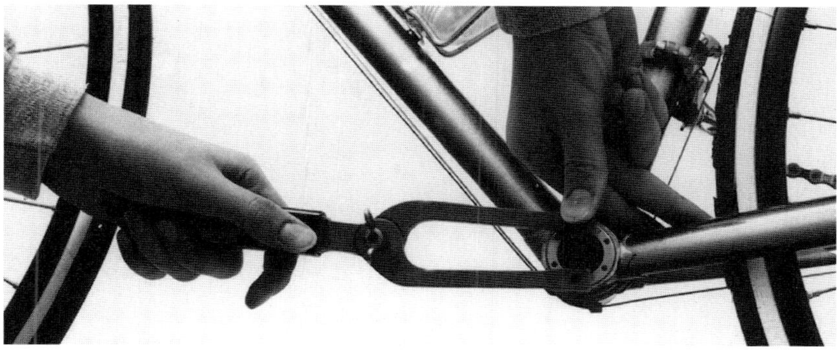

Herausdrehen der linken Lagerschale.

Herausnehmen der linken Lagerschale.

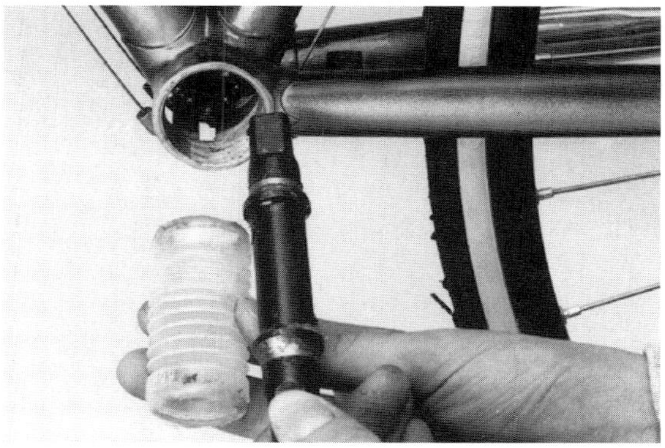

Achse und Schutzhülse aus dem Lager ziehen.

Was den Rahmen zum Rennrad macht

Nach der gründlichen Reinigung der Lagerinnereien die Gelegenheit nutzen, und das Stahlgeröhr durch's offene Tretlagergehäuse einmal von innen anschauen. Ist es da rostig, die Wandungen mit einem Fön oder einer Heißluftpistole (behutsam) trockenlegen. Anschließend die Rohre mit Sprühwachs einnebeln.

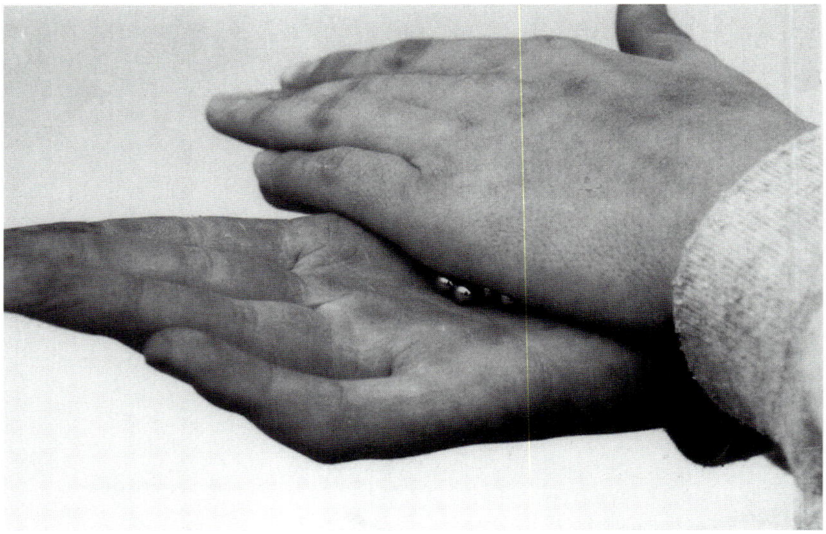

Reinigen der Kugeln.

Montage

Bevor der Zusammenbau des Tretlagers beginnt, das gesamte Gehäuse von innen gut einfetten, damit während des Einschraubens der Lagerschalen kein Rost oder loser Schmutz in den noch nicht geschlossenen Spalt zwischen Achse und Innenhülse rieselt. Dies gilt auch für die übrigen Teile. Zuviel Fett gibt es eigentlich nicht – quillt's heraus, kann es abgewischt werden.

1. Kugelring in rechte Lagerschale legen – aufpassen, daß Einbaurichtung stimmt. Innenhülse in Schale drücken.
2. Rechte Schale einschrauben. Mit Spezialschlüssel ordentlich festziehen, damit sich die Schale nicht durch harte Antritte lockert.
3. Die Achse einführen (längere Vierkantseite in Richtung Kettenblatt). Shimano-Achsen sind allerdings bisweilen symmetrisch.
4. Linke Schale eindrehen (liegt der Kugelring richtig?).

Apropos Kugelring: Statt der normalerweise neun Kugeln im Käfig kann man auch elf einzelne 6,3-mm-Kügelchen lose in die Lagerschale legen. Dadurch verteilt sich die Trittkraft gleichmäßiger und der Verschleiß von Kugeln und Lagerschale geht deutlich langsamer vonstatten. Zudem fehlt dann der Kugelring, den man falschherum einbauen könnte...

5. Mit Stiftschlüssel linke Lagerschale anziehen, bis leichter Widerstand beim Drehen der Achse wahrnehmbar ist. Den Konterring von Hand gegen Lagergehäuse schrauben.
6. Mit Stiftschlüssel Lagerschale festhalten. Konterring per Hakenschlüssel ebenfalls fest gegen Lagergehäuse schrauben. Wer übrigens Ärger mit sich lösenden Lagerschalen bekommt, kann diese mittels Schraubensicherungs-Kleber vor Ort halten.

Die Konterung sollte ein kleinwenig stramm sein. Zum einen werden Kugeln und Laufbahnen ohnehin von den Wiegetritten stark belastet, zum anderen ratscht beim Achsenspiel die Kette bei jedem Tritt nervend am Umwerfer, wobei die Kugeln auf einer verschleißträchtigen Diagonalbahn laufen.

Sind die Gewinde des Tretlager-Gehäuses beschädigt, kann es des öfteren durch Einsetzen mittels Zweikomponentenkleber noch gerettet werden. Erzielt man auch damit kein positives Ergebnis, sollte man sich eine Mavic-Tretlagerpatrone besorgen und diese einbauen lassen. Die Patrone »sitzt« auf zwei konischen Schrägen, die mit einem Spezialfräser in die Stirnseiten der Lagerschalen gefräst werden.

Und noch etwas: Wird das Velo im strömenden Regen auf dem Dachträger des Autos transportiert, peitscht das Wasser durch die hohe kinetische Energie (stärker als jeder Wasserstrahl) bis in die Lager. Droht also ein Regentransport, die empfindlichen Lager (auch Pedalen, Steuersatz und Naben schadet die Vorsorge nicht) mit Tesaband verkleben.

Reichlich einfetten.

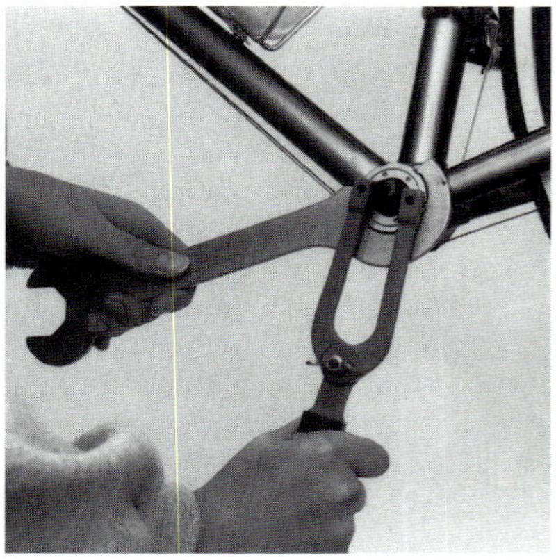

Kontern der Tretlagerung.

Pedale

100 Jahre hatten die Rennradpedale unverändert in Form und Funktion überstanden. Lediglich Haken, Riemen sowie die asymmetrische Pedalform konnte man als Fortschritt registrieren. In den letzten vier Jahren hingegen explodierte die Entwicklung förmlich. Vor allem dem Look-Pedal, eine sogenannte Sicherheitsbindung von Schuh und Pedal, ist diese stürmische Schaffensperiode zu verdanken. Bei allem Fortschrittsglauben muß jedoch festgestellt werden, daß in letzter Konsequenz auch heutzutage noch Mängel bei Sicherheitspedalen bestehen, während das klassische System mit Haken und Riemen tadellos funktioniert. Die Innigkeit der Schuh-Pedal-Verbindung kann mit mehr oder weniger strammgezogenen Riemen variiert werden. Das reicht vom lokkeren Schlupf für den Stadtverkehr bis zum festen Sitz zum Sprint. Ebenso kann ein durch Regen weich und weiter gewordener Schuh mit dem Riemen fest ans Pedal »gebunden« werden.
Die Achse des bewährten alten Pedals verdeutlicht das Leichtbauprinzip. Am Ende dünn wird es zum Kurbelarm hin mit anwachsendem Hebelarm dicker. Obendrein schützt die gleichmäßige Elastizität vor Spannungsspitzen und damit vor Bruch.
Zum Kurbelarm hin wird der Konus direkt auf die Achse geschliffen. Es spart einen separaten Konus und rückt außerdem den Rollradius, sprich die Laufbahn der Kugeln, weiter nach innen und reduziert hierdurch die Lagerreibung. Der zweite Konus ist am Achsende aufgeschraubt und auf herkömmliche Art gekontert.
Aus Gewichtsgründen wird bei modernen Pedalen gerne eine Kurzachse vorgezogen. Doch damit lastet auf den äußeren Lagern mehr Druck, was aber selten zu Problemen führt (die äußere Staubkappe schützt völlig gegen eindringenden Schmutz).

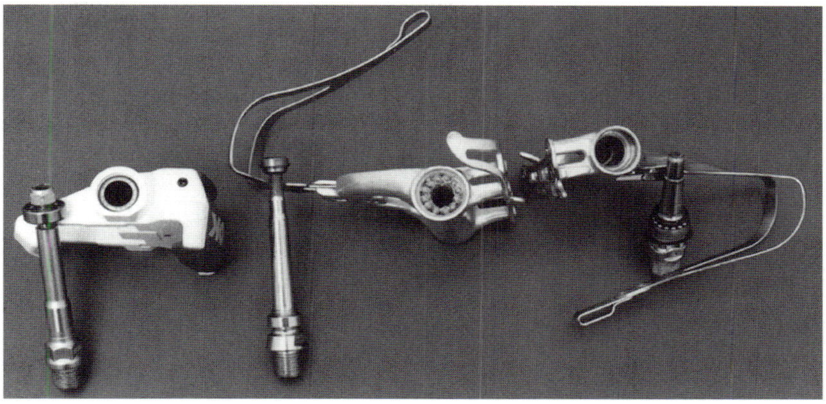

Achsen moderner Pedale: Links moderne Lagerung per Nadel- und Kugellagerung. Mitte die klassische Konenlagerung. Rechts eine aufwendige Lagerung mit zwei Konus- und einem Nadellager.

Anders bei der den Kurbeln zugewandten Seite des Pedales: Spritzwasser vom Vorderrad umspült die meist noch mangelhaft ausgeführte Pedaldichtung und schmirgelnde Schmutzwasserbestandteile dringen in die Lagerung ein.
Zweifellos gehören Pedale zu den vernachlässigten Komponenten der Rennmaschinen. Fast 60 % aller »Velo-Trittbretter« wackeln. Pflege und Wartung liegen hier wirklich im argen.

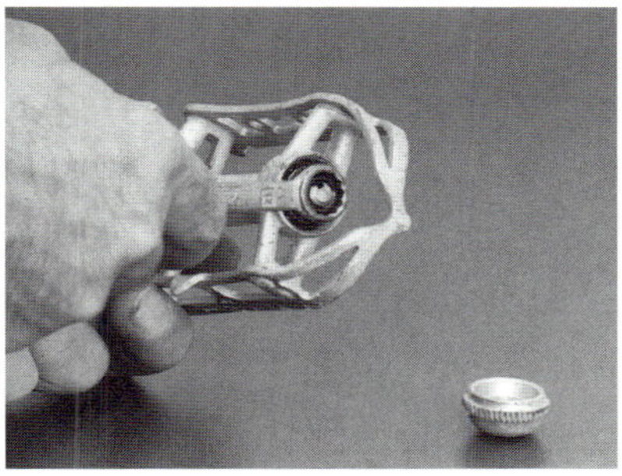

Lösen der Konterung.

Demontage des konventionellen Pedals

1. Äußere Staubkappe abschrauben.
2. Konus mit Konus-Schlüssel (13 mm) festhalten. Kontermutter (11 mm) lösen und abschrauben.
3. Konus abschrauben. Vorsicht: es könnten Kugeln rollen!
4. Mit schmalem 15-mm-Schlüssel Pedal abschrauben (rechtes Pedal Rechtsgewinde, linkes Pedal Linksgewinde).

Zum Losdrehen beider Pedale gilt: Wenn Kurbelarm oben steht, Schlüssel Richtung Hinterrad drehen.

5. Pedale reinigen.
6. Bei Zusammenbau reichlich Fett dazu. Es darf wieder einmal »quellen«.
7. Pedal wieder an Kurbelarm schrauben. Auch zu dieser

Lösen des Pedals.

Ausgebaute Achse.

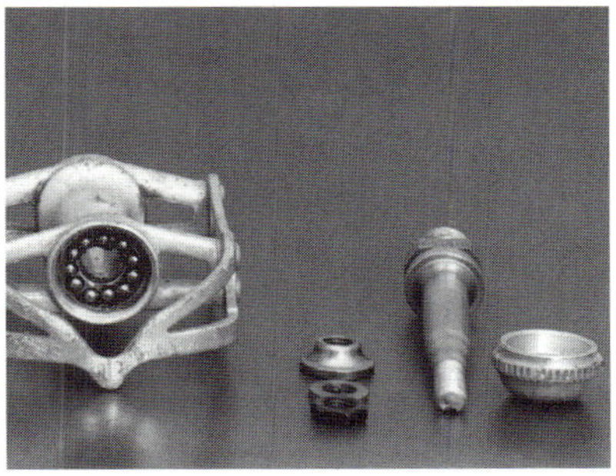

Look schafft 1985 den technischen Durchbruch bei den Sicherheitspedalen, die sich seitdem steigender Beliebtheit erfreuen. ▷

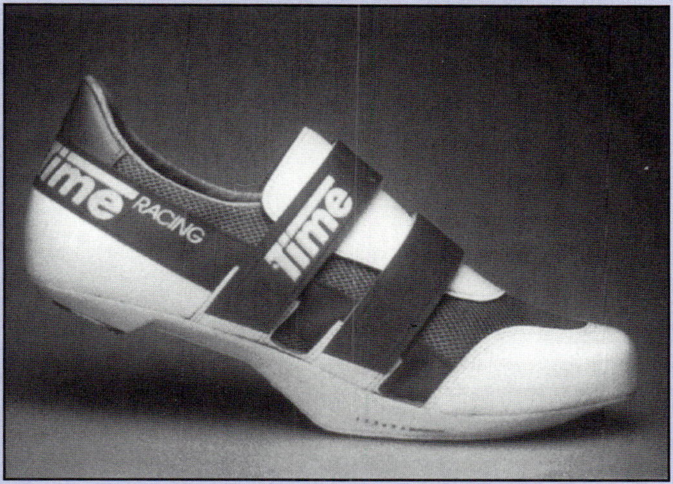

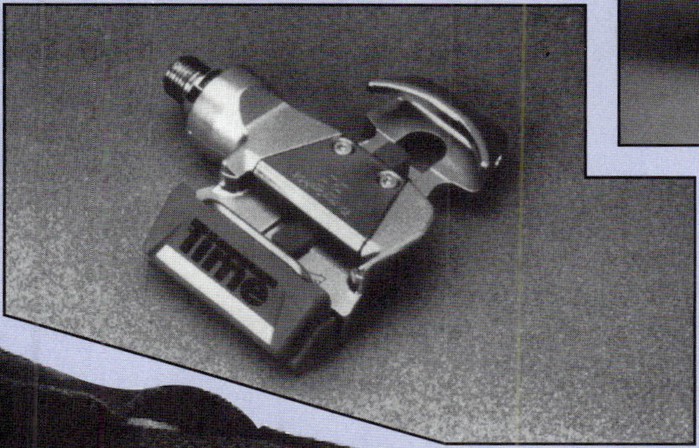

△ *Schuh und Pedal mit einem geringeren*
◁ *Abstand zur Pedalachse hilft Sattelhöhe sparen.*

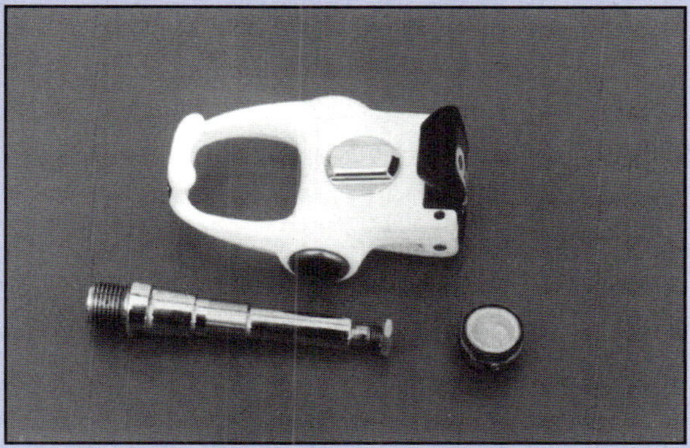

▷ *Primax wartet mit einem formschönen und präzise gelagerten Sicherheits-pedal auf.*

Shimanos Sicherheits-Pedal funktioniert nach dem Look-Prinzip, ist aber etwas leichter. ▽

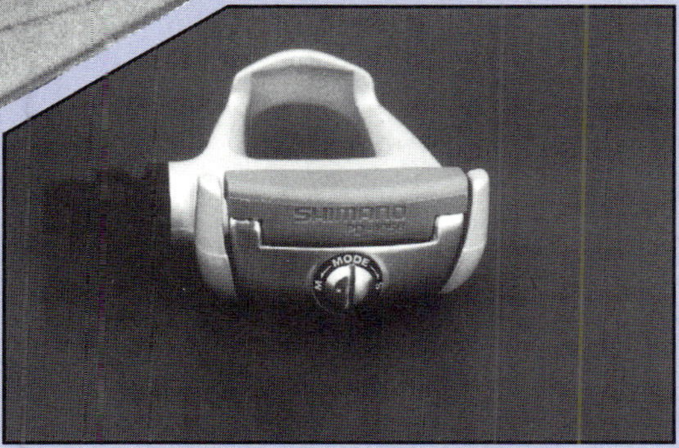

▽ *Cyclo Bindung ist ein Sicherheits-System mit geringeren Kupplungskräften. In der Schuhsohle einrastend, spart es noch mehr Sattelhöhe.*

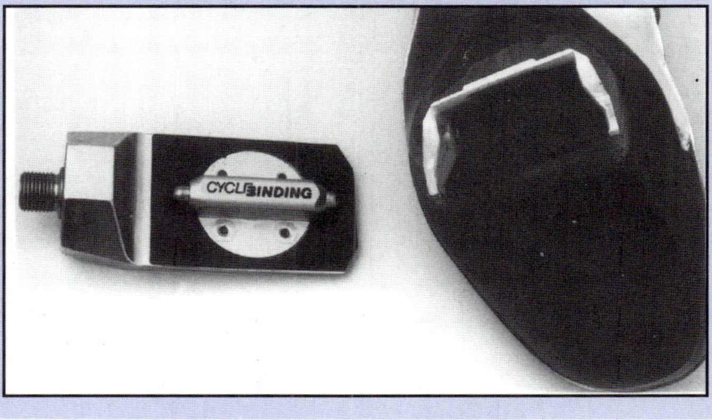

Was den Rahmen zum Rennrad macht

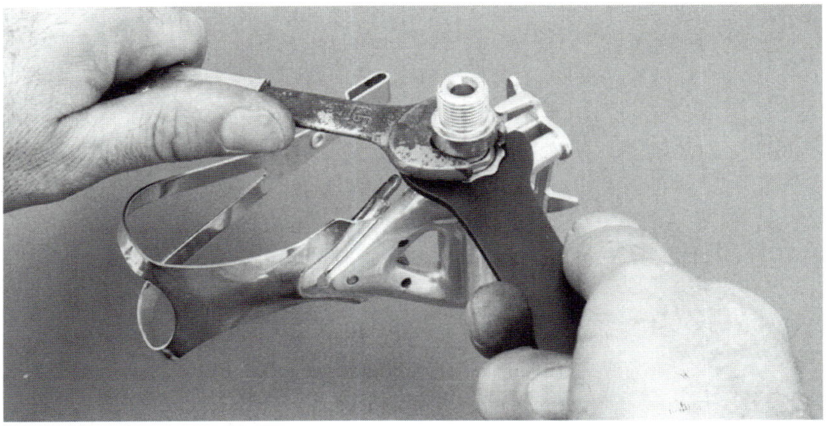

Shimanos Top-Pedale werden von vorn gekontert.

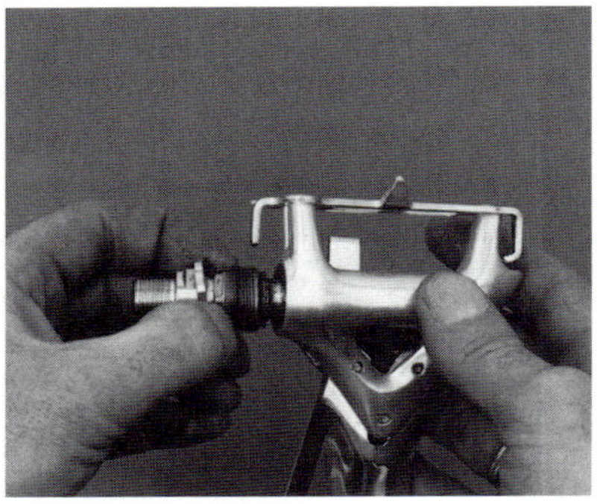

Herausziehen der Achse.

Tätigkeit genügend Fett verwenden. Sollten Pedalgewinde und Kurbelauge erst einmal fest zusammenkorrodiert sein, bekommt man sie allenfalls mit einem auf einem Rohr steckenden Schlüssel (Hebelarmwirkung) auseinander. Doch dabei kann das Kurbelauge reißen. Beim nächsten harten Antritt steht man mit dem Pedal auf der Straße.
Öl als Schmiermittel verdünnt das Fett und spritzendes Wasser kann ungeniert in das Lagerinnere vordringen.
Öl also lediglich als Notbehelf einsetzen, wenn beispielsweise ein Lager oder die Kette quietscht. Tritt die Notsituation ein, Tankstelle anrollen und um etwas Tropföl bitten. In jeder Dose Motorenöl bleibt reichlich für's Rad übrig. Zu Hause angekommen, die geölten Teile demontieren, säubern und einfetten. Selbstverständlich kann man für den Fall der Fälle eine kleine Ampulle Öl mitführen.
Weisen Lagerschalen und Konus (überwiegend nur auf der Kurbelseite) schon unübersehbare Freßspuren auf, die bisherigen (in der Regel 4 mm großen) gegen neue mit einem Durchmesser von 3,17 mm austauschen.
Wieder montiert und akkurat gekontert, stehen Konus und Lagerschale dann wie die Abbildung zeigt (Steuersatz) enger beieinander und die kleineren Kugeln können auf einer unbeschadeten Laufbahn rollen. Allerdings ist nun der äußere, kleine Konus etwas weiter hineinzuschrauben. Jetzt läuft das Pedal wieder wie geschmiert.
(Ist das Gewinde zu kurz, läßt sich der Konus per Schleifstein noch eine Spur kürzen.)

Werden bei verschlissenen Lagerteilen kleinere Kugeln verwendet, laufen diese auf unbeschädigten Rollbahnen.

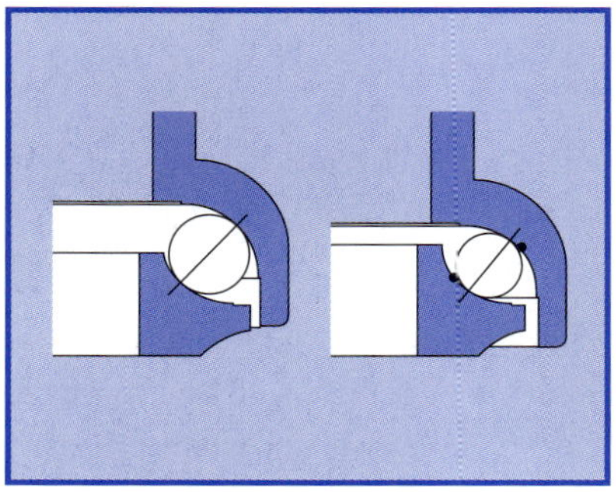

Pedal-Revolution

Die enge Verbindung zwischen Schuh und Pedal kann bei einem Sturz peinliche Folgen haben. Schlimmstenfalls kommt es sogar zu komplizierten Drehbrüchen. Seit geraumer Zeit wurden daher Versuche unternommen, den Schuh ohne Riemen direkt an das Pedal zu kuppeln. Sie kamen alle nicht über Kleinserien hinaus. Den Durchbruch schaffte letztendlich das Look-Sicherheitspedal. Der Radstar Bernard Hinault führte der Radlerwelt vor, wie man damit radelt. Genaugenommen eine feine Sache: Ein Spezialadapter am Schuh rastet auf Druck hörbar ein und kann zum Absteigen oder in Notfällen mit seitlichem Dreh des Fußes wieder freigegeben werden. Da die Pedalspitze immer nach oben zeigt, wird überdies der »Einstieg« ins Pedal erleichtert. Zwei Dinge führten aller Wahrscheinlichkeit nach zum Erfolg dieses Pedalsystems:

- Das hörbare Einrasten des Adapters vermittelt ein gewisses Sicherheitsgefühl.
- Ver- und Entriegelung geschehen ohne Zutun der Hand.

Andere Sicherheitspedale, wie jenes von Adidas, das durch Hebelbetätigung drei unterschiedliche Einstellmöglichkeiten der Verbindung von Schuh und Pedal erlaubt und eigentlich genauso sicher ist, konnten sich nicht durchsetzen. Der »Klick« sowie der seitliche Dreh zum Lösen ist das schlagende Argument und darauf setzen mittlerweile noch acht bis zehn Neuanbieter, die sich ein Stück von dem lukrativen »Pedalkuchen« abschneiden wollen.
So sicher und superlativ sind die verriegelbaren Pedale allerdings nicht immer. Einige Modelle, wie Look, Shimano und Campagnolo, benötigen, sobald Schmutzwasser ins Pedalinnere gelangt, plötzlich höhere Auslösekräfte. Es ist vorgekommen, daß Radler regelrecht gefangen waren. Auch böse Stürze sind durch diese Pedalsysteme verursacht worden.

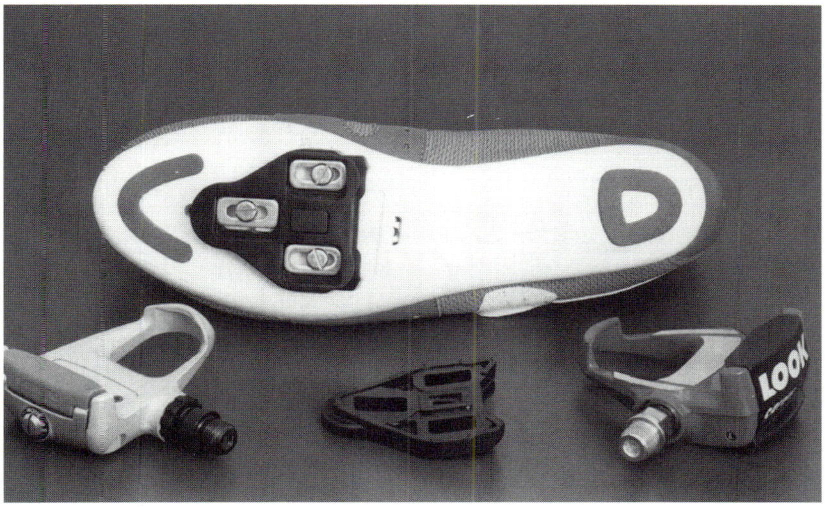

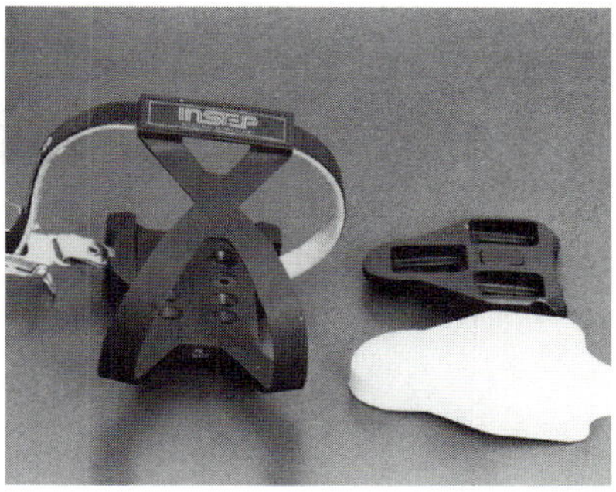

Mittels eines »Instep«-Aufsatzes kann auch mit gewöhnlichen Schuhen im Klick-Pedal gefahren werden. Rechts: Ein gummiartiger Überzieher, damit die Adapterplatte nicht »vertreten« wird.

Look- und Shimano-Pedal samt Adapter und modernem Rennschuh.

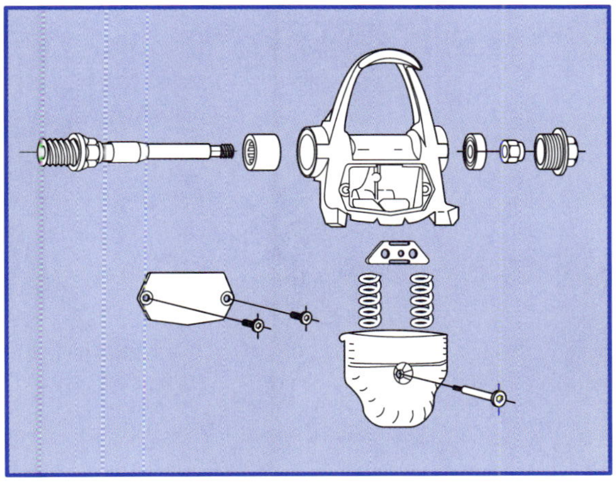

Explosionszeichnung vom Look-Pedal.

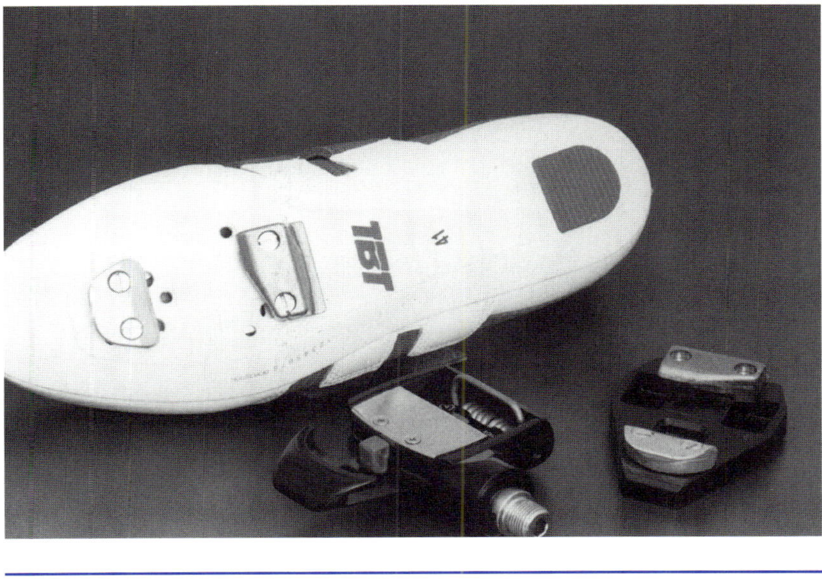

Unten: Seitliche Bewegungsfreiheit und einen sicheren Ausstieg bei Nässe gewährleistet das Time-Pedal. Außerdem trägt es nur unwesentllich auf, spart also an Sattelhöhe.

An Beliebtheit gewinnt in letzter Zeit das Time-Pedal. Regen und Schmutz können der leichtgängigen Funktion des Pedals überhaupt nichts anhaben. Jedoch läßt es sich schlecht mit dem metallenen Adapter unter den Füßen laufen. Mehr zu den Pedalsystemen im Bildtext.
Es gibt also nicht nur Positives über die neuen Schuh-Velo-Verbindungen zu berichten.

Platten-/Adapter-Montage

- ***Haken- und Riemensystem:*** Lose Platte auf Pedalsteg legen. Auf das Velo setzen, Fuß auf Platte stellen. Ballen soll über Achse stehen. Helfer kontrolliert und markiert Stand der Pedalplatte auf Schuh. Absteigen; Schuh ausziehen. Platte mit einem zu bohrenden Loch an Sohle fixieren. Auf Rad setzen, Position der Platte überprüfen. Restliche Löcher bohren und Platte mit Schuh fest verschrauben.
- ***Sicherheitssysteme:*** Standard bei den zum Klicksystem gehörenden Schuhen ist eine Befestigung über drei in der Sohle eingelassene Schrauben. Damit wird die Adapterplatte lose angeschraubt.
  Auf's Velo steigen und von Helfer die Platte an gewünschter Stelle festschrauben lassen. Dann kontrollieren und eventuell korrigieren.

Was den Rahmen zum Rennrad macht

Vorderbremse ziehen, das Rad vor- und zurückschieben und mit der Hand am unteren Steuersatz fühlen, ob Spiel in der Lagerung ist.

Hinweis: Zahlreiche Kniebeschwerden von Radlern beruhen auf der falschen Ausrichtung des Schuhes. Wer ohnehin mit den Fußspitzen nach außen geht, sollte auch die Spitze seines Schuhs in Bezug zur Mittellinie des Rahmens leicht nach außen zeigen lassen. Entsprechend verhält es sich bei einer nach innen gerichteten Fußstellung. Der Grad der Abweichung von der parallelen Fußstellung ist ausschlaggebend für die Einstellung der Pedalplatte.

Steuersatz

Die Lenkung, also die drehbare Lagerung von Gabel und Vorderrad, bekommt eine Menge ab, wenn Fahrbahnschläge auf sie einwirken. Andererseits muß sie extrem leichtgängig sein, damit das Wechselspiel von Kreisel- und Fliehkräften über den Hebelarm des Nachlaufes automatisch den Geradeauslauf bewirkt. Sagen wir lieber – fast automatisch, denn der Fahrer greift ja auch noch teilweise korrigierend, vor allem jedoch dämpfend in das Lenkgeschehen ein.
Die geforderte Leichtgängigkeit ist letztendlich auch der Grund für die Verwendung von Kugellagern. Weil die Lenkung keine Dauerrotation wie an Pedalen oder Tretlager vollzieht, sondern einzig und allein um winzige Nuancen hin und her pendelt, treffen die Fahrbahnstöße immer auf die gleiche Stelle, mit dem Ergebnis, daß die Stöße und Schläge auf die Kugeln weitergeleitet werden, die sich Stück für Stück in die Lagerschalen eingraben. Nach ein bis zwei Jahren rastet der Lenker dann spürbar

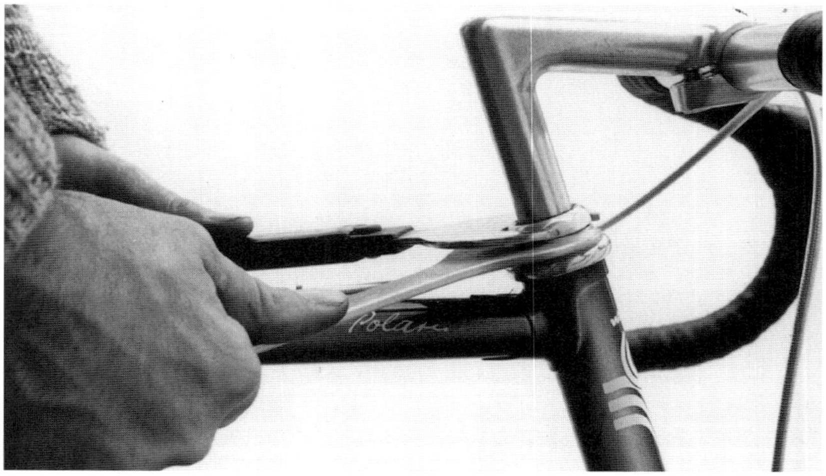

Kontern des Steuersatzes.

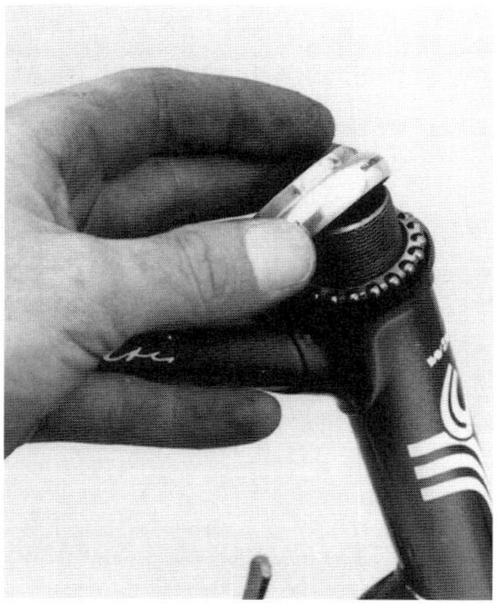

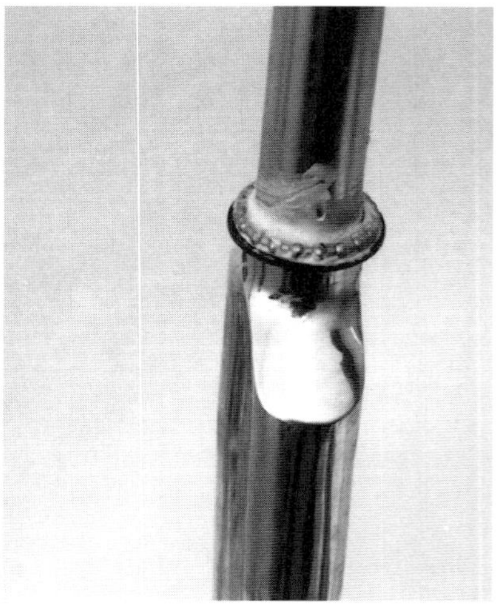

Rechts: Abziehen der Kugelschale.

Ganz rechts: Fetten des Kugelringes auf dem Gabelkonus.

Links: Nur die Mutter aufdrehen. Die Inbusschraube sichert den Mavic-Steuersatz. Rechts: Nadel-Steuersätze sind leicht und robust.

15- bis 20-gradweise (je nach Kugelanzahl) ein.
Regelmäßige Kontrolle und Wartung tragen dazu bei, die Lebensdauer der Steuersätze zu verlängern. Denn ist zuviel Spiel in der Lenkung, schlagen die Kügelchen sozusagen mit Anlauf auf die Lagerschalen und »beulen« sie um so schneller aus. Zur Überprüfung schiebt man das Rad mit gezogener Vorderbremse ein wenig hin und her. Dabei spürt man ein etwaiges Spiel im Steuersatz. Noch deutlicher wahrnehmbar ist das Lagerspiel, wenn man einen Finger an den Spalt am unteren Steuersatzlager legt.
Zur Wartung: Schlackert das Lenklager, Konterung lösen und neu kontern.

Demontage

Ein Ausbau des Steuersatzes sollte ausschließlich mit Spezialwerkzeug erfolgen. Meist wird dabei doch irgendwie »getrickst«, und darum eine kurze Anleitung zur Demontage mit Notwerkzeug:

1. Lenker und Vorbau wie beschrieben demontieren.
2. 32-mm-Spezialschlüssel auf Gewindelagerschale setzen und gegenhalten. Mit zweitem 32-mm-Schlüssel Kopfmutter lösen und abdrehen.
3. Die Nasenscheibe abheben und Gewindelagerschale herunter drehen.
4. Gabel nach unten aus Steuerrohr ziehen.
5. Kugelringe aus Lagerschalen »fischen« (auf Einlegerichtung achten).
6. Gabelkonus mit Hartholzstück vom Gabelschaft schlagen (abwechselnd vor und hinter Gabelkopf ansetzen).
7. Ein Rundmaterial (Kupfer oder Aluminium; Außendurchmesser 25 bis 27 mm) in Steuerrohr einführen. Steuerschale »ertasten«. Im Wechsel-Rhythmus auf gegenüberliegende Stellen klopfen.

Keine Angst, es gibt eine Möglichkeit, einen ausgedienten Steuersatz zu reaktivieren. Man legt einfach etwas kleinere Kugeln ein. Wie aus der Abbildung (siehe S. 64) ersichtlich, rücken Konus und Lagerschale dadurch näher zusammen, die Kugeln kullern auf einer neuen, gänzlich unbeschadeten Laufbahn.
Bedauerlicherweise funktioniert diese Methode bei einigen alten Shimano-Steuersätzen nicht. Hier ist eine Kante angebracht, um Schmutz fernzuhalten. Würde man nunmehr kleinere Kugeln verwenden, würde die Kante auf den Schalen schleifen. Resolute Bastler schreckt indessen nicht einmal das – sie schleifen diese Kante kurzerhand ab.
Noch ein Trick: Statt der Kugelringe werden einfach einzelne Kugeln in die Lagerschalen gelegt. Es kann so fast die doppelte Anzahl von Kugeln untergebracht werden, folglich verteilt sich der Druck der Fahrbahnstöße auf mehrere Kugeln – der Steuersatz hält länger.

Montage

Vor der Montage sämtliche Paßteile säubern und einfetten.

1. Gabelkonus mit Rohrstück (Innendurchmesser ca. 27 mm) auf Sitz treiben.
2. Lagerschalen auf Steuerrohr setzen. Hartholzstück auflegen und vorsichtig einschlagen. Darauf achten, daß nichts verkantet.
3. Konen und Lagerschalen säubern. Fett auf Kugellaufbahnen und Gabelschaftgewinde geben.
4. Kugeln (bzw. Kugelring) auf Gabelkonus und obere Lagerschale legen.
5. Gabel ins Steuerrohr einführen und Gewindelagerschale aufdrehen.
6. Nasenscheibe auflegen, Kopfmutter aufdrehen und provisorisch kontern.

»Provisorisch« deshalb, weil der Vorbauschaft mit seinem Schrägkeil

oder Spreizkonus das Gabelschaftrohr verspannen könnte.
Endgültiges Kontern des Steuersatzes erst nach Vorbau- und Lenkermontage.

Anmerkung: Normalerweise beträgt das Gabelschaftgewinde 1" mit 24 Gewindegängen, 1" (1 Zoll) entspricht 25,4 mm. Die Franzosen aber schneiden (rollen) 25-mm-Gewinde auf den Gabelschaft und begnügen sich mit 1 mm Steigung pro Gewindegang. Die Besitzer solch französischer Gabeln haben in Deutschland ständig Nachschubschwierigkeiten.

Neben den konventionell kugelgelagerten Steuersätzen werden seit einigen Jahren auch solche mit Nadel- oder Kegellagern angeboten. Die Nadeln bzw. Kegel berühren die Laufbahn auf einer Linie. Mit anderen Worten: Während die Kugeln eine punktuelle Belastung ausüben, drückt das Nadellager »auf ganzer Linie«; der Verschleiß reduziert sich auf diese Weise drastisch.
Hervorzuheben wären hier die Modelle A-9 von Stronglight und der Primax-Steuersatz. Sie sind nicht nur leicht, sondern bieten auch eine vereinfachte Bauform. So müssen bei der Renovierung lediglich die Nadelringe und Laufscheiben gewechselt werden, die Schalen verbleiben im Steuerrohr. Doch wo Licht ist, ist auch Schatten: Diese Steuersätze müssen sehr exakt gekontert werden, sonst kann es passieren, daß sie wackeln oder klemmen. Und sie erreichen keinesfalls die Leichtläufigkeit der Kugelsteuersätze.

Noch ein Tip: Manchmal variieren die Abmessungen der Steuersätze aus unerfindlichen Gründen; dann sitzen Konen oder Schalen womöglich wackelnd vor Ort. Mit Zweikomponentenkleber lassen sich auch diese Teile perfekt fixieren. Aber bitte gut entfetten und beide zu verbindenden Teile mit Kleber einstreichen.

Kette

Seit den nostalgischen Zeiten der Hochräder schlagen sich die Radler mit dem Problem Fahrradkette herum. Für die schmale Rennradkette gilt dies ganz besonders.
Nur Zahnriemen und polierte, schrägverzahnte Zahnradgetriebe hätten theoretisch gesehen eine Chance, an den sagenhaften Wirkungsgrad einer Kette von 98 bis 99 % heranzureichen. Praktisch betrachtet stellen diese Antriebsarten fürs Rennrad keine Alternative dar, sind sie doch zum einen nicht schaltbar und zum anderen auch zu schwer.
Es bleibt also vorläufig bei der herkömmlichen Radkette mit all ihren Tücken und Macken. Man denke nur daran, wie schnell sie zum Beispiel

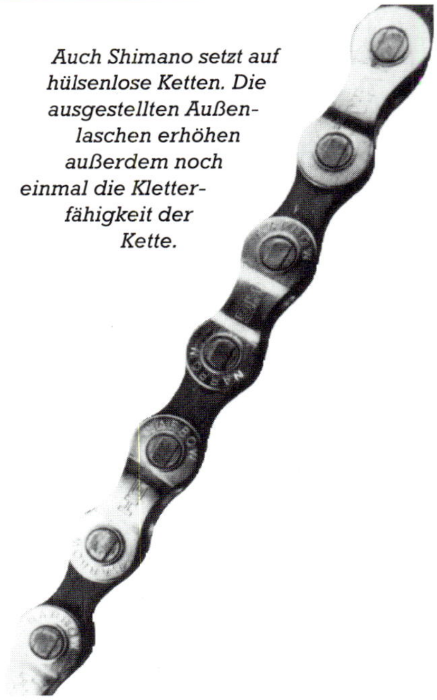

Auch Shimano setzt auf hülsenlose Ketten. Die ausgestellten Außenlaschen erhöhen außerdem noch einmal die Kletterfähigkeit der Kette.

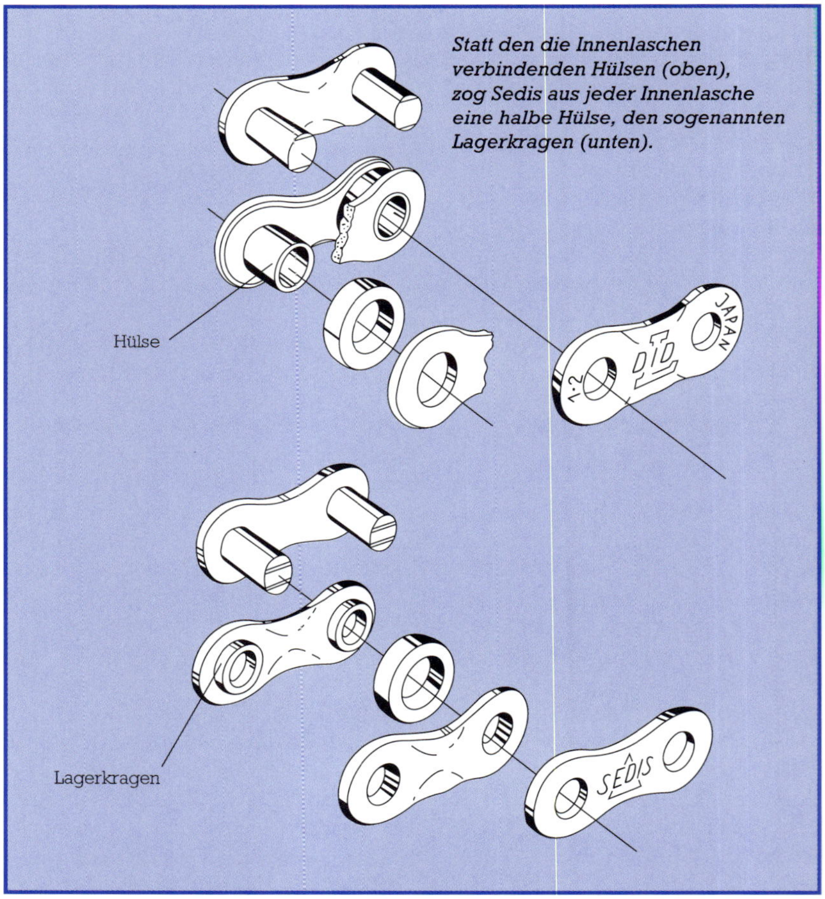

Statt den die Innenlaschen verbindenden Hülsen (oben), zog Sedis aus jeder Innenlasche eine halbe Hülse, den sogenannten Lagerkragen (unten).

an Gelenkverschleiß »erkrankt«. Ein Symptom jener heimtückischen Krankheit: Die Kette geht in die Länge. Die Ursachen liegen klar auf der Hand: Pro Minute läßt ein durchschnittlicher Radfahrer die Kurbeln zwischen 80- und 110mal rotieren. Im Vergleich zu einem Motorantrieb nicht unbedingt schnell. Trotzdem, 30 bis 35 km/h können auch erreicht werden. Voraussetzung dafür ist, daß sich das Hinterrad 260 bis 280mal pro Minute um die eigene Achse drehen kann; bewerkstelligt wird das, indem der Antrieb beim Fahrrad übersetzt wird. Anders beim Motorrad: Der Motor dreht sich in höherer Geschwindigkeit, der Antrieb wird untersetzt.
Aber nicht nur die hohe Belastung allein führt zu besagtem Gelenkverschleiß. Die Verunreinigung durch Schmutzwasser bei Regenfahrten ist ebenso schuld an der Misere. Das Wasser gelangt auf und in die Kette; dort schmirgelt's, und nach rund 2000 km hat die Rennradkette im Normalfall ihr Leben ausgehaucht. Verhindern können wir die Erkrankung und ihre Folgen selbst bei hingebungsvollster Pflege nicht. Im Absatz Kettenpflege finden sich jedoch viele wertvolle Tips und brauchbare Ratschläge, das Leiden der Kette zumindest etwas zu lindern.

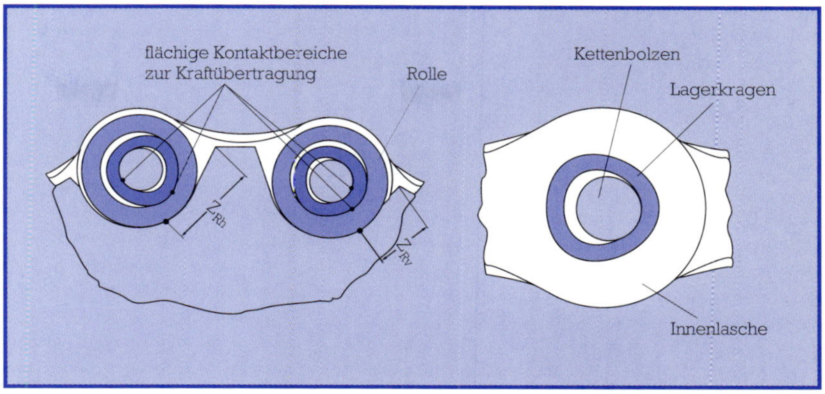

Größere Kontaktbereiche der Rollen, Lagerkragen und Bolzen reduzieren den Druck pro Flächeneinheit, wodurch der Kettenverschleiß geringer ist. Außerdem sorgt ein minimal verkürztes Außenglied für lange Lebensdauer.

Die Kette als Schalthilfe

Außer an der Kraftübertragung ist die Kette mit den Elementen Schaltung, Umwerfer und Ritzel wesentlich am Schaltvorgang beteiligt. Ein Grund übrigens, warum sich zahlreiche Hersteller in den vergangenen Jahren um Verbesserungen der Kette im Schaltbereich bemühten. Auslöser für die Weiterentwicklung dürften aller Wahrscheinlichkeit nach jedoch Rationalisierungsmaßnahmen gewesen sein.
Die heutige Sachs-Tochter Sedis sparte sich die extra zu vernietenden, rollentragenden Hülsen, indem sie sie durch Hülsenstummel (sog. Lagerkragen) ersetzte, welche direkt aus den Innenlaschen herausgezogen werden (siehe Abb. S. 68). Nachdem dieser Lagerkragen auch noch mithilft, die Zugkräfte der Kette aufzunehmen, bestand wiederum die Möglichkeit, die Innenlaschenhöhe zu reduzieren. Belohnt wurde die gute Tat mit einer besseren seitlichen Beweglichkeit, d. h. einer größeren Schaltfreudigkeit der Kette. Mittlerweile haben auch Izumi, Shimano, Union, Suntour und Rohloff hülsenlose Ketten in ihr Programm aufgenommen.
Die Liste der Schaltverbesserungen läßt sich noch ergänzen: Die Innenlaschen werden neuerdings ein wenig nach außen gebogen bzw. schräg angepaßt. Dadurch erleichtert sich das Hineingleiten der Kette in die Zähne der Ritzel und Kettenblätter und die Schaltkräfte vermindern sich obendrein (also die notwendige seitliche Kraft, um die Kette zum Verlassen des Ritzels zu bewegen). Shimano hat der Sache noch das I-Tüpfelchen aufgesetzt und die Außenlaschen ausgestellt (siehe Abb. S. 68). Die Kette bekommt somit früher Kontakt zu den Ritzelzähnen, was der Schaltfreudigkeit nochmals förderlich ist.
Die derzeit beste Schaltungskette kommt allerdings aus deutschen Landen. Die Jungunternehmer Barbara und Bernd Rohloff wagten sich als völlig unbekannte Newcomer an die Fabrikation eines Massenproduktes mit hohem Qualitätsniveau. Sie landeten mit ihrer SLT 99 einen Treffer. Die Rohloff-Kette ist zweifelsohne die schmalste, seitlich beweglichste und schaltergiebigste auf dem Markt. Aber nicht nur das, mittels zweier technischer Raffinessen kann sie sich dem drohenden Verschleiß zudem besser erwehren. Punkt 1: Sie gaben ihrer Kette einen größeren Kontaktbereich von Bolzen und Lagerkragen sowie den Rollen. Es minimiert die Belastung pro Flächeneinheit, also letztendlich den Gelenkverschleiß. Punkt 2: Die Außenlaschenglieder wurden leicht verkürzt, mit dem Ergebnis, daß sie sich tiefer in die Zwischenräume der Zähne ducken. Mit dem Erfolg wiederum, daß diese Kette erst, nachdem sie bereits um 3 bis 4 mm gelängt ist, auf der Normalposition von handelsüblichen Ketten im Neuzustand liegt.

Kettenpflege

Wie bereits eingangs erwähnt muß ein weiteres Mal klargestellt werden, daß wirklich alle Ketten dem Verschleiß unterliegen. Schmirgelnder Schmutz und sandiges Spritzwasser

Eine Sprühwachsbehandlung konserviert die Kette und läßt sie weniger Staub aufnehmen.

Häufige Reinigungen der Ritzel und Kettenblätter reduzieren deren Verschleiß.

schaffen auf die Dauer auch das beste Stück.
Wer noch keine eigene Methode zur Kettenpflege entwickelt hat, dem kann der Autor zu seiner kombinierten Öl-/Wachspflege raten.
Mit zähem Haftöl, Fließfett oder dickflüssigem Getriebeöl zunächst Kettengelenke schmieren.
Anschließend überflüssiges Öl abwischen. Es würde lediglich unnötig Staub und Schmutz an die Kette saugen und zähe, schwarze, kettenblatt- und ritzelverschleißfördernde Schmirgelpaste bilden.
Zum Schluß die Kette mit Sprühwachs einsprühen. Das glatte Wachs stößt Schmutz eher ab, als daß es Ablagerungen gestattet.
Erfreulicherweise sind heutzutage fast alle Sprühwachse ohne das Treibgas Fluorchlorkohlenwasserstoff (FCKW) abgefüllt und gelten als umweltfreundlich. Empfehlenswert zum Beispiel ist das Tectyl von Valvoline. Als zusätzlicher Pluspunkt des Sprühwachs kann seine gezieltere, sparsamere Dosierbarkeit als bei einer Öl-Behandlung der Kette gelten.
Ganz zu schweigen von der Tatsache, daß Öl von der Kette abgewaschen wird (bei Regen/Reinigung) und irgendwann ins Grundwasser gelangt.
Reinigungsversuche der Kette in Petroleum, Diesel oder Kaltreiniger

Läßt sich die Kette mehr als 5mm vom Kettenblatt abheben, muß sie gewechselt werden.

Mit Hilfe eines Kettennieters wird die Kette getrennt.

Den Niet lediglich soweit ausdrücken, bis er noch 1 mm vorsteht.

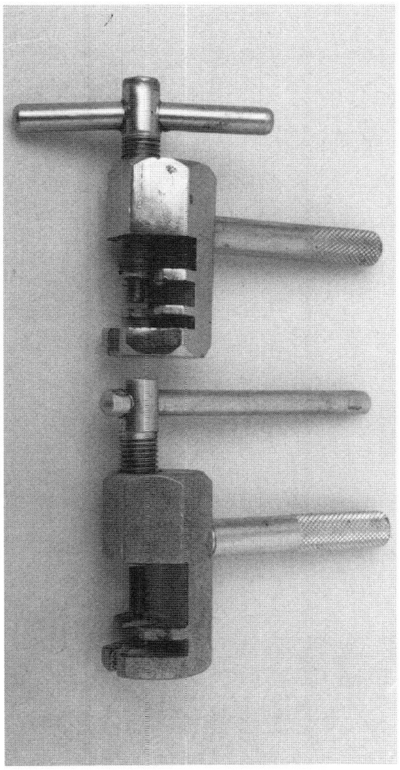

Ausdrückstifte brechen schnell ab. Indem man sie auf 5,5 mm kürzt, begegnet man dieser Gefahr. Und: Der Niet kann nicht mehr ganz aus der Außenlasche herausgedrückt werden, sondern bleibt wie gewünscht ca. 1 mm vorstehend.

Rechts: Mit angespitzter Zentrierseite des Spezialnietes wird zunächst per Hand eingeführt und dann mit dem Nieter eingedrückt.

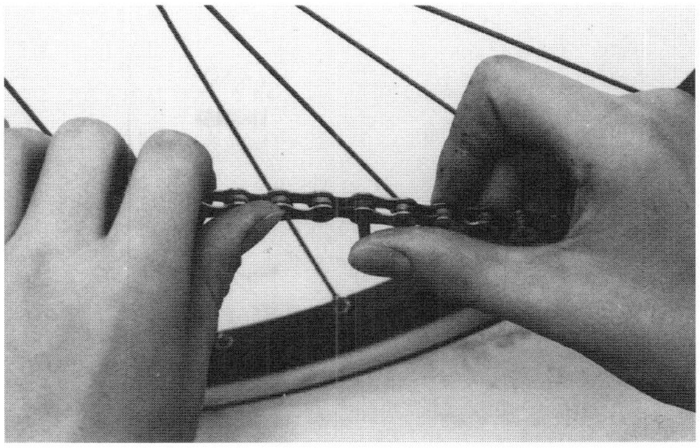

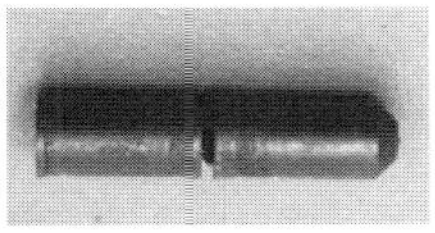

Oben: Der Spezialniet von Shimano; den alten Niet ganz herausdrücken und ersetzen.

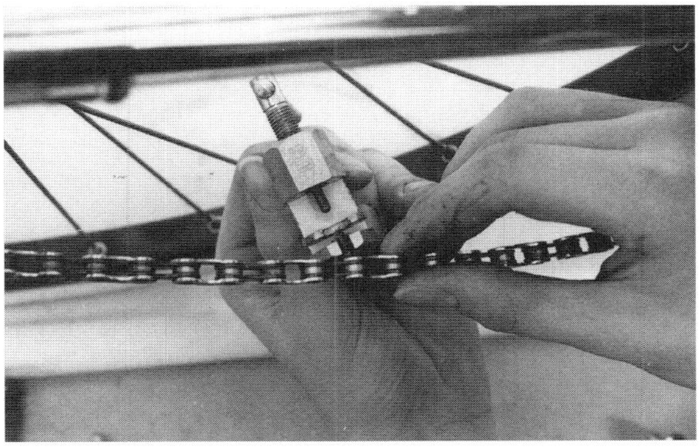

Mit Kettennieter bis zur spürbaren Einrastung eindrehen; dann überstehendes Nietteil abbrechen.

Kette einfädeln: Kettenende über das obere Kettenrädchen nach vorne, dann um das untere Kettenrädchen herum nochmals nach vorne führen.

kann man sich sparen. Es ist schlichtweg nicht möglich, dem Schmutz zwischen Bolzen, Rollen und Lagerkragen von außen beizukommen. Sollte es dennoch einmal notwendig sein, ist es ratsam, die Kette nachträglich in einem Kettenfett (als Motorradzubehör erhältlich) auszukochen, damit es die Reinigungsmittel ersetzt.
Andere Möglichkeit: Mehrfach hintereinander, jeweils nach 50 km, die Öl-/Wachsreinigungsart anwenden.
Simpler und für den Einsatz bei vorwiegend schönem bzw. trockenem Wetter in jedem Fall ausreichend, ist die Pflegeanwendung mit dem öligen Lappen. Alle 200 km über die Kette wischen. Schmutz und abgenutzte Ölreste werden entfernt, der Kette wird ein hauchdünner, frischer Ölfilm verabreicht. Denselben Lappen dann noch verwenden und durch die Ritzel putzen sowie die Kettenblätter abtupfen (siehe Abb. S. 70). All dies trägt dazu bei, das unvermeidbare Gebrechen sämtlicher Ketten, den Gelenkverschleiß, in Grenzen zu halten.
Neuerdings ist im Handel biologisch abbaubares Öl erhältlich; wer das benutzt, schont die Umwelt.

Kettenwechsel

Hat sich die Kette um insgesamt 6 bis 7 mm gelängt (Prüfbeschreibung siehe Abb. S. 70), rutscht sie – da nunmehr von Glied zu Glied länger – höher auf die Zahnflanken. Bei harten Tritten kann es in diesem Stadium zum Überrutschen der Kette über die Ritzel kommen. Die Kette muß gewechselt werden. Wie das im einzelnen vor sich geht, kann der Bildreihe oben entnommen werden.

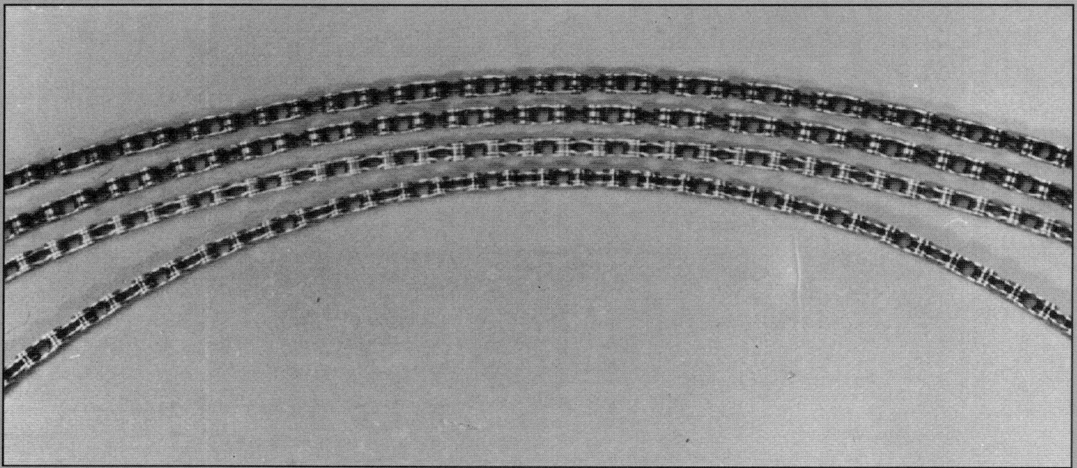

Seitliche Beweglichkeit verschiedener Ketten; von unten: Rohloff-Kette, Sachs-Sedis-Kette, Shimano-Uniglide, PID-Launers.

Browning-System von Suntour: ermöglicht exakten Kettenblattwechsel.

Die neue Kette von Suntour mit den weit nach außen gekanteten Außenlaschen. Besonders schaltfreudig.

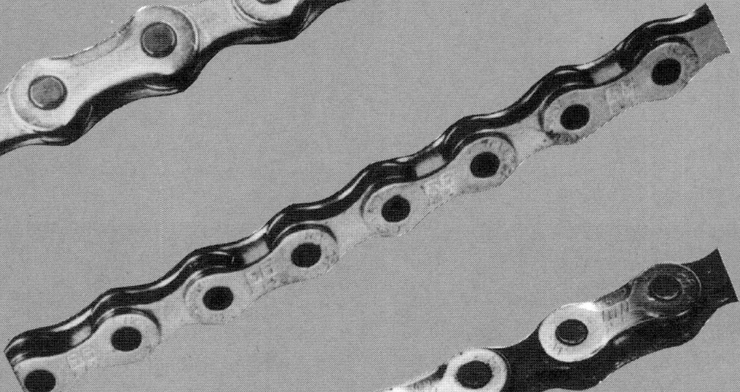

Die Rohloff-Kette gleicht fehlende Abkantung durch enorme seitliche Beweglichkeit aus.

Die Kette von Shimano erreicht gute Schaltbarkeit durch die nach außen gedrückte Außenlasche.

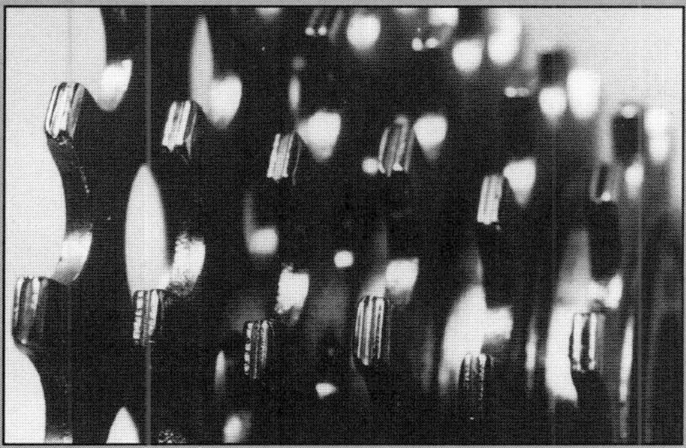

Relativ schlechte Schaltbarkeit mit konventionellen Ritzeln mit Mittelrinne.

Verschleißarme Keramiklagerung und Gummilippendichtung bescheren eine lange Lebensdauer.

Hervorragende Schaltbarkeit gewährleistet die Uniglide-Zahnform von Shimano.

Campas neue Xenon-Schaltung.

Acht Ritzel am Hinterrad lassen keinen Übersetzungswunsch offen.

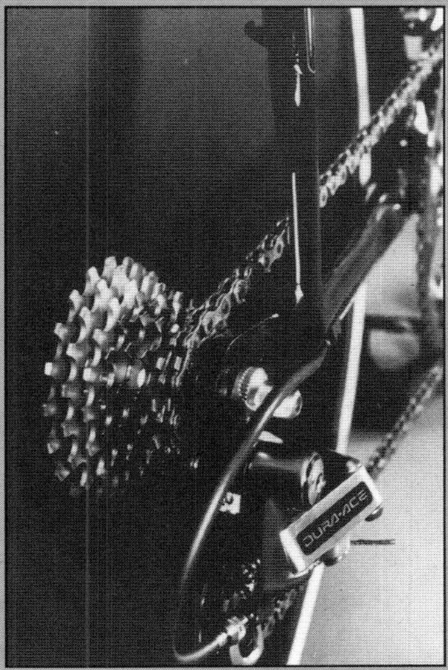

Der Y-Zahn von Sachs, auch er greift schnell durch die Kette.

Durch breite Auflageflächen ist die Xenon-Schaltung spielfrei und verschleißfest.

Schaltung

Man kann beim Velo-Getriebe ohne Übertreibung von einem technischen Leckerbissen sprechen – bedenkt man, daß ein 12- bis 16-Gang-Antrieb nur etwas über 1 kg auf die Waage bringt, dafür aber bei Belastungen stolze 5000 Newton (500 kg) auf sich nimmt und obendrein noch eine Distanz von immerhin 40 cm (Tretlager/Hinterachse) überbrückt. Doch bei allem Lob kann und darf der Schwachpunkt des Getriebes nicht übersehen werden: Es präsentiert sich allzu offenherzig, so daß Ritzel und Kette im Handumdrehen dem Verschleiß ausgeliefert sind.
Die Schaltung – also jene Einrichtung, die letztlich den Gangwechsel vornimmt – ist relativ pflegeleicht. Hin und wieder verlangen die Schaltungsrädchen nach einer neuen Fettkur und die Anschläge für den Schwenkbereich nach einer Routineüberprüfung. Da sich die rasterbaren Schaltungen in jüngster Zeit durchgesetzt haben, ist neuerdings noch die Justage des »Klick-Schalthebels« zu den Pflegetätigkeiten hinzuzurechnen.
Wie bei der gesamten Fahrradmechanik stecken auch hier keine großen Geheimnisse dahinter: Durch das Seitwärtsschwenken der Schaltung wird die zwischen den Schaltungsrädchen geführte Kette von Ritzel zu Ritzel befördert. Damit die Kette nun weder in den Speichen noch auf dem Ausfallende läuft, begrenzen zwei Schräubchen, meist mit H (high) und L (low) bezeichnet, diesen Schwenkbereich.
Vorne im Bereich der Kettenblätter wird ebenfalls geschwenkt. In diesem Fall handelt es sich um die Schaltgabel, die in recht rüder Manier die Kette von einem Kettenblatt auf's andere »würgt«. Dieser Vorgang spielt sich auch noch im vom Radlertritt stramm gezogenen Kettenteil ab, so daß für die Dauer des »Kettenumwerfens« die Trittintensität herabgesetzt werden muß. Beim Umwerfer wird also ebenfalls geschwenkt und wiederum kommen auch diesem Schwenkbereich zwei mit »H« und »L« benannte Schräubchen in Form von Abgrenzung zur Hilfe.
Zunächst zur Justage jener beiden Schaltorgane:

Justieren der Normalschaltung

1. Kette vorne aufs große Blatt, hinten aufs größte Ritzel legen. Einstellschraube »L« der Schaltung so einstellen, daß Kette und oberes Schaltungsrädchen genau unter größtem Ritzel stehen.

2. Kontrolle. Vom zweitgrößten auf größtes Ritzel schalten. Kette darf bei Schalthebel-Anschlag nicht in Speichen springen.

3. Kette aufs kleinste Ritzel schalten, Einstellschraube »H« des Umwerfers so einstellen, daß Kette nicht an zur Kurbel gewandten Seite der Umwerfergabel schleift.

4. Kleines Kettenblatt auflegen. Einstellschraube »H« der Schaltung so einstellen, daß Kette und oberes Schaltungsrädchen exakt unter kleinstem Ritzel stehen.

5. Kontrolle. Vom zweitkleinsten auf kleinstes Ritzel schalten. Kette darf bei Schalthebelanschlag nicht zum Ausfallende springen.

6. Hinten aufs größte Ritzel schalten. Einstellschraube »L« des Umwerfers so einstellen, daß Kette nicht mehr zur Rahmenseite hin an Umwerfergabel schleift.

Einstellung des Anschlags zu den Speichen. Einstellen der Schaltung.

Justieren der Rasterschaltung
Für die »Oldies« war das schon alles. Die »Klickschalt-Technik« benötigt noch ein klein wenig mehr Aufmerksamkeit. Der Schalthebel rastet mit hör- und fühlbarem Klick genau in den Abständen ein, welche unter Zusammenarbeit von Seil und Schaltwerk die Kette von einem Ritzel aufs nächste hüpfen lassen, die Sprünge müssen lediglich noch synchronisiert werden:

Für die SIS-Schaltung gilt: Schalthebel auf ersten Klick stellen (zweiter Gang) und mit Einstellschraube so justieren, daß die Kette exakt auf dem zweitkleinsten Ritzel steht.

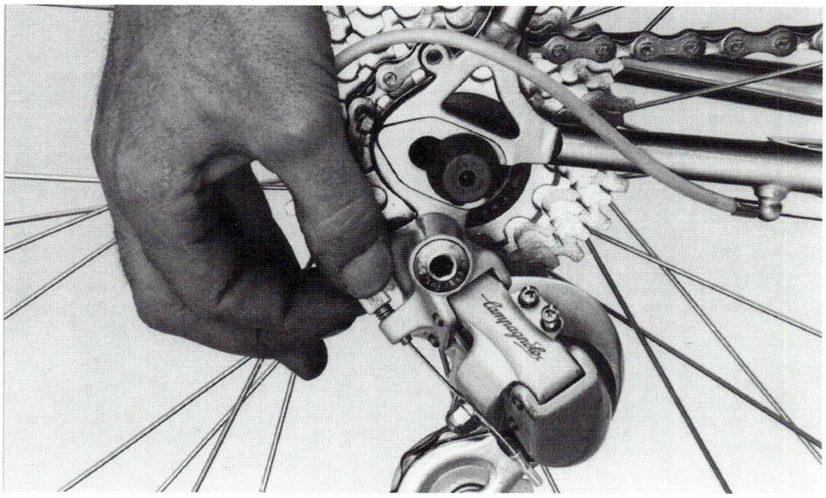

Was den Rahmen zum Rennrad macht

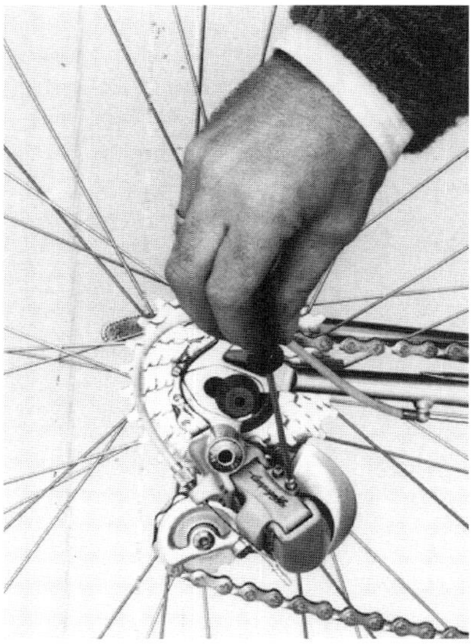

Begrenzung der Schaltung zum Ausfallende.

Begrenzung des Schwenkbereiches zur Kurbel.

Begrenzung des Schwenkbereiches zum Rahmen.

1. Schalthebel auf ersten Klick stellen. Die Einstellschraube am Übergang Schaltungszug/Schaltung so einstellen, daß Kette und obere Schaltungsrädchen genau unter zweitkleinstem Ritzel stehen.
2. Kontrolle. Alle Gänge durchschalten. Sollte Kette beim Gangwechsel nicht auf der Stelle klettern, die Einstellschraube eine knappe Umdrehung weiter herausdrehen.
3. Im Anschluß an das »Setzen« der Züge (nach 50 bis 200 km) Synchronisierung wiederholen.

schwenkt die Schaltschwinge weiter vor und leicht nach oben. Ist diese Maßnahme nicht ausreichend, kann der Anschlag am Ausfallende etwas abgefeilt werden; dadurch schwenkt die Schaltung insgesamt ein Stück nach vorne, was ebenfalls dazu beiträgt, den Umschlingungswinkel zu vergrößern. Übrigens verdienen die Suntour-Modelle in dieser Beziehung einen Pluspunkt – sie stehen von vorneherein günstig. Campas aktuelle Modelle liefern eine Justiervorrichtung der Schwingfeder mit – Abhilfe kann also erschraubt werden.

Noch eine Schwierigkeit in bezug auf die Schaltung taucht auf, und zwar vorwiegend für die Frauen: Zahnkränze für Frauen beginnen häufig mit größeren Zähnezahlen (beispielsweise 15/17/19...). Dadurch kann es passieren, daß die Schaltschwinge an die Ritzel stößt und infolgedessen harte Metall-Geräusche den sonst schnurrenden Ablauf der Kette empfindlich stören. Abwenden kann man die Sache durch ein Zurücksetzen des Hinterrades, denn der Abstand der Schalträdchen zu den Ritzeln nimmt zu. Ansonsten blie-

Probleme mit Schaltungen

In der Regel versehen Schaltungen ihren Dienst störungsfrei. Doch wo Regeln, da auch Ausnahmen. Springt die Kette zum Beispiel beim Auflegen von kleinen Ritzeln über, reicht der Umschlingungswinkel der Kette nicht aus. Eine erste Möglichkeit, diesen Zustand abzustellen, wäre, bei horizontalen Ausfallenden das Hinterrad weiter zurückzusetzen (eventuell die Anschlagschrauben sogar ganz herausdrehen). Die zweite Möglichkeit besteht in der Zugabe von zwei bis vier Kettengliedern. So

Ist der Umschlingungswinkel der Kette bei kleinen Ritzeln zu gering, neigt sie zum Überspringen, wenn der Radler kräftig ins Pedal tritt.

Bei größeren Ritzel-Abstufungen kann die Schaltschwinge an die Ritzel stoßen.

Das Zurücksetzen des Hinterrades schafft Abhilfe.

be noch der Ausweg, die Kette zu kürzen (die Schaltschwinge taucht dabei nach unten) oder (bei Campa) die Schwingenfeder entsprechend einzustellen. Führt dies alles nicht zum gewünschten Ergebnis, eine Abstufung mit kleineren Ritzeln beginnen lassen und nach oben hin größere Zahnunterschiede von Ritzel zu Ritzel auflegen (siehe auch Kapitel Ritzel), damit die Gesamtschaltungskapazität gewahrt bleibt.

Von vornherein auszuschließen sind solche Schaltungsschwierigkeiten, wenn der Abstand Schaltungsauge/Hinterrad ausreichend groß ist, wie zum Beispiel bei dem senkrechten Ausfallende von Vitus. Moderne Schaltungen, rasterbares Schalten mit inbegriffen, verfügen neben der Schwingenfeder noch über eine Rückholfeder. Sie ist im Befestigungsauge der Schaltung versteckt und zieht im Verein mit der anderen Rückholfeder die Schaltschwinge automatisch auf eineinhalb bis zwei Kettenglieder Abstand zwischen dem jeweils aufliegenden Ritzel und der Schaltschwinge (auch Voraussetzung für die »Klick-Schalterei«). Wird die Schaltung zu fest an den Rahmen geschraubt, können die Innereien gestaucht werden und diese Feder ist arbeitsunfähig. Bei neueren Schaltungen sind aus diesem Grunde nur noch 5-mm-Inbusschrauben zur Rahmenmontage vorgesehen. Sie sollte man zwar ordentlich festziehen (ein Drehmoment von 8 Nm ist angegeben), jedoch keinesfalls so übertrieben, daß sich der Schlüssel biegt. Vorsichtige Monteure können die Schaltung anfangs ohne Kette montieren und schrittweise fester anziehen. Sich dann nach jeder Anzugssteigerung überzeugen, ob die Schaltung auch genügend federt.

Bei harten Tretern kann es im energischen Wiegetritt sogar ungewollt zum Gangwechsel kommen. Auch hier steht die Schaltschwinge zu nahe an den Ritzeln und die leichten Rahmenverwindungen kürzen und längen den Schaltzug – folglich der nicht einkalkulierte Gangwechsel.

Ein Erste-Hilfe-Versuch wäre ein weiteres Mal das Zurücksetzen des Hinterrades. Läßt der Erfolg zu wünschen übrig bzw. rotiert das Hinterrad in einem senkrechten Ausfallende: über die Kettenlänge eine Änderung herbeiführen.
Als Ursache für den Übereifer der Schaltung kommt häufig auch ein eingesparter Quersteg hinter dem Tretlager in Frage, weil der Rahmen dadurch seitlich mehr verwindet.
Klick-Schaltungen können bei innen verlegten oder nicht ausreichend geschmierten Schaltzügen den Gangwechsel beim Runterschalten auf kleinere Ritzel verzögern. Die Seilreibung ist zu hoch. Die Verwendung dünnerer Schaltzüge (notfalls auch mit Naben-Schaltungszug probieren) reduziert die Schwergängigkeit. Eine konstante Pflege der Züge ist demzufolge auch bei der Schaltung unumgänglich.
Ziemlich nervend ist's für Radler, wenn die Kette bei jedem Tritt am Umwerfer rutscht. Verantwortlich dafür ist im allgemeinen ein zu lose eingestelltes Tretlager oder eines, das ausgeleiert ist. Ein Wechsel bzw. spielfreies Neukontern (in Richtung stramme Einstellung) bringt wieder Ruhe für den Pedaleur. Mit einer Titan-Tretlagerachse ist das Ratschen meist eine Gratiszugabe, weil sich dieses Material (obwohl zweifelsohne haltbar) doppelt so weit verwindet wie eine herkömmliche Stahlachse. Bisweilen kann das Problem mit einer super-schmalen Kette (Rohloff SLT 99) gelöst werden – da mehr »Luft« in der Schaltgabel ist.
Fahrern mit sehr starkem Tritt sei ohnehin das Primat-Innenlager empfohlen. Dessen Kombi-Lager (Nadel-/Kugellager) verringert die Achsverwindung pro Achsseite auf ein Minimum.
Um zu vermeiden, daß der Umwerfer bei jedem dritten Gangwechsel nachgezogen werden muß (um wiederum jenes Geratsche der Kette zu unterdrücken), kann man ihn in der Mitte mit einem großen Schraubenzieher aufbiegen.
Nicht zuletzt sollte, wer im Besitz mehrerer Laufräder ist, überprüfen, ob die Abstände der Ritzel untereinander wie auch der Abstand kleinstes Ritzel/Ausfallende übereinstimmen. Andernfalls wäre man gezwun-

Wichtig bei Rasterschaltungen und Einsatz von mehreren Laufrädern: Die Abstände vom äußersten Ritzel zum Ausfallende und die Abstände zwischen den Ritzeln müssen jeweils identisch sein, sonst muß nachjustiert werden.

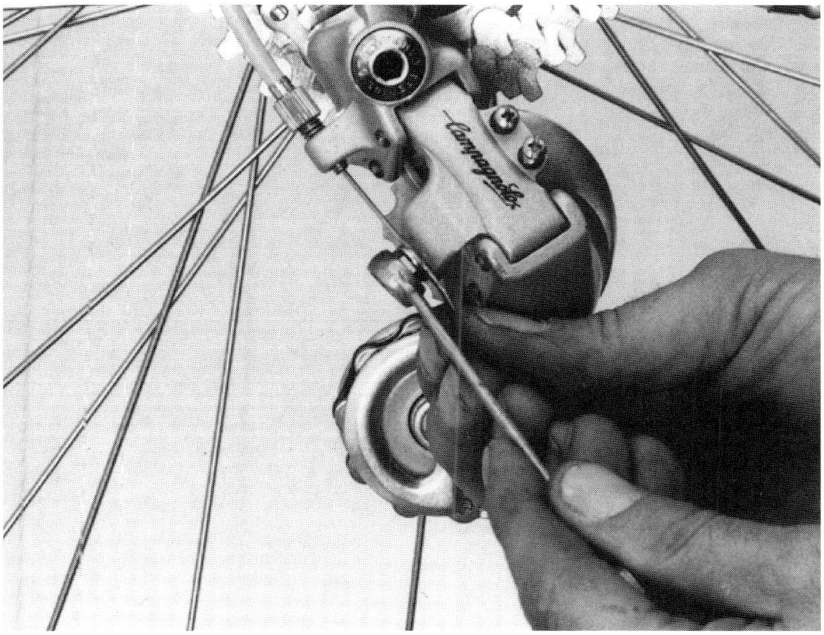

Möglichst dünne Schaltseile verwenden. Die Befestigung erfolgt mittels Klemmschraube an der Schaltung.

gen, den »Klick« jedesmal neu einzustellen. Etwaige Differenzen daher lieber durch Zulegen oder Wegnehmen von Beilagscheiben zwischen Konus und Gegenmutter ausgleichen.

Pflege und Wartung

Wie bereits gesagt, sind auch Schaltung und Umwerfer auf freiwillige Säuberungsaktionen ihres Besitzers angewiesen. Neben einer äußerlichen Kosmetikprozedur sollten monatliche Öleinlagen (vorzugsweise zähes Öl, besser noch Fließfett) für die Gelenke der Schaltung sowie den Umwerfer selbstverständlich sein. Die Schaltungsröllchen sollten im gleichen Turnus mit Neu-Fettungen verwöhnt werden, schließlich liegen nach 1200 km etwa eine Million Umdrehungen hinter ihnen. Die Schaltung kann dazu am Rahmen verbleiben. Lediglich die Schrauben im Zentrum der Schaltungsrädchen herausdrehen, dann können sie ohne Umstände aus der Schaltungsschwinge gezogen werden. Säubern und Neu-Fetten sollten längst Routine sein.

Regelmäßige Reinigung und »satte« Fettpackungen bewahren die Kettenrädchen vor Verschleiß.

Vor dem nächsten Marathon der Schaltungsrädchen sollten sie auf ihr Spiel hin inspiziert werden. Weicht es per Kippbewegung dem seitlichen Schwenken der Schaltung aus, klettert verständlicherweise die aufliegende Kette erst mit Verzögerung auf das Nachbarritzel. Ein Auswechseln der Schaltungsrädchen unter diesen Gegebenheiten ist das Sinnvollste. Shimano kann sich übrigens vorbildlicher Schaltungsrädchen rühmen. Sie wurden mit einer Keramik-Lagerung ausgestattet und sind somit enorm verschleißfest. Weil die Zähne seitlich so eben zwischen die Innenglieder der Kette passen, hat diese keine Chance, der Schwenkbewegung der Schaltung zu widerstehen. Man ging sogar noch einen Schritt weiter: Das obere Schaltungsrädchen bekam von den Ingenieuren der Firma Shimano seitliches Spiel verpaßt. Der Schaltvorgang funktioniert dennoch. Bei nicht ganz hundertprozentig aufliegendem Gang zieht sich dank dieses seitlichen Spieles die Kette stets genau unter das aufliegende Ritzel.

Die Kette kann bedenkenlos diagonal gefahren werden – also großes Kettenblatt/ großes Ritzel oder kleines Kettenblatt/kleines Ritzel. Obwohl die Kette hierbei seitlich ein wenig an Ritzel und Kettenblätter schabt, bleibt die Verlustreibung fast auf dem normalen Stand.

Bei Verwendung von Sieben- und Achtfach-Kränzen (klein/klein gefahrene Kette) kann es durchaus zum Ratschen der Kette am großen Kettenblatt kommen, sollte der Abstand Kettenblätter/Rahmen zu gering sein. In diesem Fall entweder die Kettenlinie korrigieren oder das kleinste Ritzel nicht mit dem kleinen Kettenblatt zusammenfahren.

Selbstredend kann auch ein verbogenes Schaltungsauge zu Schaltungskomplikationen führen. Entweder mit der Hinterrad-Methode (siehe Kapitel Sturzfolgen) oder mit Richtwerkzeug (Händler) das Auge wieder in Radflucht ausrichten.

Die Ausfallenden variieren von Hersteller zu Hersteller – besser gesagt, die Lage und der Abstand vom Schaltungsauge zur Hinterradachse. Das lange Vitus-Senkrechtausfallende z. B. hält automatisch mehr Distanz zwischen Ritzel und Schaltschwinge. Darum schaltet es sich eine Spur unwilliger. Umgekehrt ist der Abstand bei manchen Horizontal-Ausfallenden knapp gehalten und macht die Schaltung bisweilen übereifrig.

Ritzel und Zahnkranz

Das Austüfteln individueller, persönlicher Ritzelabstufungen scheint ein Hobby der Radler zu werden. Das Velo-Getriebe wird auf die Bedürfnisse des einzelnen zurechtgeschnitten. Ziel ist z. B., eine möglichst breite Übersetzungspalette für bergige Touren oder eng abgestufte Kränze für die Flachland-Passagen herauszuschinden.

Durch die mittlerweile zum Standard gewordenen Sechs- und Siebenfach-Kränze (Shimano wartet sogar mit einem Achtfach-Kranz auf), geht die Tendenz zur Universalübersetzung. Beispielsweise die Übersetzung 13/14/15/16/18/21/25 mit den normalen Kettenblättern 52/42. Damit kann beinahe »alles« auf dem kleinen Blatt gefahren werden. Selbst die Kettenblatt-Kombination 42/13 entspricht mit 6,8 m zurückgelegter Strecke pro Kurbelumdrehung (der sogenannten Entfaltung) etwa den Kettenblättern 52/16. Eine Übersetzung, die sogar für Flachfahrten tauglich ist. Feinabstufungen regeln dann Begegnungen mit dem Gegenwind und mit leichten Steigungen. Geht es dagegen tüchtig in die Berge, ist ein Ritzelwechsel mit lediglich einem Zahn kaum mehr von Bedeutung. Zweier- oder Dreier-Sprünge hingegen bewirken die ersehnte Treterleichterung. Außerdem wird, je näher man in den Bereich der großen Ritzel gerät, der Unterschied des zurückgelegten Weges pro Kurbelumdrehung immer kleiner. Zur Verdeutlichung: Der Vierer-Zahnsprung von 42/21 auf 42/25 bringt etwa 60 cm Wegersparnis pro Kurbelumdrehung, wobei demgegenüber stolze 80 cm bereits mittels eines Ein-Zahnsprunges von 52/13 auf 52/14 geschafft werden. Bergab bzw. mit steifem Rückenwind geht's dann richtig zur Sache. Bei 52/13 werden immerhin 8,4 m pro Kurbelumdrehung zurückgelegt.

Noch besser ist es mit einer Achtfachübersetzung, also 12/13/14/15/16/18/21/25 mit 50/39 als Kettenblätter – eine Auswahl, die von 8,8 m bis 3,3 m pro Kurbelumdrehung variiert und mit der anstandslos 15 % Steigung gefahren werden können. Dem aufmerksamen Leser wird selbstverständlich nicht entgangen sein, daß diese 14- bzw. 16-Gang-Getriebe reell nur über zehn echte Gänge verfügen. Manch ehrgeizige Tüftler sind zwar von der Idee besessen, noch ein paar »Echte« herauszuquetschen, doch leidet unter diesem Ansinnen in den meisten Fällen die praktische Handhabung. Das Kettenblatt muß ununterbrochen gewechselt werden.

Der praktischen Handhabung, das heißt der Übersetzung, sollte sowieso die erste Stelle eingeräumt werden – noch vor der Wunschvorstellung, mit brillianter Technik und 16 Gängen prahlen zu können. So wäre bei einem Achtfach-Kranz auf dem Hinterrad ein einziges Kettenblatt vorne der Sache ausreichend dienlich. Einzig und allein das Übersetzungsspektrum müßte entsprechend abgestuft werden. Beispielsweise bei einem 46er-Kettenblatt – 12/13/14/15/17/20/24/28.

Mit dieser feinen Einzahn-Abstufung, bis umgerechnet 52/18, würde man im Flachen erstklassig zurechtkommen und dem Gegenwind, selbst wenn er ein bißchen stärker bläst, Paroli bieten können. Nach oben hin folgen dann noch drei Berggänge, wobei 46/28 mit 3,5 m Entfaltung etwa 42/26 entsprechen. Der Umgang mit diesem Getriebe ist problemlos, da ein permanentes Wechselspiel zwischen den Kettenblättern nicht mehr zur Debatte steht.

Aufgrund der modernen Multi-Zahnkränze sind Abstufungen, die sofort mit Zwei- bzw. gar Drei-Zahn-Sprüngen loslegen, passé. Lediglich bei Mountain-Bikes oder Reiserad-Übersetzungen ist das zuweilen die sinnvolle Ausnahme. Doch selbst hier wäre man in der Lage, im Arbeitsbereich – sprich den Gängen, die in der Ebene gefahren werden – eine Abstufung mit nur einem Zahn Differenz

Sieben- und Achtfach-Übersetzungen sowie die Ein-Kettenblatt-Version. Die Zahlen an den Leitersprossen geben die Entfaltung pro Kurbelumdrehung an.

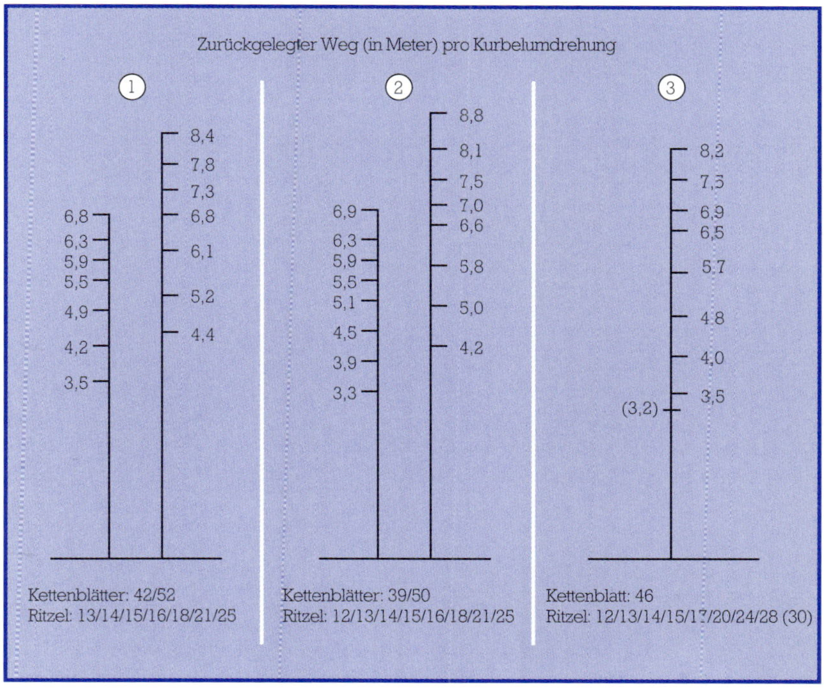

zu bewerkstelligen. In der Abbildung auf S. 79 werden einige Abstufungs-Beispiele kommentiert.
Sich seine Übersetzung aus den einschlägigen Tabellen herauszusuchen, dürfte wohl ein recht mühseliges Unterfangen sein. Selbst per Computer aufbereitet und ausgedruckt, fehlt schlichtweg die bildliche Vorstellungskraft hinsichtlich der Differenzen von Gang zu Gang. Daher sei eine grafische Darstellung nach einer Idee von Dr. Kühnpast empfohlen. In leiterähnlicher Weise wird der pro Kurbelumdrehung zurückgelegte Weg (die Entfaltung) veranschaulicht. Doppelte Gänge sowie zu große bzw. bei größeren Ritzeln zu kleine Abstände von Ritzel zu Ritzel werden umgehend augenfällig. (Die dazugehörige Ritzelhilfe ist beim Atlas Verlag, München, erhältlich.)

Zerlegen der Wechselkränze mit zwei Kettenschlüsseln. Bei modernen Wechselkränzen ist nur das kleinste Ritzel geschraubt, die übrigen von Verzahnungen auf dem Körper gehalten.

Unten: Kassettennabe von Shimano.

Mit der Ritzel-Hilfe kann jeder Radler an seiner »hauseigenen« Übersetzung basteln.

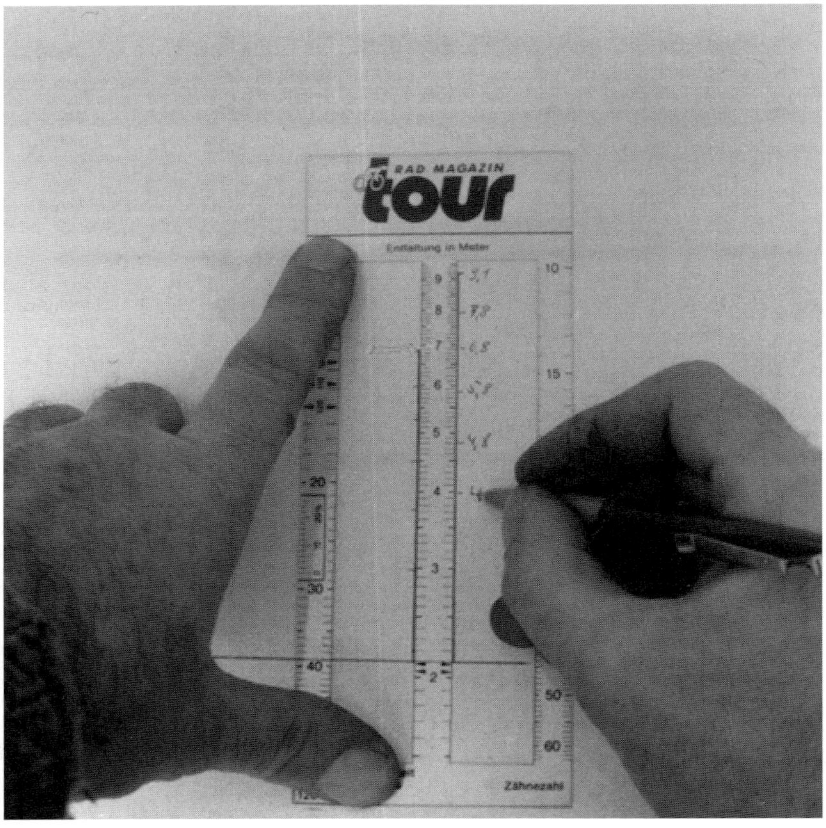

Hat man sich nun seine individuelle Übersetzung ertüftelt und will sie auch realisieren, sind erneut ein paar Stunden Arbeitseinsatz notwendig. Egal, ob Kassettennabe oder moderne Wechselkränze, zerlegen lassen sich alle mit zwei Kettenschlüsseln wie in der Abbildung (siehe oben) zu sehen. Wechselkränze gängiger Modelle wie Suntour, Maillard, Regina, Shimano oder Marchisio sowie der Alu-Kranz von Campagnolo sind über den Radhandel zu beziehen. Kassettennaben sind vorwiegend für schwergewichtige Radler die richtige Wahl, da sie Achsbiegungen so gut wie ausschließen. Inzwischen haben neben Shimano auch Suntour und Hügi dieses sinnvolle Nabenkonzept in ihr Produktionsprogramm aufgenommen. Campagnolo und Sachs folgen in Kürze ebenfalls. Übrigens sind Shimano- und Hügi-Ritzel kompatibel, wobei außerdem noch erwähnenswert ist, daß Hügi Aluminiumritzel anbietet, die je nach Abstufung 100 bis 180 g Gewichtsersparnis bringen.
Der wesentliche Vorteil der Kassettennabe ist, daß zum Speichenwechsel lediglich die Ritzel vom Freilaufkörper genommen werden müssen. Die Speichen können dann über diesen Körper hinweg ein- und ausgefädelt werden. Das ist bei den Aufschraub-Kränzen nur bei dem extrem klein gehaltenen Marchisio-Kranz möglich. Die anderen Fabrikate müssen von der Nabe geschraubt werden. Dazu passenden Abzieher besorgen und ihn per fest angezogener Spann-

Was den Rahmen zum Rennrad macht

Wie die Kassette ist auch der Marchisio-Zahnkranz aufgebaut. Lediglich das letzte Ritzel ist geschraubt.

Über den aufgeschraubten Zahnkranzkörper hinweg können die Speichen beim Marchisio-Kranz gewechselt werden.

Abziehen des Zahnkranzes, der Abzieher kann mit dem Schnellspanner der Achse gesichert werden.

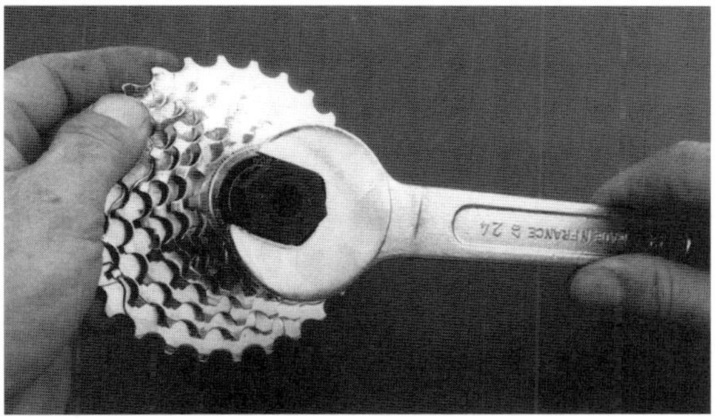

Beim Hyperglide-Kranz werden sämtliche Ritzel durch eine Zahnmutter gesichert. Im Bild: Der leichte Demontage-Arbeitsgang – denn Ritzel werden nicht durch Kettenkraft festgeschraubt.

achse sichern. Der Abziehvorgang ist im Bild oben dargestellt.
Wegen ihrer Leichtläufigkeit sind auch Freilaufkränze nicht übermäßig gedichtet und sollten daher im Jahresturnus einmal überholt werden, also gereinigt und gefettet. Dazu zunächst am Hinterrad belassen und vorläufig mal die beiden kleinsten Ritzel mit Kettenschlüssel abdrehen, da sie die Verschraubung des Freilaufkranzes (Konenring) verdecken.

Spezielle Zahnformen sowie eingearbeitete Überlaufstellen charakterisieren die Hyperglide-Ritzel.

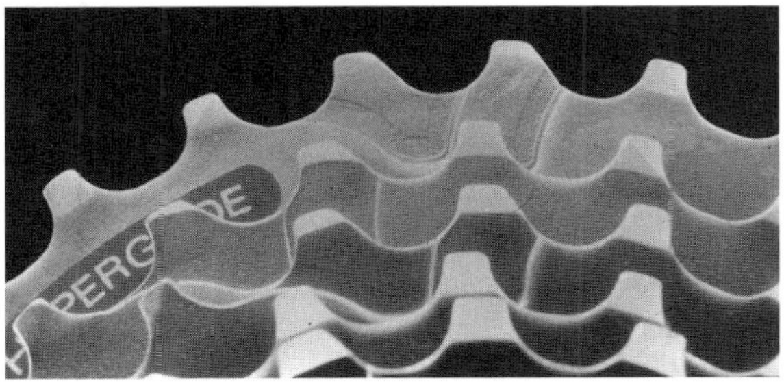

Im Bild die spitzen, ein wenig gedrehten Ritzel von Shimanos Uniglide.

Links: So funktioniert Hyperglide: Zahn in Zahn eingreifend läuft die Kette von einem Ritzel auf's andere über, ohne daß die Kette über die Zahnköpfe klettern muß. Diese Weichenfunktion ermöglicht es, unter voller Tretlast zu schalten.

Bei konventionellen Ritzeln kommt es darauf an, daß die Kette so rasch wie möglich von den Zahnspitzen erfaßt wird.

Zerlegen des Freilaufs

1. Äußeren Konenring mit Stiftschlüssel oder stabiler Stiftzange lösen. Vorsicht! Meist Linksgewinde, Drehrichtung also in der des »Freilaufklickens«.
2. Freilaufkörper von Nabe abziehen.
3. Konenring abschrauben und samt dünner Beilagscheiben abheben.
4. Lappen unterlegen und Ritzelkörper von Aufschraubkörper des Freilaufes abziehen. Vorsicht – Kugeln!
5. Sperrklinken aus Vertiefungen heben. Das Säubern und Fetten ist ja wohl schon so selbstverständlich, daß man darüber keine großen Worte mehr verlieren muß. Der Zusammenbau erfolgt wie üblich in umgekehrter Reihenfolge. Bei den vorstehenden Sperrklinken aufpassen. Am besten, den Ritzelkörper in Freilaufrichtung gegenüber dem Aufschraubkörper verdrehen, sobald die beiden wieder zusammengeschoben werden sollen.

Aufgepaßt auch bei den unterschiedlichen Gewinden der Freilaufkränze und Nabenkörper. Es sind nur sechs Gewindegänge vorhanden, so daß sich diese unter Anwendung von Gewalt oder mit ein wenig Geschlacker alle miteinander verschrauben lassen. Beim Abziehen gibt es dann garantiert Probleme. Bei Radlern mit einen »Bären-Tritt« kann das Gewinde überdrehen. Daher in der Tabelle auch die unterschiedlichen Angaben zu Gewinden. Seriöse Hersteller wie Campagnolo prägen die jeweilige Komponente grundsätzlich ein. Ansonsten hilft nur Nachmessen.

Reifen

Die nächste Reifenpanne kommt bestimmt. Aber wann, weiß niemand genau. Das kann gleich nach der ersten Straßenbiegung sein, aber auch erst nach etlichen hundert Kilometern. Gewiß ist – treffen tut's jeden mal.

Die Defekt-Pechsträhne verfolgt – statistisch gesehen – schwere Fahrer häufiger als leichte und trifft das Hinterrad erfreulicherweise weit öfter als das Vorderrad. »Erfreulicherweise« deshalb, weil ein Reifenplatzer vorne keineswegs ungefährlich ist. Der plötzliche Druckverlust wirkt sich unmittelbar auf die Lenkung des Rades aus, was besonders auf Abfahrten zu schlimmen Stürzen führen kann. Deswegen verwenden versierte Fahrer bereits geflickte Reifen nie wieder vorne.

Der hohe Luftdruck (6 bis 8 bar) mindert die Rollreibung auf einen Bruchteil der früheren Vollgummi-Reifen, trotzdem federt er mit seiner Härte noch Fahrbahnunebenheiten aus. In

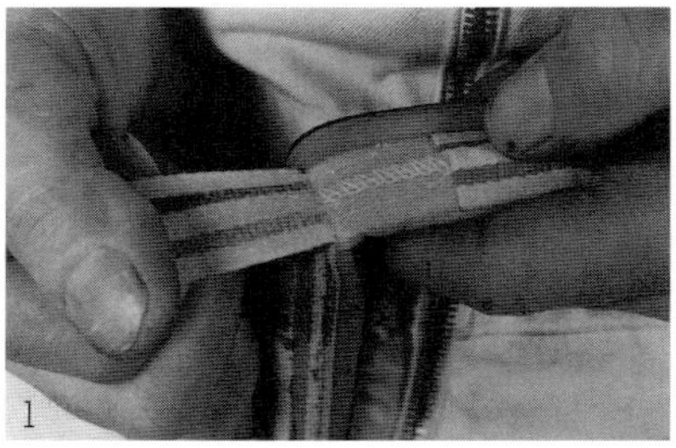

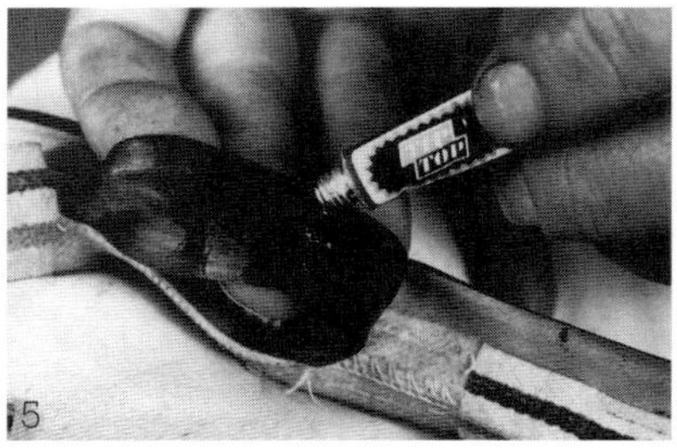

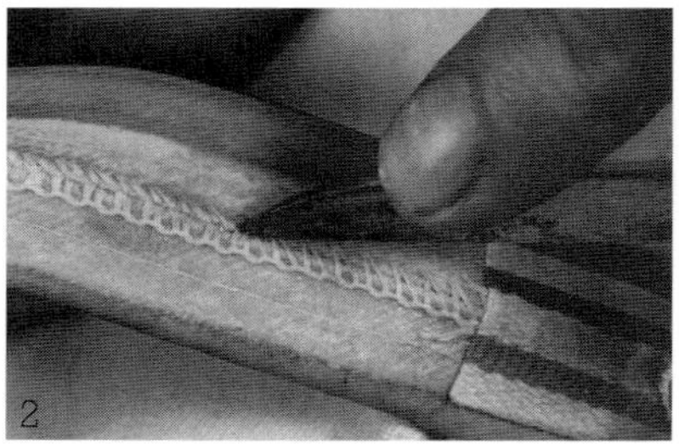

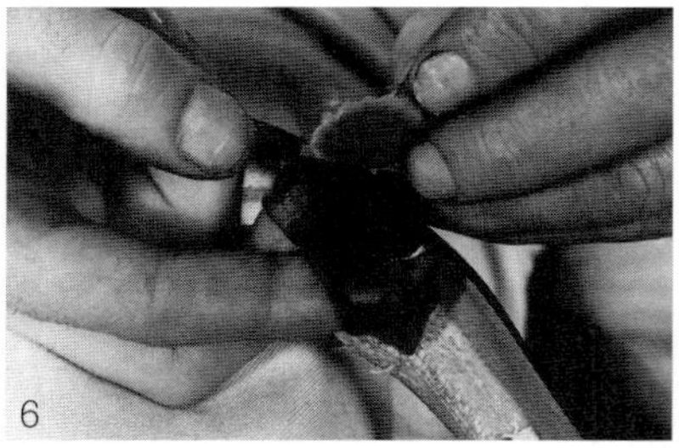

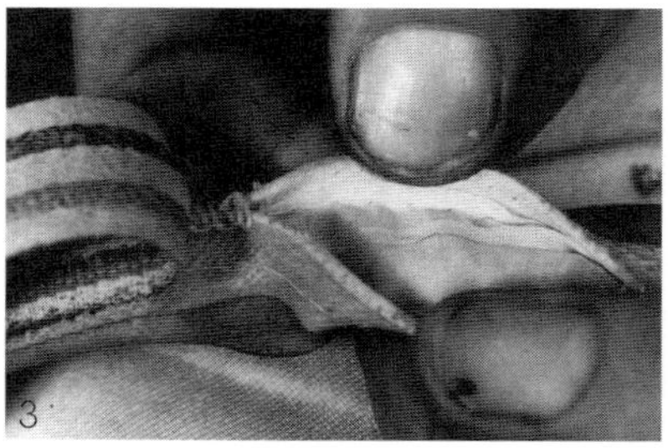

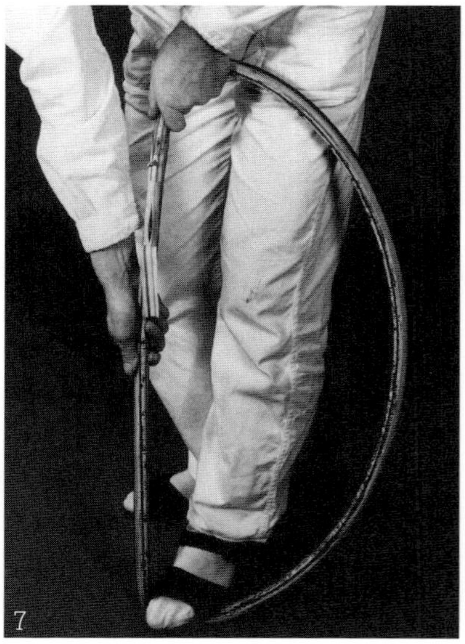

1 An Defektstelle Nahtband durchtrennen und abziehen.
2 Aufschneiden der Naht.
3 Lösen des Schlauchschutzbandes.
4 Schlauch herausnehmen und säubern.
5 Gummilösung auftragen.
6 Flicken aufdrücken.
7 Schlauch ins Reifeninnere zurückziehen.
8 Zunähen der Reifennaht.
9 Gummilösung zum Kleben des Nahtschutzbandes auftragen.

Kurven und auf nassem Untergrund gibt er durch seinen »Griff« Spurtreue, klebt aber dennoch nicht so auf der Straße, daß es den Fahrer unnötig Kraft kostet. Das alles wohlgemerkt bei einem Gewicht von (und unter) 200 g.
Quer durch die Radlergemeinde zieht sich seit einigen Jahren die Streitfrage nach dem idealen Reifensystem, also Schlauch oder Draht? Zur Unterscheidung: Beim Schlauchreifen ist der lufthaltende Schlauch direkt in die Karkasse eingenäht und

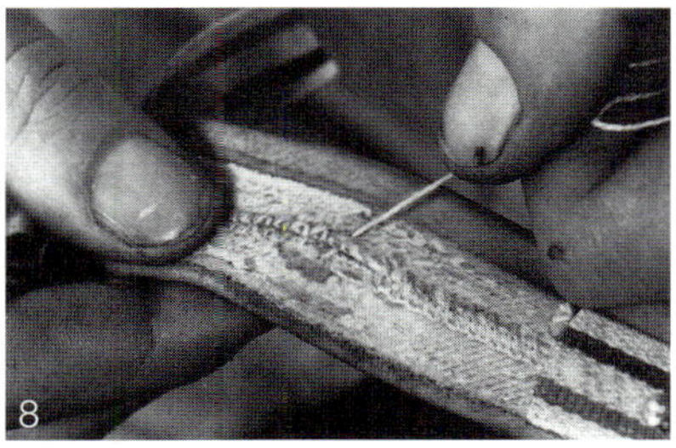

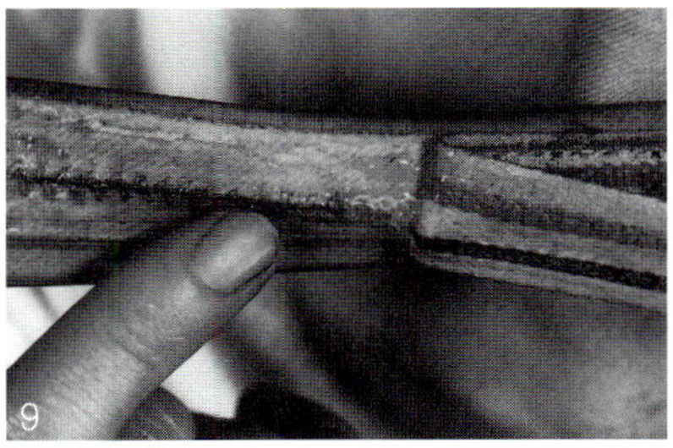

bildet mit ihr eine Einheit. Der Drahtreifen hingegen benötigt einen separaten Innenschlauch, die ihn umhüllende Decke ist ebenfalls separat. Eine neue Fertigungsmethode ermöglicht es die Decke faltbar zu gestalten. Der »Draht« besteht in diesem Fall aus kräftigen Nylon- bzw. Kevlar-Fäden; beim Wolber CS 18 sogar aus Glasfasern. Die drei Materialien liegen in den Hornfelgen wie ihr drahtiger Vorgänger. Eindeutiger Pluspunkt für faltbare Drahtreifen: Die Decke kann genauso problemlos mit auf Tour genommen werden, wie der komplette Schlauchreifen, denn sie läßt sich auf kleinsten Raum zusammenfalten. Momentan ist der Drahtreifen auf Vormarsch.

Schlauchreifen

Doch zunächst noch ein paar Details zum Schlauchreifen. Die leichtere Bauweise und die leichtere Schlauchreifenfelge ergeben insgesamt ein leichteres Laufrad. Außerdem kann man einen Schlauchreifen binnen zwei Minuten wechseln. Beim Drahtreifen fast ein Ding der Unmöglichkeit. Nochmals kurz zurück zum geringeren Gewicht: Bei Felge und Reifen übrigens deshalb von Bedeutung, weil sie am äußersten Rand des Laufrades sitzen. Hier muß die Masse bei jedem Antritt nicht bloß geradeaus beschleunigt werden, nein, sie ist auch auf höhere Drehzahlen hinzutrimmen. Ganz klar, daß jedes überflüssige Gramm zusätzliche Energie kostet. Im Vergleich schneiden – addiert man Felge und Reifen samt Einlagen zusammen – die Schlauchreifen-Laufräder pro Satz um rund 500 g besser (leichter) ab.
Schlauchreifen sind mit Hilfe klebrigen Kittes oder speziellem Klebeband auf der Felge fixiert. Ihren angestammten Platz geben sie – weil festgeklebt – nicht kampflos auf. Daher bei einer Reifenreparatur das ausgebaute Laufrad so vor sich hinstellen, daß das Ventil nach unten zeigt. Folgendermaßen wechselt man den Schlauchreifen:

Abziehen des alten Reifens:

1. Am Felgenstoß Schlauchreifen in Richtung gegenüberliegender Felgenkante drücken (ca. 10 bis 15 cm).
2. Rad umdrehen und dasselbe Schlauchreifenstück wieder zur anderen Felgenkante hin zurück drücken und von Felge lösen.

Dazu noch ein ***Tip:*** Bei der Reifenmontage exakt an dieser Stelle eine klebefreie Zone lassen, dadurch wird im Falle eines Defekts die Demontage erleichtert.

3. Rechts und links der gelösten Stelle weiterarbeiten, bis 35 bis 40 cm des Schlauchreifens abgelöst sind.
4. Loses Reifenstück über den Felgenrand heben. Damit ist schon viel gewonnen. Danach versuchen, den Reifen möglichst senkrecht von der Felge abzuheben. Zum Schluß Ventil aushängen.

Auftragen und verstreichen des Reifenkittes. Rechts im Bild ist bei dieser Wolber-Felge die Nut im Felgenbett zu erkennen. Sie zentriert die Reifennaht. Der Reifen liegt fester auf der Felge.

Auflegen des neuen Reifens:

5. Ersatzreifen etwas aufpumpen (soll gerade rund sein). Ventil in Felge einhängen und Laufrad mit Ventil nach oben zeigend auf die Füße stellen (damit keine spitzen Steine am Kittbett festkleben, die später einen erneuten Defekt provozieren).

6. Reifen links und rechts vom Ventil fassen und kräftig in Richtung Untergrund ziehen.

7. Reifen mit Handballen an die Felge drücken. Tieferfassen, und wieder ziehen, bis gut die Hälfte des Reifens aufgezogen ist.

8. Reifen fest an Felge drücken, Rad auf Oberschenkel legen und kraftvoll zwischen Bauch und Brust einklemmen. Stück für Stück weiter ziehen, bis die letzten 15 cm mittels Daumen über den Felgenrand gehoben werden können.

Anzuraten wäre, eben beschriebenen Arbeitsvorgang einige Male im stillen Kämmerlein am unbekitteten Reifen zu üben. Zum einen lehrt es, seine Kraft am effektivsten einzusetzen, zum anderen hilft es, einem Kitt-Chaos vorzubeugen. Der Ernstfall klappt dann dank antrainierter Handgriffe viel besser.

Als Ersatzreifen für unterwegs lediglich einen Reifen nehmen, der seine Diensttauglichkeit bereits unter Beweis gestellt hat. Zumindest sollte er bereits einige Tage aufgezogen auf einer Felge geklebt haben, denn nagelneue Reifen aus dem Laden müssen in der Regel erst noch aufs richtige Maß gedehnt werden. Ein verwendeter Reifen weist außerdem Klebereste auf, die sich mit dem vorhandenen Kittbett auf der Felge zu einem relativ sicheren Sitz zusammenfinden.

Neue Reifen erst aufkitten, wenn sie bei ca. 6 bar Luftdruck zwei bis vier Tage auf trockener Felge gedehnt wurden. Nicht allein das Aufziehen gestaltet sich einfacher, der Ersatz-

Aufziehen eines Schlauchreifens.

reifen liegt auch sauberer und runder auf der Felge.
Soll der Reifen auf einer neuen Felge aufgezogen werden, ist sie zuvor gründlich zu entfetten, damit sich der Kitt intensiver mit der Felge verbinden kann.
Schlauchreifen sind rund ums Ventil dicker. Also Ventilloch der Felge mit einem Dreikantschaber kegelig ausschaben. Der Reifen liegt besser auf, es gibt keinen Höhenschlag beim Fahren.
Drei bis vier Lagen Kitt sind nötig, damit er die wulstige Naht des Schlauchreifens ausfüttert und die Reifenflanken klebend und abstützend »packt«. Ansonsten (bei nur einer Lage Kitt beispielsweise) schaukelt der Reifen auf seiner Naht.
Zwei Lagen Kitt im Abstand von zwei bis drei Stunden auftragen, indem man den Kleber tropfenweise aus der Tube auf die Felge gibt und ihn dort mit einem Finger (welcher selbstverständlich behandschuht sein kann) gleichmäßig verteilt.
Die Klebmasse über Nacht gut ablüften lassen. Am darauffolgenden Tag noch eine weitere dünne Schicht auftragen und nach ca. 10 Minuten Antrockenzeit Felge und Reifen mit Wasser bestreichen. So ist gewährleistet, daß nicht auf der Stelle alles festpappt und der Reifen einfacher auszurichten ist.
Zum Ausrichten Luftdruck auf etwa 2 bis 3 bar erhöhen, Laufrad drehen sowie den geraden Sitz des Reifens kontrollieren. Dort wo er »kippt«, nochmals penibel ausrichten. Je hochwertiger (und teurer) ein Reifen ist, desto runder liegt er im Normalfall. Preiswerte »Trainings-Schlappen« weisen dagegen am Ventil oft einen Versatz auf, der das Ausrichten beinahe unmöglich macht.
Unkomplizierter hingegen ist das Reifenaufziehen bei modernen Felgen wie z. B. der Profile TB von Wolber. Durch eine Nut im Felgenbett wird die Reifennaht geführt und besorgt (fast) selbsttätig die Ausrichtung. Mit dem Schaukeln des Reifens auf der Reifennaht ist es ebenfalls

Wird das Ventilloch kegelig angefast, sitzt der Reifen ohne Höhenschlag.

vorbei. Und man benötigt nur eine Kittschicht, um der Sache den festen Halt auf der Felge zu geben.
Einige Radfahrer verzichten auf diese zwar sichere, doch umständliche Bettung ihres Reifens und greifen statt dessen lieber zum doppelseitig klebenden Felgenband. So sparen sie sich das Werkeln mit dem klebrigen Kitt. Obendrein geht das Aufziehen der schmalen Pneus zügiger und ordentlicher voran:
Klebeband auf die Felge, Wasser auf Reifen und Felge, den Reifen drüber, fertig; also keine lange Wartezeiten, keine schmutzigen Finger. Sollte sich das Haftband allerdings entschließen, bei einer Not-Reparatur irgendwo auf weiter Flur am Reifen klebenzubleiben, wird's auch für den betroffenen Radler unangenehm. Dann nämlich sieht er sich genötigt, möglichst lange Stücke des Bandes vom Reifen herunter und auf die Felge hinauf zu bekommen. Jedenfalls steht fest, die Sicherheit leidet dabei.
Anhänger der Felgenbandmethode haben generell größere Schwierigkeiten mit dem »Wandertrieb« ihrer Reifen. Die Felgen erhitzen sich bei langen, bremsreichen Abfahrten, folglich büßt die Klebemasse ihre bindende Funktion ein. Was passiert? Der Reifen wandert auf der Felge. Das kann im schlimmsten Fall zum Abspringen führen, in jedem Fall jedoch das Ventil gefährden.
Es ist, durch die Felge gesteckt, an seinem Ort fixiert und kann nicht mitwandern, so daß es unter Umständen sogar abreißt. Umsichtige Fahrer halten bei langen Abfahrten kurz an. Sollte sich herausstellen, daß das Ventil gekippt ist, drehen sie das Vorderrad um 180 Grad. Bei Fortsetzung der Talfahrt kann es daraufhin allenfalls zurück zum Ausgangspunkt wandern.

Drahtreifen

Hat man sich für Drahtreifen entschieden, sind solche Probleme natürlich kein Thema. Bei einem Schaden verfährt man nach guter alter Väter Sitte. Es gilt, den unter der Decke versteckten Schlauch zu »befreien«.

Reifenwechsel

1. Eventuell vorhandene Luftreste ablassen und Reifendecke am Felgenstoß in die Felgenmitte drücken.
Das Bett der Drahtreifen-Felge ist hier ein bißchen tiefer, wodurch mehr »Luft« zwischen Felge und Reifen vorhanden ist und weswegen sich die Reifen zum Teil sogar ohne Werkzeug abheben lassen.

2. Klappt das nicht, den Reifen mit Montierhebeln über die Felge hebeln. Einen Hebel zwischen Felge und Decke neben Ventil schieben. Ein Stückchen Decke über Felgenkante hebeln. 5 cm daneben, genauso mit zweitem Hebel. Geht's zu schwer, auf gegenüberliegender Laufradseite Decke zur Felgenmitte hin drücken.

3. Sind 30 bis 40 cm Decke über Felgenkante gehoben, den Rest der Decke fingerhakelnd über Felge heben. Ist kein Montierhebel vorhanden, notfalls die Decke mit den flachen Enden des Schnellspann-Exenterhebels über die Felge hebeln.

4. Ist eine Reifenseite von der Felge gehoben, Schlauch zwischen Decke und Felgenrand hervorziehen und Ventil ausheben. Defekten Schlach durch neuen ersetzen oder undichte Stelle flicken.

5. Dazu Schlauch auf doppelten Durchmesser aufpumpen und an Mund, Augen oder Ohr vorbeiführen – dort spürt man den geringsten Luftzug. Undichte Stelle markieren.

6. Umgebung des Loches bis zum doppelten Flicken-Durchmesser samtig schmirgeln.

7. Gummilösung auftragen und trocknen lassen.

8. In »Zwangspause« Eindringling suchen. Innenseite der Reifendecke abfühlen. Verbleibt Dorn, Nagel, Glassplitter usw. weiterhin in der Decke, ist in Kürze erneut mit einer Panne zu rechnen.

9. Silberfolie vom erwählten Flicken entfernen, Flicken möglichst zentrisch zum Loch auf angetrocknete, gummigelöste Stelle drücken.
Sauberkeit ist übrigens ein Muß für eine dauerhafte Klebung – daher nicht auf einer der Klebeflächen fassen. Noch ein Punkt entscheidet über die Dauerhaftigkeit der Verbindung: Den Flicken kräftig anpressen.

10. Zum Einbau: Schlauch faltenfrei aufpumpen. Ventil einhakeln, Schlauch zwischen Felge und Reifendecke schieben. Bitte nie ohne Luft hantieren, sonst schlägt der Schlauch Falten und platzt irgendwann.

11. Luft wieder ablassen, Decke am Felgenstoß beginnend ins Felgenbett heben.

12. Die Decke jetzt unter allen Umständen ganz von Hand aufziehen; beim Umgang mit den Montierhebeln besteht sonst Gefahr, den eben so mühselig geflickten Schlauch sogleich wieder löchrig zu quetschen.

Drahtreifen sind teilweise auch falt- und damit besser transportierbar.

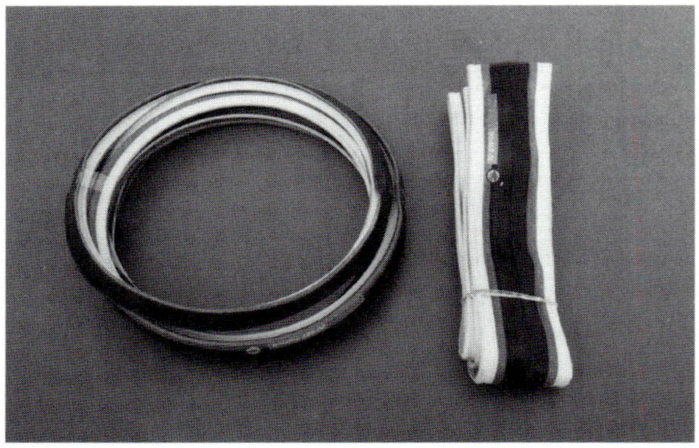

Statt des Schutzgummis für das Felgenbett kann man drei Lagen Isolierband bzw. Tesafilm einkleben. Es trägt weniger auf und erleichtert den Deckenwechsel.

Damit der Schlauch nicht beschädigt wird, sollte die Montage der Reifendecke ohne Werkzeug vonstatten gehen.

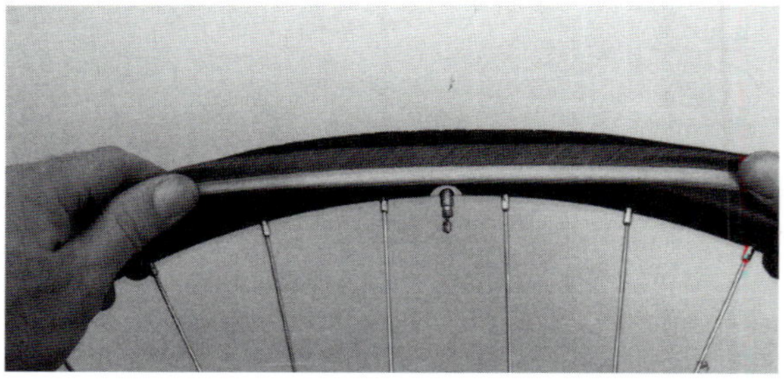

Leichtlauf der Reifen

Je weniger Reifenmaterial während des Fahrens walkt, also verformt wird, desto leichter rollt der Reifen. Materialverformungen, speziell bei Gummi, kosten Kraft. Der Leichtlauf kann einmal durch einen höheren Luftdruck erreicht werden, denn da-

durch verringert sich die Walkarbeit des Reifens außerdem durch eine härtere Gummimischung, wodurch aber die Bodenhaftung abnimmt.
Aber auch durch möglichst dünne Protektor-Streifen und Fäden in der Karkasse ist leichterer Lauf zu erreichen. Sind diese aus Nylon bzw. gar Seide beschaffen, rollt's sich noch leichter als mit der üblichen Baumwolle.
Für den Schlauch gilt ähnliches. Hauchdünne Innenschläuche verfügen über weniger Masse und verbessern den Leichtlauf des Reifens.

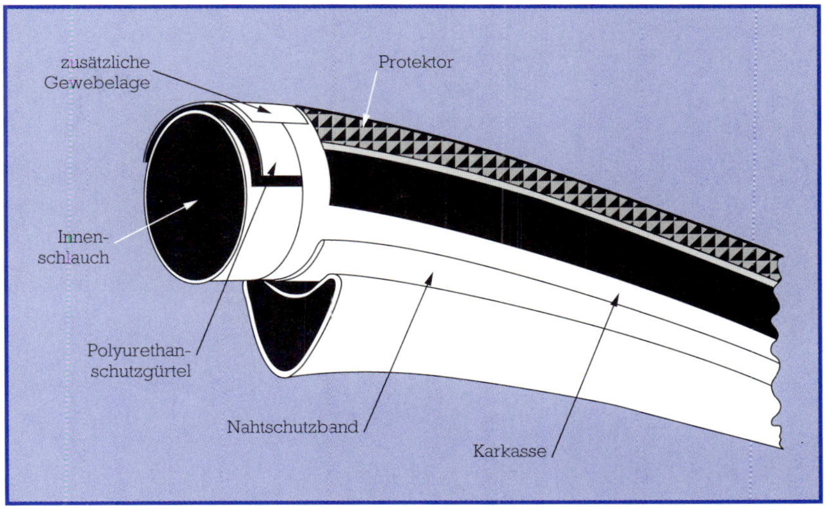

Moderner Schlauchreifen mit erhöhter Defektsicherheit.

Pannenschutz

Mit Hilfe neuer Techniken und moderner Werkstoffe hat die Industrie tatsächlich einiges erreicht. So praktizierte Wolber bei seinem Invulnerable ein äußerst feines Edelstahlgeflecht zwischen Protektor (Profilauflage) und Karkasse, welches auch groben Eindringlingen Halt gebietet. Clément schuf mit seinem Modell »2001« einen Reifen, bei dem das stützende Gewebe (Karkasse) auf der Lauffläche überlappend zusammengeklebt ist. Darüber erst sitzt der Protektor. Ähnlich bei Continental: bei ihrem Competition schützen fünf Nylon-Gewebelagen optimal gegen spitze und schnittige Gegenstände. Man kann das ohne Zweifel als doppelten Nutzen für den Radler bezeichnen, denn neben dem verbesserten Pannenschutz kann hiermit der Protektorgummi dünner gehalten werden, was wieder dem Leichtlauf des Reifens zugute kommt. Die erwähnten Firmen experimentieren auch mit PU-Folien sowie Kevlar-Einlagen, um die Reifen sicherer zu machen.
Drahtreifen verloren im Konkurrenz-Kampf mit den Schlauchreifen aufgrund des Reifengewichts ihre Pannensicherheit. Dank »Mr. Tuffy« und »Beltguard plus« und den PU-Bändern von Wolber als Sicherheitseinlagen, wird jedoch auch hier mittlerweile kostbare Reifenluft gegen Glas, Nägel, Splitt usw. verteidigt. Letztlich finden sich gar Innenschläuche aus PU im Handel, die ebenfalls widerstandsfähig hinsichtlich »schnittiger Bösewichte« sind. Leider sind sie weniger dehnbar. So ist man gezwungen, für jede Reifenstärke den entsprechend volumigen Innenschlauch zu verwenden.
Ist man engagiert bei der Sache, kann man einen wirksamen Schlauchschutz im Do-it-yourself-Verfahren basteln: Von einem ausgedienten Schlauchreifen links und rechts des Protektors alles abschneiden, so daß nur das Mittelband übrigbleibt. Dieses nun zwischen Schlauch und Decke des Drahtreifens plazieren und schon ist der Extraschutz perfekt. Allerdings muß der Schutz sorgfältig verlegt werden, keine Falten – sonst rumpelt's beim Rollen. Den Streifen unbedingt mittig ausrichten.
Nicht nur von der Straße her droht den Reifen Gefahren, manche erliegen auch der Zerstörung des Karkassen-Gewebes. Drum nachstehend eine Reihe ***Tips zur Reifenpflege:***

- Beim Transport in erster Linie die Reifenflanken schützen. Die Laufräder daher stehend befördern, am besten noch Reifenschoner einsetzen. Die gibt es entweder fertig zu kaufen oder lassen sich aus ausgedienten, aufgeschlitzten Schlauchreifen selbst fertigen.
- Reifenflanken in gewissen Abständen kontrollieren. Erspäht man dort auch nur ein einziges, gelockertes oder gar gerissenes Fädchen, sofort mit Gummilösung wieder ankleben.
- Sind gleich mehrere Fäden der Karkasse durchgerissen oder -geschnitten, aus einem ausrangierten Schlauchreifen einen Gewebeflicken zurechtschneidern und über besagte Stelle kleben. Achtung: Dermaßen in Mitleidenschaft gezogene Reifen nicht mehr mit vollem Luftdruck fahren und keineswegs mehr auf dem Vorderrad.
- Besonders bei rollenden »Methusalems« (ab einer Fahrleistung von ca. 2000 km) darauf achten, daß die Seitenflanken mit einer Gummilösungsschicht versiegelt bleiben. Fehlt sie, die offenliegende Karkasse schnellstmöglich mit einer neuen Schutzschicht bepinseln. Gummilösung in Dosen ist im Fachhandel bzw. im Versandhandel erhältlich.

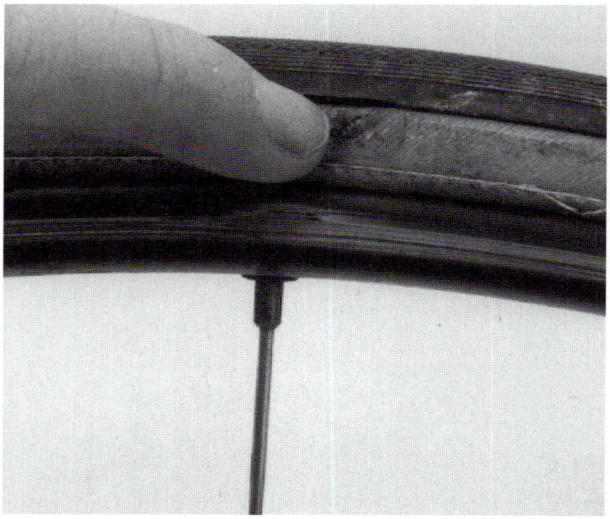

Vorsicht bei Karkassenschäden! Gerissene Fädchen mehrfach mit Gummilösung einstreichen und mit einem Leinenflicken, welcher ebenfalls wiederholt mit Gummilösung behandelt wurde, abkleben.

- Wenn sich an einigen Stellen das Nahtschutzband löst, das zum Anlaß nehmen und den Reifen einer gründlichen Säuberungsaktion in der Badewanne mit leichtem Seifenwasser unterziehen. Mit einer weichen Bürste Schmutz entfernen. Nach einer ausreichenden »Trockenperiode« das Nahtband mit Gummilösung wieder ankleben.
- Grundvoraussetzung für ein langes Reifenleben ist das Fahren mit richtigem Luftdruck. Defekte treten nicht ausschließlich durch äußere Einwirkungen auf, auch dann, wenn der Reifen bei harten Stößen (z. B. beim Fahren über Bordsteine) bis auf die Felge durchschlägt. Daher vorsorglich vor den Touren untersuchen, ob der Reifen mindestens 6 bar Luftdruck – ideal sind 7 bar – hat. Es bewahrt noch vor Durchschlägen, rollt schon gut und bietet Fahrkomfort. Außerdem sind die Karkassenfäden nicht zu sehr belastet. Denn bei geringem Luftdruck walken sie verstärkt, bei hohem hingegen werden sie zu stark vorgespannt, was die Lebensdauer der Reifen einschränkt.

Ist der (Schlauch-)Reifen diesbezüglich ausgelegt, dürfen ihm bedenkenlos 8 bar für's Hinterrad zugemutet werden. Je mehr Luft, desto ökonomischer wird die Tretarbeit. Bis etwa 12 bar sinkt die Rollreibung der Pneus mit zunehmendem Luftdruck linear. Aber die Gewebe müssen es aushalten – und der Reifen federt nur noch wenig.

Das Ablagern

Einen spürbaren Einfluß auf die Pannensicherheit hat auch das Alter des Reifens. Bestimmte flüchtige Bestandteile der Gummimischung vergasen allmählich. Im Verlauf dieses Prozesses wird der Protektor härter. Alte Reifen rollen aus diesem Grunde leichter ab, sind erheblich resistenter gegen scharfe Kanten und nutzen langsamer ab, »greifen« jedoch eher schlecht als recht.
Egal ob Schlauch- oder Drahtreifen, in Radlerkreisen ist es üblich, die luftigen Roller zwei Jahre lang abzulagern. Die ideale »Reife« erzielt man dadurch, daß der neue Reifen leicht aufgepumpt auf einer Felge in einem nicht zu trockenen, halbdunklen Raum gelagert wird. Erfordert der rasante Kurvenstil des Radlers ein Höchstmaß an Bodenhaftung, die Reifezeit (bei gleichen »Brutbedingungen«) einfach auf ein Jahr verkürzen.
Im übrigen beschleunigt auch das Fahren auf heißem Asphalt die Alterung der Reifen. Erreicht der Straßenbelag im Sommer Temperaturen um die 50 °C, ist der Reifen bereits nach 300 »heißen« Kilometern ausgehärtet. In der privaten Reifenstatistik des Autors bestätigt sich das: Die empfindlichen Luftikusse verabschieden sich entweder auf den ersten 300 km oder sie halten weit über 2000 km durch. So oder so ist es sinnvoll, einmal großzügig zu investieren und sich eine Anzahl Reifen auf Vorrat zuzulegen. Momentan entlockt einem die Hamsterei vielleicht die Notgroschen, doch andererseits macht es sich auf lange Sicht gesehen durch die längerfristige Lebensdauer der Pneus hinlänglich bezahlt.
Oft lohnen sich beim Einkauf größerer Stückzahlen Kaufgemeinschaften mit anderen Radlerkameraden. Möglicherweise kann man Rabatte aushandeln.

Es ist von Vorteil, bei der Wahl der Reifen darauf zu achten, für besondere Zwecke von vornherein einen Satz teurerer Reifen anzuschaffen (Route-Record, Strada 66, Vittoria Corsa, Conti-Sprint bzw. Conti-Competition). Solch ein extrem leicht abrollendes Wunderwerk beschert sicherlich zusätzliche Motivation.
Endstation für einen lädierten Reifen ist nicht selten die Mülltonne. Man sollte sie bloß nicht so schnell ins Auge fassen, denn mitunter lohnt es durchaus, das platte Etwas mit nach Hause zu nehmen. Vor allem, wenn das Loch nur klein ist und die Luft schleichend entweicht, kann ein im Handel erhältliches Pannenspray dem Druckverlust den Garaus bereiten.
Als erstes die Ursache der Lädierung beseitigen, dann das Pannenspray

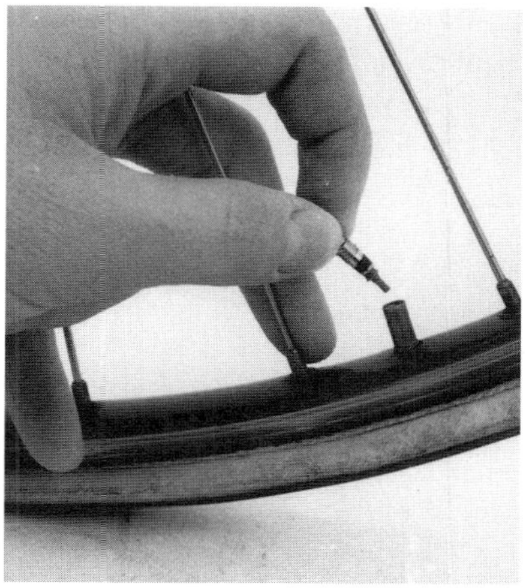

Eine Reihe von Schläuchen besitzt herausschraubbare Ventile, die – sollten sich Verklebungen durch das Pannenspray – ergeben – gewechselt werden können. Bei einem herausschraubbaren Ventil kann auch »OKO« eingesetzt werden; ein Gel, welches auch größere Löcher dichtet.

Kleine Löcher, die sogenannten Schleicher, kann man mit Pannenspray flicken.

durchs Ventil in den Schlauch sprühen und sofort auf ca. 6 bis 7 bar aufpumpen. Jetzt kommt's darauf an: haben sich die Reste des klebrigen Sprays im Ventil gesetzt? Per Stecknadelspitze jedenfalls noch ein Tröpfchen Öl ins Innere des Ventils befördern. Im Anschluß daran den Reifendruck auf 7 bis 8 bar erhöhen. Der Flick-Schaum aus der Spraydose verstopft das kleine Loch von innen; und das Quentchen Öl kann verhindern, daß es dem Ventil genauso ergeht. Eine Garantie für das Gelingen gibt es allerdings nicht. Ein guter Rat: In den nächsten zwei Wochen ja keine Luft aus dem reparierten Reifen lassen! Sonst fliegt dem Verursacher der klebrige Schaum um die Ohren. Eines Tages kommt dann für den Reifen die Stunde der Wahrheit – es muß nachgepumpt werden.
Ist der Reifen mit einem Schraubventil ausgerüstet, können die Ventil-Einsätze ausgewechselt werden. Dann heißt es neu aufpumpen und weiterrollen. Klebt dagegen das festeingebaute Ventil, hilft alles nichts mehr; dem Reifen bleibt nur noch der Weg in die Mülltonne.

Reifenprofil

Bleibt noch die Frage nach dem geeigneten Profil für Rennsporträder. Klare Antwort nach dem Test verschiedener Reifenhersteller: überhaupt kein Profil!
Beim mit 7 bar aufgepumpten Reifen bilden nur wenige Quadratzentimeter den Kontakt Reifen/Straße, welcher dadurch wesentlich inniger ist als beispielsweise bei der viermal-postkartengroßen Kontaktfläche des Autos. Dessen Profilrippen sind erforderlich, um die Aufstandsfläche zu verkleinern. Beim Velo ist das unnötig. Profilrippen verformen sich lediglich, bringen ein schwammiges Fahrgefühl, verbessern jedoch nicht den Bodenkontakt. Prinzipiell: Slicks rollen leichter.
Eben wegen der kleinen Aufstandsfläche fürchten Radler das berüchtigte Aquaplaning erst bei Geschwindigkeiten jenseits der 100 km/h. Und den Hochgeschwindigkeitsbereich überläßt man ohnehin besser den Profis.

Bremsen

Wie sicher und kräftig die Rennbremsen zupacken können, zeigt sich am besten im Vergleich von gepflegtem Rennrad zum alltäglichen Einkaufsrad. Interessant ist dabei, daß die modernen Rennbremsen genauso wie die des Einkaufsrades Felgenbremsen sind, also nach dem gleichen Prinzip arbeiten. Der wahre Grund für die deutlichen Wirkungsunterschiede liegt in der verschiedenen Geometrie dieser Felgenbremsen. Deutlicher, plastischer wird die Sache vielleicht, indem man sich die Bremsen als eine Art Zange vorstellt. Auf der einen Seite des Drehpunktes wirkt die vom Bremsgriff eingeleitete Kraft – analog der drückenden Hand bei der Zange –, auf der anderen Seite wird die Felge »in die Zange« genommen.
In seiner einfachsten Form, der Seitenzugbremse, wird der Bowdenzug von vornherein bis zum Bremsschenkel verlegt und dort gehalten. Es spart Gewicht und vereinfacht die Bowdenzug-Verlegung.
Für das Rennrad sind Seitenzugbremsen mit Bremsmaßen von 38 bis 55 mm (siehe oben) am sinnvollsten. Die Hebelverhältnisse liegen in diesem Fall dermaßen günstig, daß eine sehr gute bis voll befriedigende Bremswirkung erzielt wird. Über das Bremsmaß von 55 mm hinaus (bei Rennsporträdern aufgrund der geplanten Schutzblech-Montage beispielsweise zwingend notwendig) ist der Einsatz von Seitenzugbremsen nicht mehr ratsam, es sei denn, man verwendet die SLR von Shimano bzw. die S.B.S von Weinmann. Beide sind mit zusätzlichen Gelenken ausgerüstet, die die Hebelverhältnisse positiv beeinflussen. Noch eine Möglichkeit: die Mittelzugbremse. Aufgrund tiefer gesetzter Drehpunkte sind hier ebenfalls verbesserte Hebelverhältnisse anzutreffen.
Allerdings fördern zu schwach ausgelegte Brückenteile bei vielen Modellen die Flatterneigung dieser Art von Bremsen.

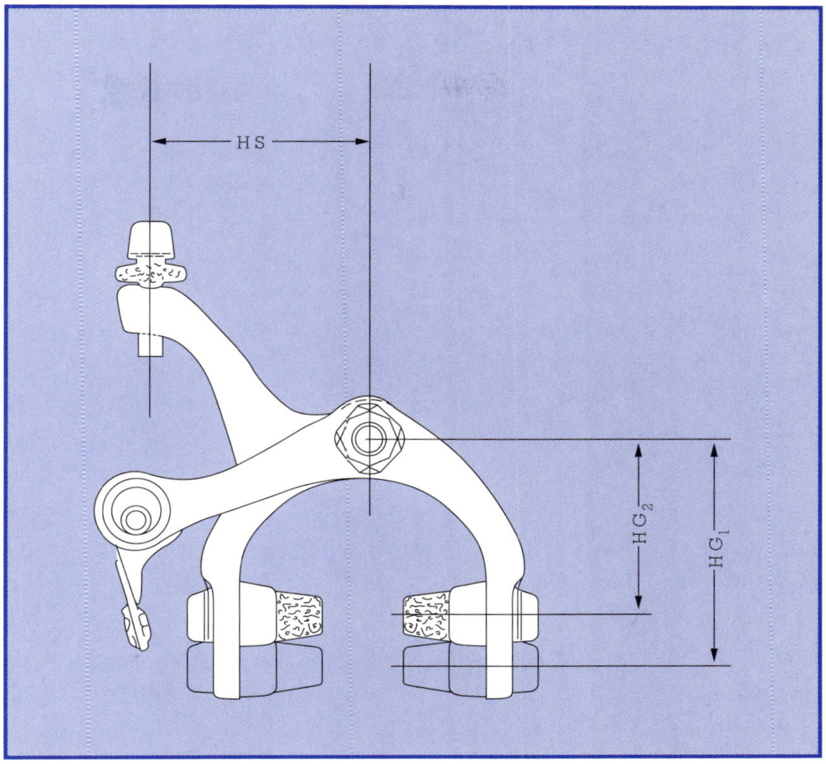

Die Wirkung einer Seitenzugbremse wird um so höher, je größer das Verhältnis HS zu HG wird. HS: Hebelarm Bowdenzug; $HG_{1,2}$: Hebelarm Bremsschuh.

Pflege und Wartung der Bremsen

Einstellen der Bremse: Die Bremsschenkel müssen mittig zur Felge stehen. Beim Radeinfädeln verdreht sich hin und wieder die ganze Bremse und ein Bremsgummi schleift einseitig an der Felge. In diesem Fall: Konus-Schlüssel auf Schlüsselfläche des Bremsbolzenflansches setzen Bremse mittig ausrichten. Bei manchen modernen Rennbremsen kann die Ausrichtung auch von vorne mit einem 5- oder 6-mm-Inbus geschehen.
Vorbeugende Maßnahmen gegen Verdrehen sind:
- Befestigungsmutter der Bremsen nachziehen.

Das Mittigstellen der Bremsen mit einem Konusschlüssel.

Was den Rahmen zum Rennrad macht

○ Campagnolo-Zahnscheibe zwischen Gabelkopf und Bremse, alternativ zwischen Steg und Bremse, legen.

Die Campagnolo-Zahnscheibe sichert die Bremse gegen unabsichtliches Verdrehen.

Flattert die Bremse, könnte zuviel Spiel zwischen den beiden Bremsschenkeln bestehen: also Bremsschenkelspiel kontrollieren.
Hat sich die Vermutung bestätigt, sollte das Spiel durch Neukontern der Kontermuttern verringert werden: Schlüssel (je nach Hersteller und Modell zwischen 10 und 13 mm) auf vordere Mutter aufsetzen und festhalten. Mit zweitem Schlüssel hintere Mutter lösen und vordere Mutter fest gegendrehen. Wackelt's dann immer noch, Prozedur wiederholen.
Sollten die Bremsschenkel klemmen bzw. unwillig zurückfedern, hintere Mutter ein bißchen weiter vordrehen. Drei bis vier Anläufe für eine gelungene Konterung sind selbst bei Mechanikern üblich.
Mit zunehmendem Bremsgummi-Verschleiß vergrößert sich der Zwischenraum zwischen Felge und Bremsschuh; der Bremshebel liegt beinahe auf dem Lenker auf, bevor er bremst. Ein unhaltbarer Zustand, d. h., die Bremse muß nachgestellt werden: Dazu dreht man die Feineinstellschraube heraus (siehe Abb. rechts).
Je nach Rundlauf der Räder genügt ein 2-mm-Abstand zwischen Felgenrund und Gummiklotz.
Der ***Exzenter-Hebel*** unter der Feineinstellschraube hat den Zweck, die Bremsschenkel im Bedarfsfall weiter zu öffnen, um

○ beim Wechsel die Laufräder bequemer herausnehmen zu können,

○ bei Speichenbruch oder Schlägen in der Felge eine Heimfahrt zu ermöglichen, bei der kein lästiges Bremsklotz-Schleifen den Vortrieb verzögert. Im Betriebszustand sollte der Exzenter grundsätzlich in Engstellung sein, um sich nicht dieser Verstellmöglichkeit zu berauben.

Firmen wie z. B. Weinmann, CLB usw. verzichten auf die beschriebene Schnellspannung und bewerkstelligen gleiches mit Rändelschrauben oder Vertiefungen, in welche die Bowdenzug-Feineinstellschraube »versenkt« werden kann.
Bremsgummi: Die Bremsgummis sind reif zum wechseln, wenn sie an Profil einbüßen. Auf trockener Felge ist die Bremswirkung zwar unabhängig von der Beschaffenheit des Bremsprofils. Nicht so bei Nässe. Hier gilt es, den Wasserfilm auf der Felge zu durchbrechen.
Von Vorteil sind kleine Flächen und Pfeilprofile, die gegen die Fahrtrichtung weisen. Eine Ausnahme stellen gesinterte Bremsgummis dar. Ihnen sind winzige Korkflocken beigemischt, die die Oberfläche im fast schon mikroskopischen Bereich gehörig aufrauhen und den Wasserfilm auf den Felgen eher durchbrechen.

Verschleißen die Bremsgummis, tendieren Seitenzugbremsen dazu, weiter auf die untere Felgenkante zuzurutschen. Bei Mittelzugbremsen hingegen geht es Richtung Reifen. Daher öfter mal nachprüfen, ob die Gummis noch genau auf die Felgenmitte drücken. Andernfalls Befestigungsschraube der Bremsgummis lösen und Gummis neu ausrichten.
Quietschen beim Bremsen: Wenn's beim Bremsen quietscht, schiebt man die Schuld meistens der Felge in die Schuhe. Doch weit gefehlt: Technisch gesehen bilden Felge, Bremsgummi, Bremsschenkel und -bolzen insgesamt ein Resonanzsystem. Mit einem der folgenden »Anti-Quietsch-Tricks« kann man Abhilfe schaffen. Felge gründlich säubern: Je nach Umweltbewußtsein mit Lösungsmittel (Aceton, Benzin) oder aber mit seifigen Mitteln und »Muskelschmalz« reinigen.
Weitere Möglichkeit: Säuberung der Bremsgummis; hierbei aus der Felge »gebremste« Aluspäne entfernen.
In Frage käme unter Umständen ein Austausch bzw. Wechsel auf ein anderes Bremsgummi-Fabrikat.

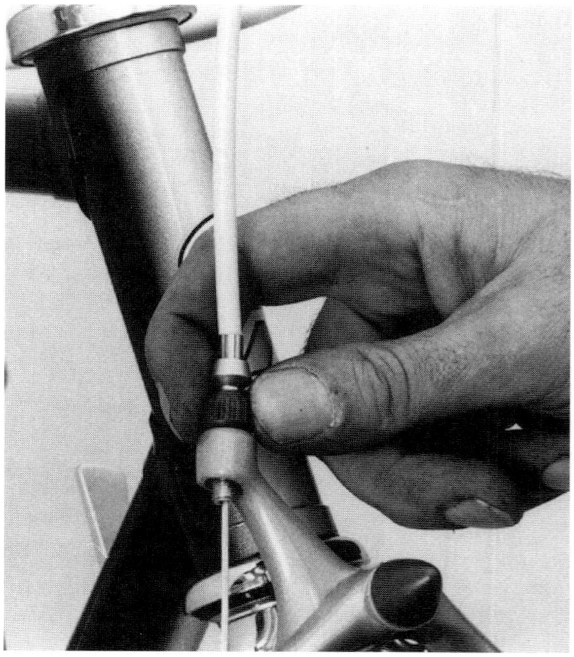

Bei Bremsgummi-Verschleiß kann die Bremse mit dieser Feineinstellung nachgestellt werden.

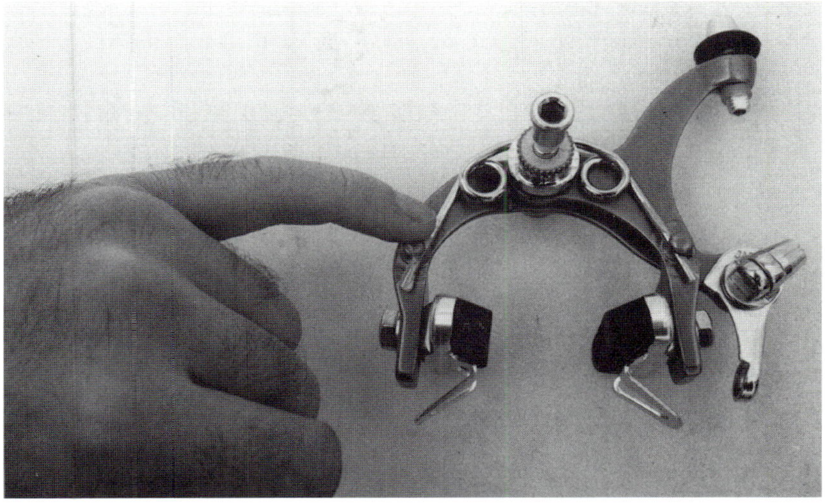

Wasser noch fleißiger durch das Bremsgeäst. Die Schmutzpartikel schmirgeln – der Verschleiß feiert wahre Orgien in den Drehpunkten der Bremsen. Es ist aus diesem Grunde sinnvoll, einmal im Jahr eine großangelegte Säuberungsaktion vorzunehmen: Bremsen abmontieren, zerlegen, reinigen und einfetten und wieder zusammenbauen.

Überholen der Bremse

1. Klemmschraube des Innenzuges lösen und aus Klemmung ziehen. Außenzug aus Feineinstellschraube heben. Befestigungsmutter der Bremse am Bremssteg (hinter Gabelkopf) lösen.

Ist es noch nicht vorbei mit dem Gequietsche: Bremsgummis schräg anschleifen: Entweder vorderes oder hinteres Bremsgummi-Ende (in Fahrtrichtung gesehen) drückt zuerst auf die Felge.
Bremsschuhe eine Spur höher- oder tiefer setzen. Dadurch ändert sich die Hebellänge für die angreifende, das Flattern provozierende Kraft.
Das Spiel zwischen den Bremsschenkeln optimieren, denn auch da könnte der Quietscher durchaus drinstecken.
Letztere Alternative: Mehr Scheiben vor Gabelkopf legen oder vorhandene entfernen.
Eine dieser Maßnahmen wird hoffentlich für die notwendige Ruhe sorgen.
Schmieren der Bremse: Oft genug werden die Bremsen von Wasser umspült. Als Folge stellt sich mit der Zeit Schmierstoffmangel ein. Die Bremsschenkel reiben sich kräftig am Bremsbolzen: Der Radler sieht sich gezwungen, den Verlust an Bremskraft mit einem härteren Zugriff am Bremshebel zu kompensieren. Fürs erste kann man sich mit einem Tröpfchen Öl vor und hinter jedem Bremsschenkel behelfen. Auch die Federauflage am unteren Teil der Schenkel kann bestimmt etwas Schmierung vertragen. Doch Ölen ist nur ein Notbehelf, es verdünnt die Fettreste und zu geschwind spült das

Oben: Fetten (zur Not Ölen) der Federauflage erleichtert die Bremsbetätigung

1

2

Demontage einer Seitenzugbremse
1 Lösen des Innenzuges.
2 Lösen der Hülsenmutter.
3 Konterung lösen und abschrauben.
4 Aushaken der Bremsfeder.
5 Bremsarme vom Bremsbolzen ziehen. Vorsicht, Kugellager bei modernen Bremsen.
6 Letzte Gleitscheibe gibt die Halterung für die Bremsfelder frei.

Was den Rahmen zum Rennrad macht

Die Bremse liegt nun in der Hand des Monteurs. Wer unsicher ist, ob er später alles wieder in der richtigen Reihenfolge zusammenbekommt, der behandle erst einmal nur eine Bremse und lege sich die andere als Anschauungsmuster daneben.

2. Jetzt geht's ins Detail: Wie auf dem Bild 3 unten zu sehen, Konterung lösen und beide Muttern herunterdrehen. Anschließend Feder aus Auflage der Bremsschenkel hakeln und beide Bremsarme vom Bremsbolzen ziehen. Darauf achten, daß keine der dünnen, gleitfördernden Scheibchen verloren geht (Kleinteile am besten beiseite und auf eine saubere Unterlage legen). Alsdann folgt wieder der penibel durchgeführte Reinigungsakt. »Porentief rein« wird es, wenn sämtliche Teile sorgfältig eingeölt werden; dabei löst sich obendrein einiger Schmutz und Alu-Abrieb, findet sich also nach dem Abwischen auf dem Putzlappen wieder.

3. Der Zusammenbau erfolgt mit reichlich Fett. Langlebiges Kugellagerfett aus dem Autohandel eignet sich dazu ebenso wie Fette von Campagnolo, Zeng oder Shimano, die man über den Radhandel erhält. Zuviel Fett kann man abwischen, zuwenig Fett hingegen gefährdet eventuell die Funktion. Besteht eine gewisse Unsicherheit bezüglich der Reihenfolge – ein gelegentlicher Seitenblick auf die noch komplette Bremse hilft wie gesagt. Und beiseite gelegte Gleitscheiben nicht vergessen.

4. Mittelzugbremsen bieten beiden Schenkeln ihre eigene Lagerung. Um solche Modelle zu zerlegen, dreht man lediglich die Lagerbolzen (12- oder 13-mm-Schlüsselfläche) heraus. Vorsicht: Die Feder steht unter Spannung! Das anschließende Putz- und Schmierritual ist ja bereits hinlänglich bekannt.

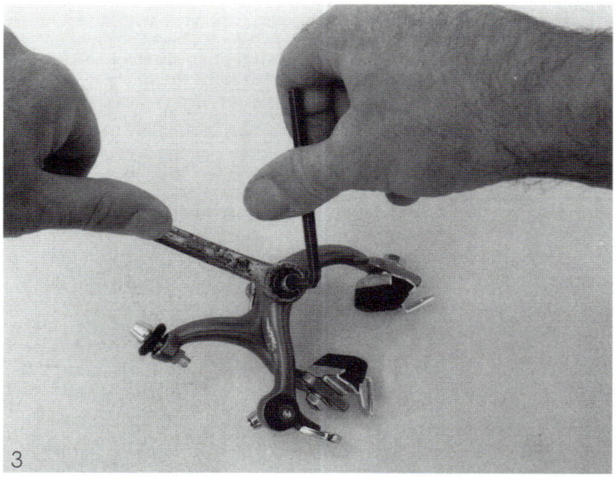

3

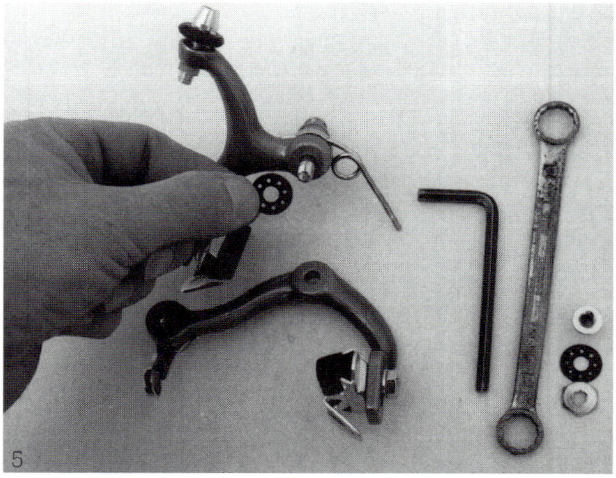

5

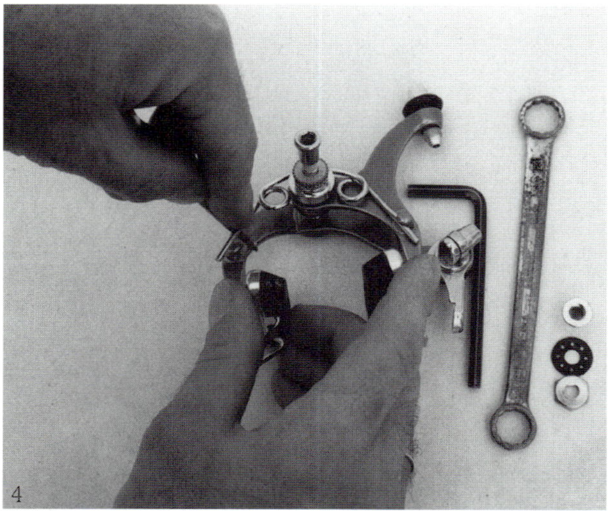

4

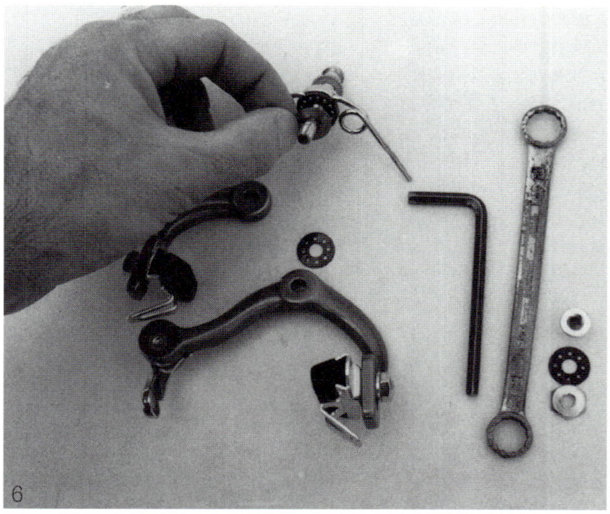

6

Montage von Sondermodellen
Bei modernen, wartungsarmen Modellen, wie von Shimano, sind bei der Montage einige Besonderheiten zu beachten

1. Abbau vom Velo, Aushaken der Federn Konterung lösen . Bei Shimano hält die vordere Kontermutter die Feder, die hintere wird von der Befestigungsmutter an den Gabelkopf (Bremssteg) gezogen.

2. Wenn keine Schlüsselflächen vorhanden, eine Mutter in Schraubstock mit weichen Alu-Schutz-Backen spannen, die andere mit Schlüssel lösen. Ausführungen ganz ohne Schlüsselfläche per Grip-Zange auf den Leib rücken.
Ein Streifen Alu-Blech zwischen Zange und Werkstück verhindert sichtbare »Macken«.
Achtung: Shimano arbeitet mit Schrauben-Sicherungskleber, die Muttern drehen sich demzufolge auch nach dem Lösen noch relativ schwer.

3. Muttern ganz herunterdrehen, Feder abheben und Bolzen nach vorne herausziehen.
Vorsicht bei kugelgelagerten Bremsen: Die winzigen Kügelchen könnten auf einer Seite der Haltescheibe herausfallen. Um nicht auf allen Vieren suchen zu müssen, lieber gleich zu Beginn einen frischen Lappen unter die zu demontierenden Bremsen legen. Säuberung und Fettung erfolgen dann wie üblich, wobei die applizierte Fettpackung die Kügelchen gegen voreiliges Herausfallen sichert.
Anschließend erfolgt der Zusammenbau in umgekehrter Reihenfolge des Ausbaues. Zum Kontern der Muttern diese leicht gegeneinander schrauben und den Bremsbolzen vorne so weit eindrehen, bis der ganze Bremskomplex kaum noch Spiel hat. Dann Kontermutter festdrehen. Will man sichergehen, daß die Konterung fest sitzt (damit man die Bremse von vorne ausrichten kann), sollte man das Gewinde der beiden Kontermuttern und des Bolzens vor dem Zusammenbau geringfügig mit Zweikomponentenkleber einstreichen.

1
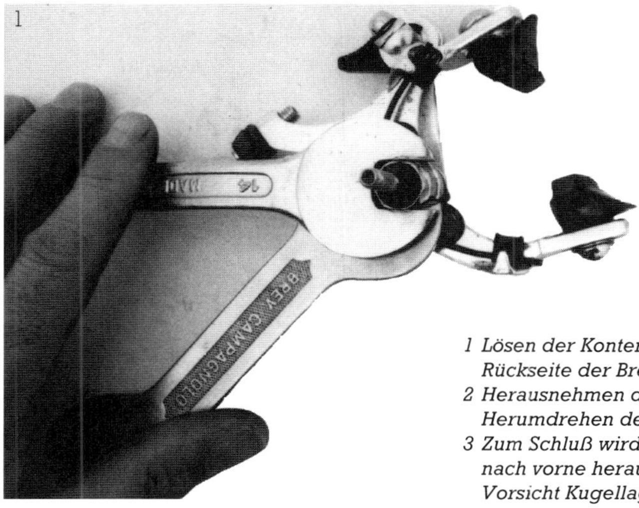

1 Lösen der Konterung (an der Rückseite der Bremse).
2 Herausnehmen der Feder und Herumdrehen der Kontermutter.
3 Zum Schluß wird der Bremsbolzen nach vorne herausgezogen. Vorsicht Kugellager.

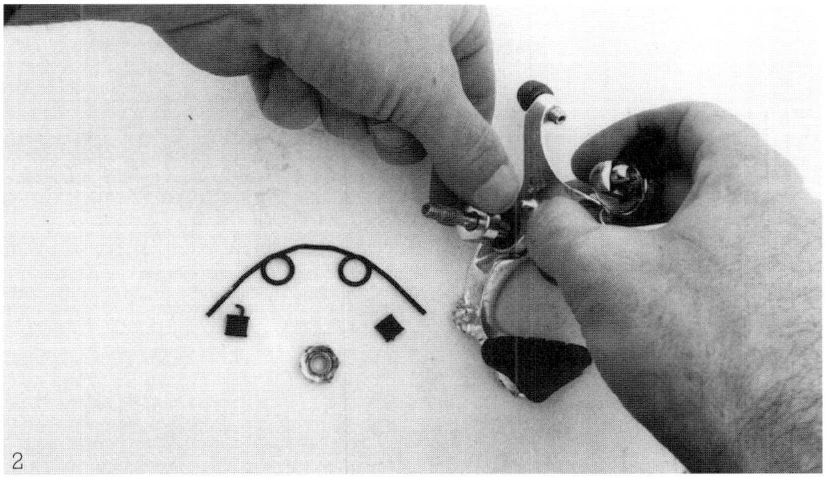
2

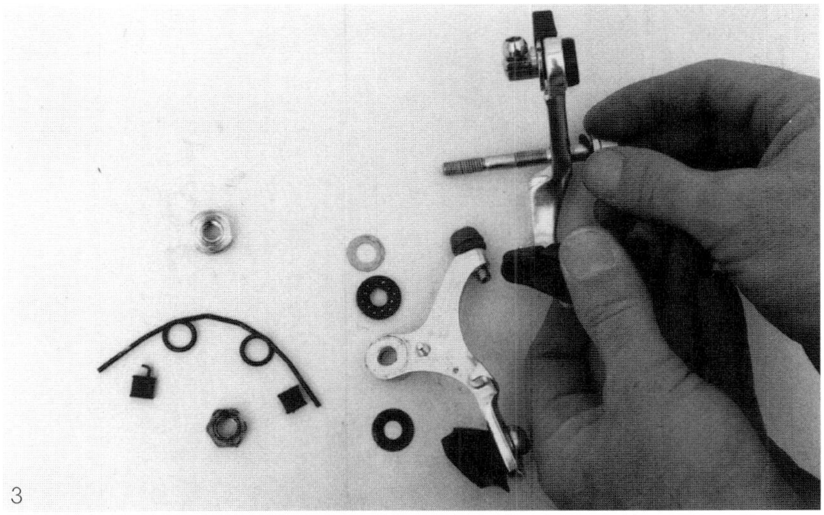
3

Dosierbarkeit von Bremsen

Zeitgemäße Rennradbremsen können abgesehen von den guten Übersetzungsverhältnissen (siehe Abb. S. 91) auch den Vorzug einer guten Dosierbarkeit für sich in Anspruch nehmen. Möglich wurde dies durch folgende Faktoren: Die Bowdenzüge wurden leichtgängiger gemacht und die Reibungen im Bremsgelenk mittels Kugellager reduziert. Darüber hinaus wurde die Bremsrückholfeder weicher ausgelegt. Ergebnis: Mit geringerem Krafteinsatz der Hand gelangen die Bremsgummis an die Felge. Der Radler hat aufgrund dessen mehr Gefühl für die Dosierung der gewünschten Bremswirkung.

Mehr Bremswirkung zeigt die Shimano-SCR-Bremse. Aber bei kleinen Bremsmaßen als Hinterradbremse bleibt – durch den sogenannten Gang – nur ein geringer Betätigungsweg übrig.

Bowdenzug

Grundlegende Voraussetzungen für sicheres Radfahren sind zwar Pflegen und Einstellen der Bremse. Aber die Bremse kann nur ihre Arbeit leisten, wenn der Bowdenzug funktioniert. Jene sinnvolle Erfindung leitet Kräfte um die Ecke, ohne dabei aufwendige Winkel und Hebelchen nebst Zug- und Druckstangen zu benötigen. Diese ebenso gewichtswie platzsparende Einrichtung bedarf jedoch besonderer Pflege. Ist die Reibung im Bowdenzug zu hoch, geht unnötigerweise viel aufgewendete Zugkraft der Hand verloren. An jeder Biegung des Zuges tritt ein Verlust an Energie – und somit Sicherheit – ein. Nicht die Enge der Biegung ist dafür verantwortlich. Sie stellt nurAnforderungen an die Flexibilität des Innenzuges. Entscheidend für den Kraftverlust sind die Winkelgrade, die sich vom Zuganfang bis -ende summieren. Je größer der aufsummierte Winkel, desto mehr Reibungstribut haben die Bowdenzüge zu zahlen.
Auf dem Weg zur Hinterradbremse kommen durch Bowdenzug-Biegungen rund 180 Winkelgrade zusammen. Immerhin büßt man dadurch – selbst bei gepflegten, gefetteten Zügen – 30 % der normalerweise der Bremse zugedachten Kraft ein. Die Hersteller versuchen, die Reibung möglichst mit in Zugrichtung verlaufende Drähtchen plus einer Kunststoffinnenbeschichtung der äußeren Hülle zu senken. Bei zunehmendem Alter des Zuges vergrößert sich der Spalt zwischen Innen- und Außenzug: physikalisch gesehen eine Art Kapillarsystem, welches Wasser geradezu anzieht und im Nu verteilt. Schon eine einzige Regenfahrt reicht aus, um den Bowdenzug zu wässern. Rostansatz und eingedrungene Schmutzpartikel lassen den Bowdenzug in absehbarer Zeit schwerer und schwerer »gehen«. **Besonders kritisch:** Wenn der Bowdenzug nur ein bißchen klemmt, läßt sich die Bremse noch betätigen, doch deren Feder rückt die Bremsgummis nicht mehr von der Felge weg. Wird der Bremshebel nun von Hand zurückgestellt, kann sich der Innenzug aus der Bremsgriffhalterung haken und der darauffolgende Bremsakt zeigt keine Wirkung.

Moderne Bowdenzüge sind mit einer gleitfördernden Kunststoff-Innenbeschichtung der Außenhüllen ausgestattet.

Bowdenzugpflege

Regelmäßig alle acht Wochen die Bowdenzüge warten. Dazu Innenzug freilegen, zur Genüge einfetten und wieder durch den Außenzug einführen.
Ein einziges loses Drähtchen weist meist auf eine Schar von arbeitsmüden Genossen hin. Daher: Gleich den beschädigten Innenzug austauschen.
Achtsamkeit ist auch angesagt bei der Radlerunsitte, das Fahrrad kopfüber auf Sattel und Lenker zu stellen, um sich Arbeiten zum Beispiel im Tretlagerbereich zu erleichtern. Handelt es sich um Aero-Bremsgriffe mit innenliegenden Zügen, mag das angehen. Eine derartige Behandlung bei herkömmlichen, offen verlegten Zügen läß sie unweigerlich abknicken. Selbstverständlich können sie später wieder gerade gebogen werden, doch liegen die Spiralen der Außenhülle dann nicht mehr sauber Windung auf Windung. Wie bei einer Zylinderfeder entstehen an dieser Stelle feine Zwischenräume. Die Folge: Bei jedem Bremsvorgang spielt der Außenzug Ziehharmonika, ein Teil des Betätigungsweges geht verloren und nur der restliche Kabelweg bleibt schließlich für die eigentliche Bremstätigkeit übrig. Das bedeutet, daß die Bremswirkung reduziert ist. Also am besten das Rad nicht auf den Kopf stellen, sondern bei ausgebautem Vorderrad auf Gabel und Bremsgriffe. Der Hinterbau lehnt eben an der Wand.

Einbau von neuen Bowdenzügen

1. Die beiden Enden der Außenhülle sind vom Werk aus glatt abgetrennt und oft sogar noch plangeschliffen. Die Hüllen wiederum haben Überlänge, damit sie auch aufs größte Rad passen.
Also heißt es maßgerecht kürzen: Nötige Länge am alten Zug bzw. am Rad abmessen.. Nur eine Seite kürzen. Scharfen Seitenschneider benutzen, denn die Trennstelle muß glatt sein.

Grate beim Abtrennen der Außenhülle erhöhen die Reibung und den Verschleiß des Innenzuges. Daher: mit feiner Feile glattfeilen und mit einem Dreikantschaber entgraten.

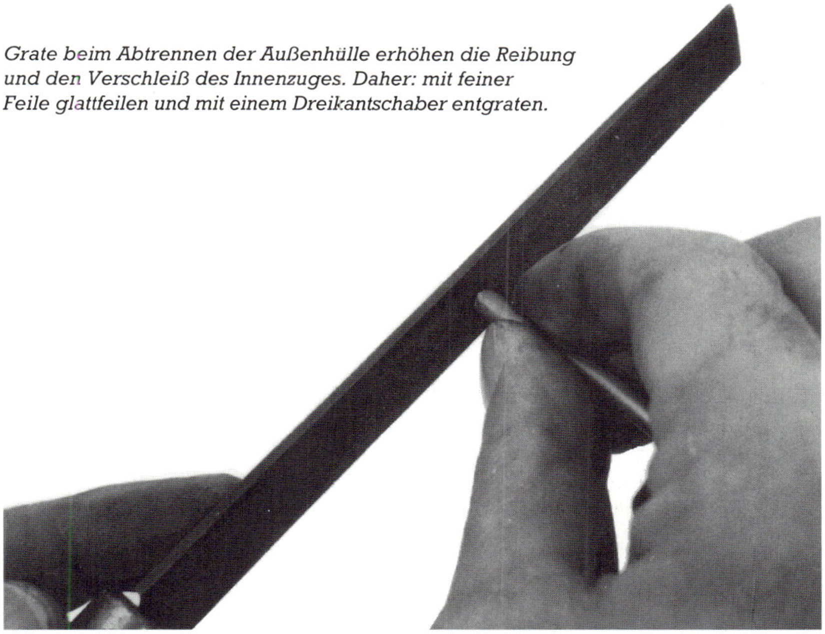

Die gefeilte Stelle mit einem Dreikantschaber innen entgraten.

2. Grate schaben unnötig am Innenzug. Deshalb die Schnittstelle mit feinster Feile vorsichtig glätten. Dabei ins Innere gelangte Spänchen vom anderen Ende her herausblasen.

3. Innenzug fetten. Nicht zu sparsam, auch wenn es wegen der Kunststoffbeschichtung unnötig erscheint. Verlegung so gradlinig wie möglich durchführen. Es reduziert die Innenreibung (siehe oben).

Bremszugverlegung im Lenker

Im Bestreben, das Fahrrad aerodynamisch zu verbessern, wurden die Züge zunächst am Lenker entlang, von einige Mutigen später auch im Lenker verlegt. Neuerdings – und hier kann man eindeutig vom sichersten Weg sprechen – gibt es dafür Vertiefungen, die in den Lenker eingedrückt sind. Viele Radler durchbohren ihren Lenker zur Zugverlegung. All jenen sei wärmstens ans Herz gelegt, die hier beschriebene Methode genau zu befolgen – sonst »bricht's«.
Eine statische Betrachtung offenbart, daß rund um die Vorbaumitte für den Lenker die größten Belastungen auftreten, oder anders formuliert, an diesem Punkt der Hebelarm der im Lenkerende ziehenden Hand am größten ist. In jener Gegend bloß kein Loch bohren!
Die Löcher mindestens 12, besser 14 cm, von der Lenkermitte entfernt anbringen. Sie außerdem so klein wie möglich halten. Ein Durchmesser von 5 mm reicht. Noch effektiver: Die Außenhülle enthäuten und nur 4,2- bis 4,5-mm-Löcher bohren.

Und so wird's gemacht:

1. Bremsgriffe an gewünschter Position festschrauben; die Kanten des Sockels oben mit Filzstift auf Lenker markieren.
2. Bremsgriffe lösen. Bohrloch mittig, ca. 8 mm unterhalb der oberen Filzstift-Markierung, ankörnen.
3. Loch zuerst rechtwinklig durch die Lenkerwandung bohren; dann ovalisieren, indem laufender Bohrer in Zugverlege-Richtung geneigt wird.
4. Austrittsloch jeweils 12 bis 14 cm links und rechts von Lenkermitte ankörnen (am nach hinten unten weisenden Teil der Rohrrundung). Löcher nie in Nähe der Lenkermitte bohren, weil dort die Belastung des Lenkers sehr hoch ist.
5. Lenkerklemmung lösen. Die Bohrstelle nach oben drehen.
6. Loch zunächst wieder gerade einbohren, anschließend in Zugverlegerichtung ovalisieren. Wichtig! Löcher im Lenker unbedingt entgraten. Aluminium ist enorm kerbenempfindlich. Also – Lochkanten innen und außen mit kleiner Rundfeile sorgfältig glattfeilen.
7. Innenzug vom Bremsgriff her durch Löcher einfädeln, Außenhülle von Lenkermitte her darüberschieben. 5 cm am Bremsgriff überstehen lassen.
8. Bremsgriff über Außenzug stülpen und festschrauben.

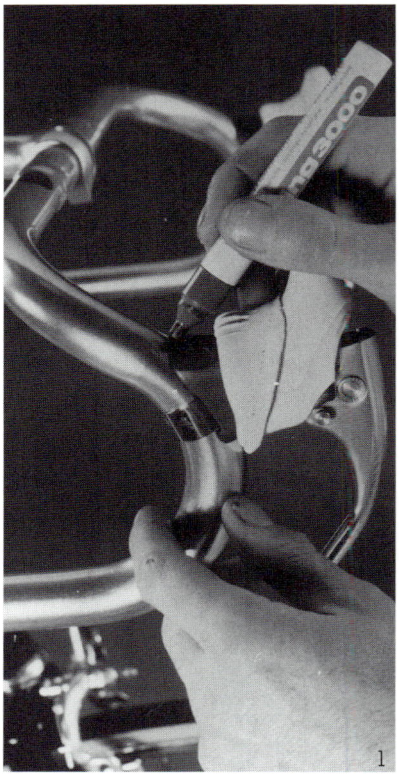

1

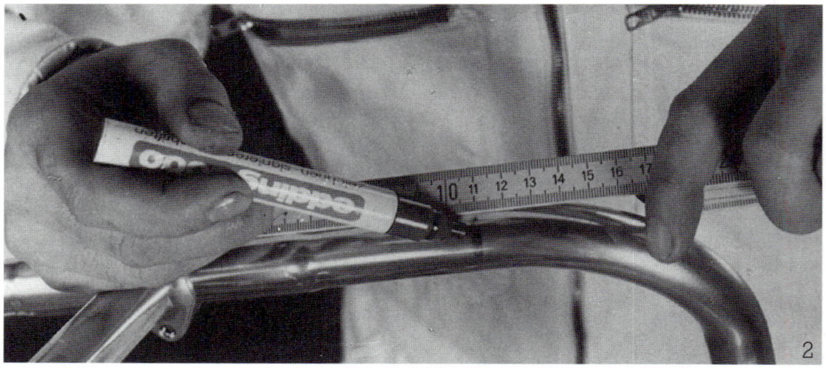

2

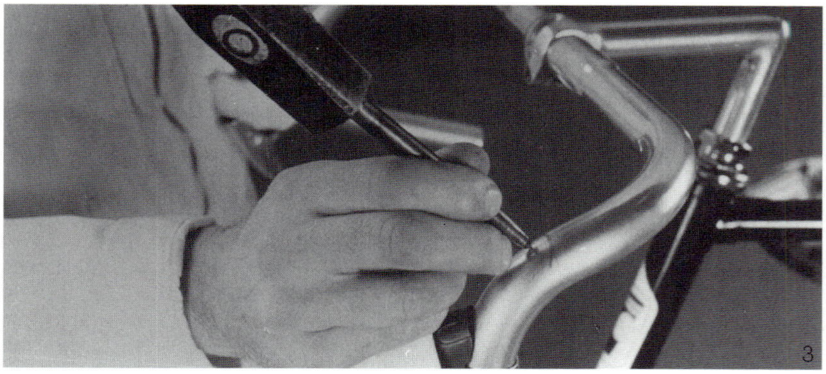

3

Was den Rahmen zum Rennrad macht

1 Anzeichnen der Bremsgriffoberkante.
2 Unterhalb der Markierung (8 mm) ankörnen.
3 Anzeichnen des Austrittlochs, mindestens 10 cm Abstand zum Vorbauauge.
4 Ankörnen des Bowdenzugaustritts.
5 Bohren der Löcher. Gerade ansetzen und langsam absenken.
6 Entgraten der Bohrlöcher.

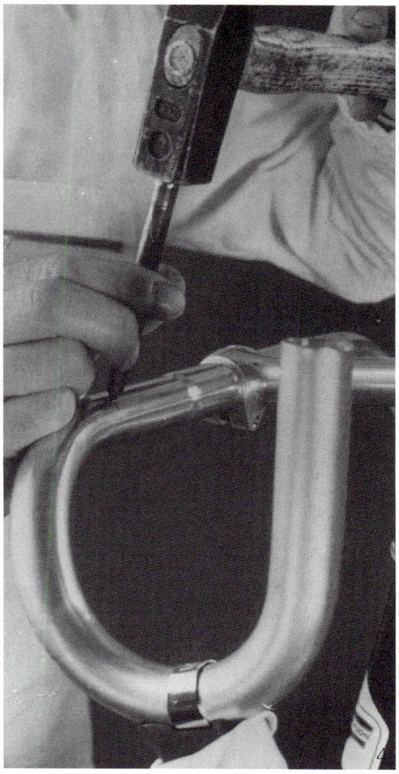
4

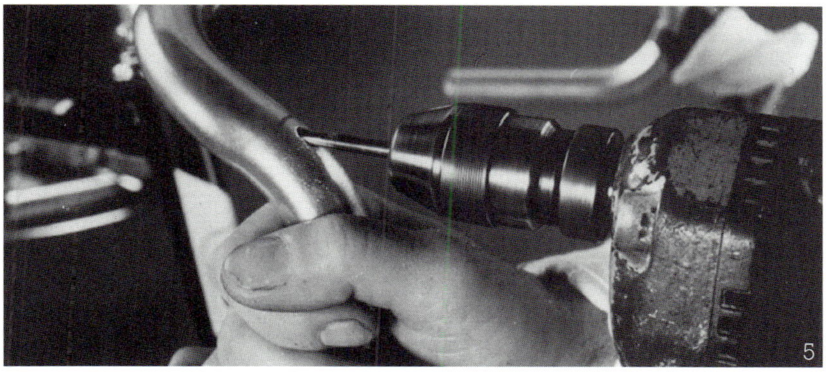
5

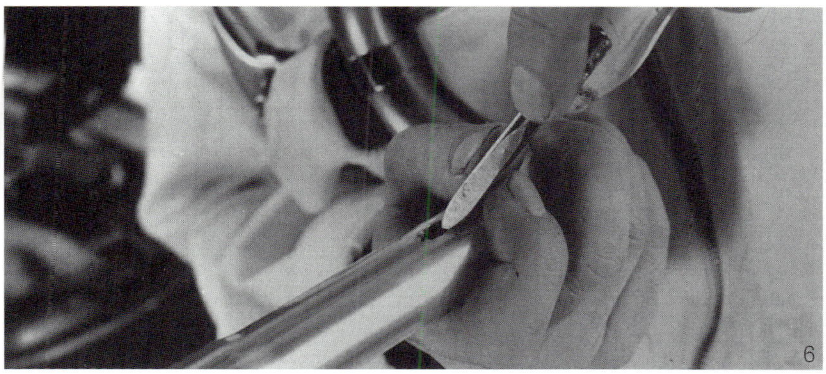
6

Tips und Tricks

Innenzüge sollten etwa 3 bis 4 cm über die Klemmung an Bremse bzw. Schaltung hinausreichen. Dort mit einem – wohlgemerkt scharfen – Seitenschneider abtrennen. Zu kurz abgelängt und »nackt« belassen, fasert das überstehende Ende des Innenzuges nach und nach auf. Die dünnen Drähtchen sträuben sich in alle Himmelsrichtungen und angeln schlichtweg nach allem, was ihnen in die Quere kommt. Das sieht häßlich aus und birgt Verletzungsgefahren in sich. Der BDR schreibt übrigens für Rennveranstaltungen Schutzkappen über den Innenzugenden vor. Passende Endkappen gibt es in jedem Fahrradgeschäft. Sie werden einfach über die Innenzugenden gestülpt und mit dem Seitenschneider ein wenig gekniffen. Ist kein solches Teil zur Hand, tut's auch eine Kabelendtülle aus dem Elektriker-Werkzeugkasten; ja zur Not sogar ein Speichennippel. Fehlt selbst das, etwas Tesaband ein paarmal stramm ums Zugende wickeln.
Zur Erleichterung des in absehbarer Zeit erforderlichen Pflegedienstes – denn der ist jeweils mit einer Demontage des Zuges verbunden – kann man den letzten halben Zentimeter des Innenzuges auch mit dem Lötkolben erwärmen und ihn sodann mit Lötzinn fixieren. Auf diese Weise ribbeln sich beim Wiedereinfädeln nach dem Fetten keine Drähtchen auf.
Zum Abschluß noch ein Tip für Winterfahrer: Wer sich bei Temperaturen unter null Grad nicht von seiner Radleidenschaft abbringen läßt, sollte seinen Bowdenzügen eine Sonderbehandlung angedeihen lassen. Dazu die Innenzüge lösen und entfernen und unverdünntes Glykol in den Außenzug füllen. Am einfachsten mit einer zweckentfremdeten Einwegspritze. Danach ist der wieder eingeführte Innenzug für eine Weile gegen Einfrieren geschützt. Fett am Ende des Bowdenzuges verhindert außerdem das Eindringen von »Frischwasser«

lapize

Saragossa MS
CRATONI
pagnolo

Nützliches und wichtiges Zubehör

Fahrrad-Computer

Computer im Büro, Computer zu Hause, Computer am Rad. Mittlerweile beinahe schon eine Selbstverständlichkeit, sozusagen ein fester Bestandteil unseres Alltags. Ganz dem Trend entsprechend rüstet so mancher Velo-Hersteller sein Produkt inzwischen von vornherein mit diesen stummen elektronischen Alleinunterhaltern aus. Dieser Verlockung können immer weniger Radler widerstehen.

Schon immer war es der Herzenswunsch beinahe jeden Radlers, seine erstrampelten Kilometer schwarz auf weiß vor Augen zu haben, anstatt auf mehr oder minder exakte Schätzungen angewiesen zu sein.

Mit der Einführung des mechanischen Kilometerzählers vor einigen Jahren begann die Realisierung Gestalt anzunehmen. Unter Hinzuziehung einer Uhr und in Anwendung dessen, was einst Adam Riese lehrte, sah man sich sogar imstande, eine Art Kilometerschnitt zu ermitteln. Ja, es ging noch eine Spur weiter: Ein erfahrener Biker war in der Lage, über die zeitliche Abfolge des »Tak – Tak – Tak« (also jene Momente, in denen der Zähler die Radumdrehungen registriert) die momentan gefahrene Geschwindigkeit abzuschätzen. Im Zeitalter der Elektronik ist man dieser akustischen Hilfsgeräte längst überdrüssig und montiert sich statt dessen der Einfachheit halber eben einen Computer ans Sportgerät. Per Magnetsensor werden nunmehr die Radumdrehungen abgetastet und elektronisch verarbeitet, ebenso die Kurbelumdrehungen. Mit speziellen Aufnehmern kann außerdem die Pulsfrequenz gemessen werden. Der KWH-Computer verfügt zudem über eine kleine Barometerdose und meldet demzufolge auch noch die erkletterten Höhenmeter. Eine wahre Datenflut läßt also bei dem einsam Dahinradelnden erst gar keine Langeweile mehr aufkommen.

Immer mehr Elektronikhersteller steigen in dieses Geschäft mit ein. Der Verbraucher muß sich entscheiden. Doch schon im Vorfeld, sozusagen in der Entscheidungsphase – welcher Computer soll es sein? – ist der Radler sehr beschäftigt, sieht er sich nämlich dem schier unüberschaubaren Angebot gegenüber. Was natürlich andererseits den Vorteil in sich birgt, wirklich nach eigenem Gusto das passende Instrument auswählen zu können. Ganz abgesehen davon, daß die Optik wohl auch eine bedeutende Rolle spielt. Wer beispielsweise zur Kategorie der Hochleistungssportler gehört, sollte auf die Pulsfrequenz-Messung möglichst nicht verzichten, ist sie doch auf jeden Fall ein Maßstab hinsichtlich der Belastungshöhe. Auch Kreislaufpatienten, die auf ärztliche Anordnung hin auf einem Stahlesel sitzen, sind mit einem Pulsmesser gut bedient bzw. vor Überlastungen geschützt. Denn nicht selten treibt man es am Berg mit seinen Kräften »auf die Spitze«.

Weniger als Gag, sondern vielmehr eine Sache für Ästheten ist der Vorbau-Computer. Als integrierte Einheit nicht ausschließlich der »Schönheit« wegen erwähnenswert, sondern darüber hinaus auch als vergrößerte Aufprallfläche nützlich. Für den Fall eines Sturzes unter Umständen durchaus ein wertvoller Pluspunkt.

Bei allen Leistungsmerkmalen oder optischen Gesichtspunkten ist die Ausführung der Anzeigenfelder, der sogenannten Displays unbedingt zu beachten. Während früher ganze Anzeigenfelder den Radler ob ihrer Datenvielfalt lediglich verwirrten, geht man heutzutage dazu über, Anzeigenfelder anzubieten, bei denen lediglich zwei Funktionen (wie z. B. Geschwindigkeit und Fahrzeit) auf einmal sichtbar sind und die restlichen per Knopfdruck nacheinander abgerufen werden können. Die Multi-Tastaturen führten häufig zu Bedienungsfehlern; es wurde schlicht und ergreifend der falsche Knopf gedrückt. Folglich setzen sich auch bei den Tastaturen die »Duos« durch.

Moderne Velo-Computer mit zwei Bedienungstasten und zwei Anzeigenfeldern.

1

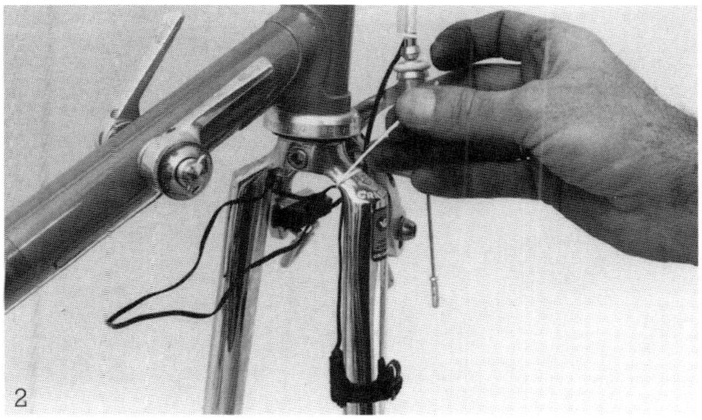
2

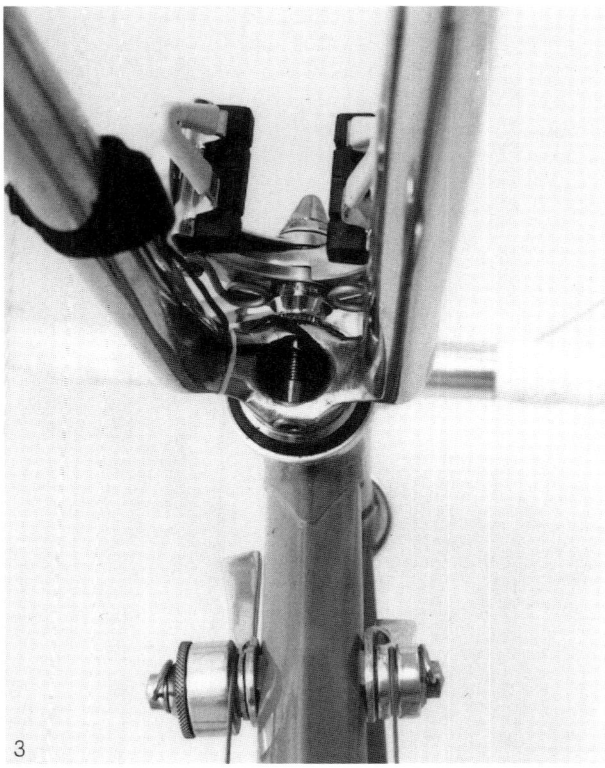
3

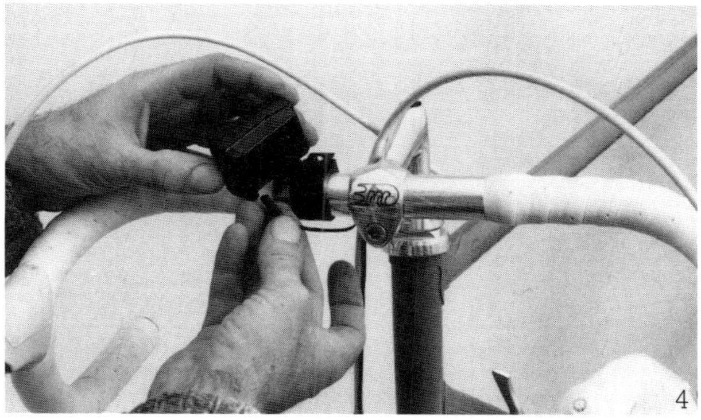
4

5

6

Montage und Kabel-Verlegung von Velo-Computern.
1 Anbringen des Sensors.
2 Festlegen des Kabels mit dünnen Klebestreifen.
3 Verstauen der überschüssigen Kabellänge im Gabelschaftrohr.
4 Anschließen des Computers.
5 Mit einem Tesastreifen entlang des Bremszuges kann die Haftung verbessert werden.
6 Anschrauben des Magneten.

Nützliches und wichtiges Zubehör

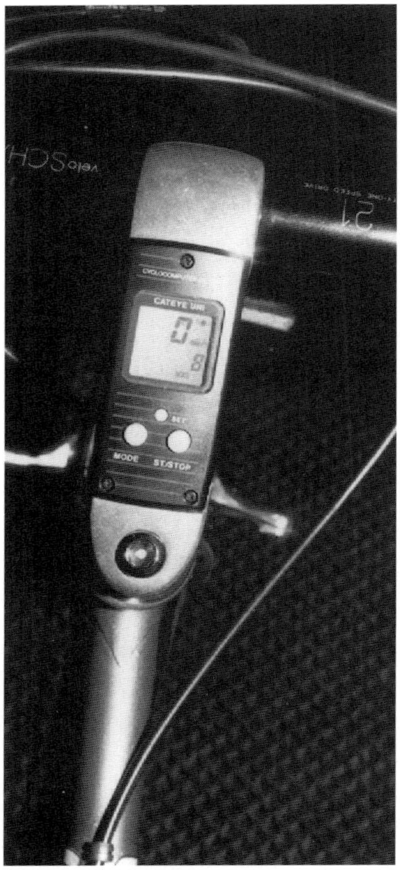

Weit mehr als ein Gag ist dieser Vorbau-Computer, da er die Aufprallflächen bei einem eventuellen Sturz vergrößert.

Die Mehrzahl der gängigen Ausführungen sind zum einen wasserdicht und zum anderen mit einem einzigen Griff vom Velo in die Trikottasche zu befördern. Wie sich herausstellte, nach wie vor die effektivste Diebstahlsicherung.
Wäre noch die Montage anzusprechen. Mußte man bei den ersten Fahrrad-Computern noch mühselig sperrige Sensoren zentrieren, wird neuerdings nur noch ein Magnet in die Speichen geschraubt und gegenüber auf dem Gabelbein der Sensor angelascht.
Als nächster Schritt ist der Computer an Vorbau oder Lenker zu klipsen und das Kabel anzuschließen. Das war es schon. Leider baumelt das Kabel gar nicht selten einfach an Lenker und Gabel herum und wird daher bisweilen sogar abgerissen. Die Bildreihe auf S. 103 soll aus diesem Grund ein Anhaltspunkt sein, wie man die Angelegenheit auch eleganter lösen kann: Das Kabel wird unter einem Streifen Tesafilm sozusagen »unsichtbar« gemacht und der Kabel-Überschuß im Gabelschaftrohr verstaut.
In der Regel sind die Fahrrad-Computer vom Werk aus automatisch auf 27/28-Zoll-Reifen eingestellt. Wer seinem Computer »hundertprozentige« Arbeit abverlangen möchte, kann zusätzlich je nach Fabrikat den Raddurchmesser bzw. den Radumfang millimetergenau programmieren.
Die zuverlässigste Methode zur Ermittlung des Radumfanges (die die Veränderung durch das Fahrergewicht berücksichtigt): Im Abstand von 2,10 m je einen doppelt-klebenden Tesastreifen auf die Straße legen. Zwei Striche zur Markierung der exakten Distanz anbringen. Nun mit Anlauf und in ruhiger Fahrweise (möglichst ohne Schlenker) die Streifen überfahren, so daß sie sich an den Reifen haften. Von dieser Stelle aus dann mittels eines Maßstabes die Differenz zu den 2,10 m feststellen. Beabsichtigt man, den Raddurchmesser in den Computer einzugeben, ist der eben ermittelte Wert noch durch 3,14 zu teilen.

Licht

Der Zweck einer Beleuchtung am Fahrzeug liegt normalerweise darin, bei Dunkelheit die Fahrbahn auszuleuchten. Für eine Fahrradbeleuchtung ein unmögliches Unterfangen, steht dafür doch nur ein »Kraftwerk« mit 3 Watt Leistung zur Verfügung. Das Ergebnis ist also mehr das »Gesehen-Werden« als das »Selber-Sehen«. Geänderte Vorschriften erlauben inzwischen auch Batteriebeleuchtung. Der Rennradler benötigt demzufolge keinen Dynamo, sondern kann sich – geht die Trainingsfahrt zum Beispiel in die Dunkelheit hinein – seine Batterieleuchten (siehe Abb. unten) ans Sportgerät klipsen. (Sofern es weniger als 11 kg wiegt.)
Pedal- und Speichenstrahler sind dann allerdings ein unentbehrlicher Zusatz.
Zurück zum »Gesehen-Werden«. Der sicherheitsbewußte Radler sollte sich zusätzlich zu den Pedal- und Speichenstrahlern seine Kleidung bei Nachtfahrten mit Leuchtstreifen dekorieren. Das reflektierende Licht des Autos (2 x 50 Watt) läßt die Reflektionshelligkeit größer als die Eigenlichtproduktion erscheinen. Ein Besuch beim Radhändler wird zeigen, wieviel gute und gleichzeitig modische Bekleidung mit Reflektorwirkung angeboten wird.

Kompakte und zweckmäßige Vorder- und Rückleuchten zum Anklippen. Rennräder unter 11 kg Gewicht gelten als Sporträder und dürfen nachts mit Batterieleuchten gefahren werden.

Nützliches und wichtiges Zubehör

Neu auf dem Markt: der Felgendynamo mit ähnlichem Wirkprinzip wie der Rolldynamo.

Bewährt hat sich auch beim Rennrad der Rollendynamo, weil er auf dem Protektorstreifen rollt und dadurch die zarten Reifenflanken nicht belastet.

Dynamo

Wer regelmäßig in der Dunkelheit radelt, sollte als Stromquelle einen Rollendynamo in Betracht ziehen. Er wird im Regelfall hinter dem Tretlager montiert und rollt bei Bedarf auf der Reifenlauffläche. Dynamos, die auf den Reifenflankenseiten laufen, würden kostspieligen und leichten Rennreifen sehr schnell den Garaus machen.
Zu empfehlende Rollendynamos: Soubitez als robuster Vertreter seiner Gattung, Sanyo als »Urahne« dieser modernen Dynamos und Union als leichtester und leistungsstärkster der drei genannten.

Fest mit der Vorderradnabe verbunden ist der durchrutschsichere Nabendynamo.

Wind- und Wetterfahrern ist ein Einweckgummi anzuraten, der, bei »Flackerlicht« um Ausfallende und Lichtmaschine gelegt, den Dynamo stärker an den Reifen zieht. Dies kann sogar auf verschneiter Fahrbahn noch erleuchtend wirken. – Ein wichtiger Sicherheitsaspekt.

Scheinwerfer

Die Diskussion um die richtige Frontleuchte ist, seit es Halogen-Lampen gibt, überflüssig geworden. Sie sind nun mal heller, warum also vermeidbare Risiken auf sich nehmen Die Scheinwerfer von Iku bündeln das

Halogenlampen spenden mehr Licht und sind »Pflicht« für jeden verantwortungsvollen Radler.

Licht, Union streut es besser und Soubitez liegt so in der Mitte. Wer auf einen kleinen, grazilen Scheinwerfer Wert legt, sollte sich an die mit knapp 70 mm im Durchmesser halten, die der Lichtleistung der großen mit 100 mm Durchmesser kaum nachstehen.

Rücklicht

»Aus den Augen, aus dem Sinn« dürfte gerade hinsichtlich der Rücklichter zutreffen. An dieser Stelle sei der Soubitez-Strahler, ein mit roter Scheibe versehener Scheinwerfer, als Rücklicht lobend erwähnt. Er bringt die größte Helligkeit. Wegen der StVZO-Bestimmungen muß jedoch außerdem noch ein Rückreflektor angebracht werden. In Frage kommende Montageplätze sind zum Beispiel beide Sitzstreben. Wenn dort auch das Bruchrisiko relativ hoch ist, erfüllt es doch eine weitere StVZO-Richtlinie: Die Rücklichter dürfen keinesfalls höher als 65 cm über der Fahrbahn plaziert sein. Die Rücklichter stets exakt nach hinten ausrichten, das heißt, die strahlende Seite muß also genau senkrecht zur Fahrbahn stehen. Ansonsten werden höchstens die Sterne beleuchtet bzw. Licht für die nachtwandelnden Krabbeltierchen gespendet – aber von heraneilenden Autos wird man weniger gut gesehen.

Moderne Rücklichter werfen durch Reflektoren (sog. Spiegeloptik) gebündeltes Licht nach hinten.

Lichtkabel

Schwächstes Glied im Beleuchtungssystem sind die Kabel. Irgendwo biegen sie sich in einer Schlaufe vom Rahmen weg und prompt reißt das Kabel ab, weil irgendwas oder irgendwer daran hängenbleibt.
Daher das Lichtkabel mit dünnen Klebestreifen (lieber großzügig als geizig) am Rahmen fixieren. Vor Dynamo und Lampe eine kleine »Reservelänge« bewahren. Sie kann eventuelle Zugbelastung vermeiden, unter der eine stramm verlegte Strippe unter Umständen reißen würde. Kein Problem mit den Kabeln haben natürlich die Batterie-Aufstecklampen. Hinsichtlich der Betriebssicherheit kein unwesentlicher Faktor.
Stets Reserve-Birnchen mitnehmen. Den Ernstfall des Birnenwechselns vorbeugend schon zu Hause ausprobieren, denn vereinzelte Scheinwerfer und Rücklichter zu öffnen, gleicht einer Denksportaufgabe. Und das ist nichts für unterwegs.
Übrigens – Halogenbirnchen besitzen einen Bajonett-Verschluß, werden also zuerst etwas eingedrückt, dann verdreht und herausgezogen.
Vorsicht bei ganz modernen Scheinwerfern oder Rücklichtern! Das Lichtkabel wird mit der Glühbirne in die Fassung geklemmt.
Fällt das Velo-Licht aus, beginnt nicht selten eine schier unendliche Suche nach der Defektstelle. Am schlauesten geht man nach der Häufigkeit der Defektursachen vor:

1. Birnchen kontrollieren.
2. Lichtkabel nach Bruchstellen bzw. Kurzschlußstellen absuchen
3. Anschlußstellen auf Korrosion hin untersuchen (mit Messer blankschaben).
4. Massekontakt von Dynamo, Scheinwerfer und Rücklicht könnte unterbrochen sein (Befestigungsschrauben auch vom Schutzblech nachziehen, da auch der Rahmen als stromleitender Teil benutzt wird).

Flicken eines Lichtkabels:
1 Ventilgummi über ein Kabelende ziehen, Kabel abisolieren, Kabel verhakeln.
2 Kabel verdrillen.
3 Mit Ventilgummi isolieren.

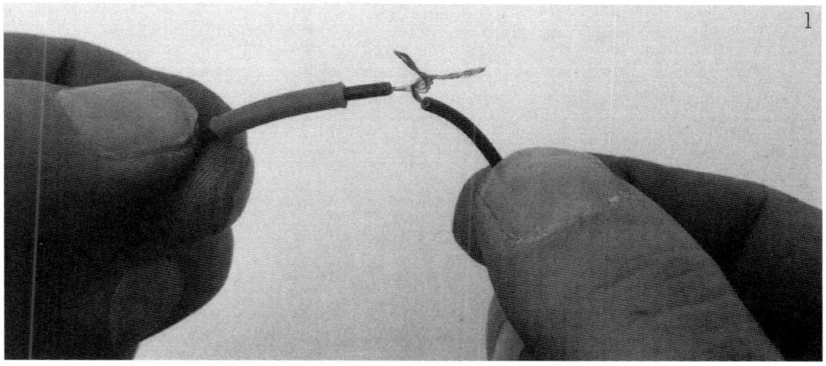
1

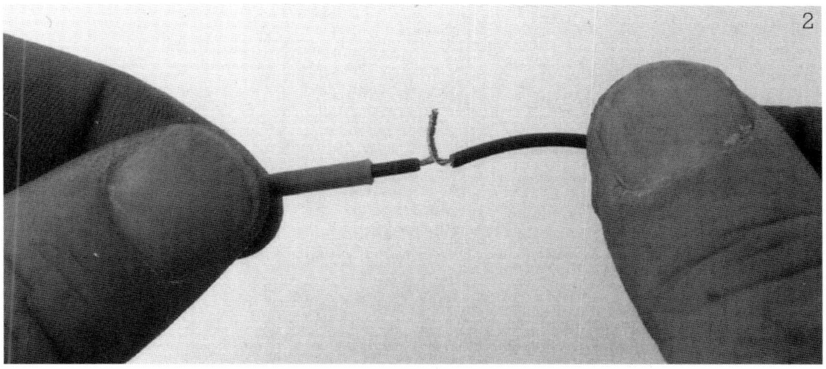
2

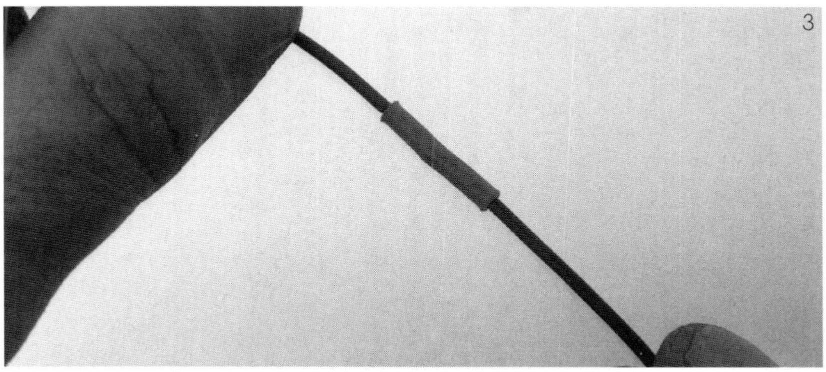
3

Abschließend: Mit einer Flachbatterie kann man den Dynamo überprüfen. Ein »Bein« der Batterie an die unlackierte Fahrradmasse halten, das andere an das vom Dynamo entfernte Lichtkabel. Funktioniert nun die Beleuchtung, ist der Dynamo defekt.
Und noch etwas: Werden die Anschlußstellen des Lichtkabels mit einem Lötkolben verzinnt, ist der Korrosion vorgebeugt und der Stromfluß gesichert – und die Drähtchen brechen weniger schnell.

Nützliches und wichtiges Zubehör

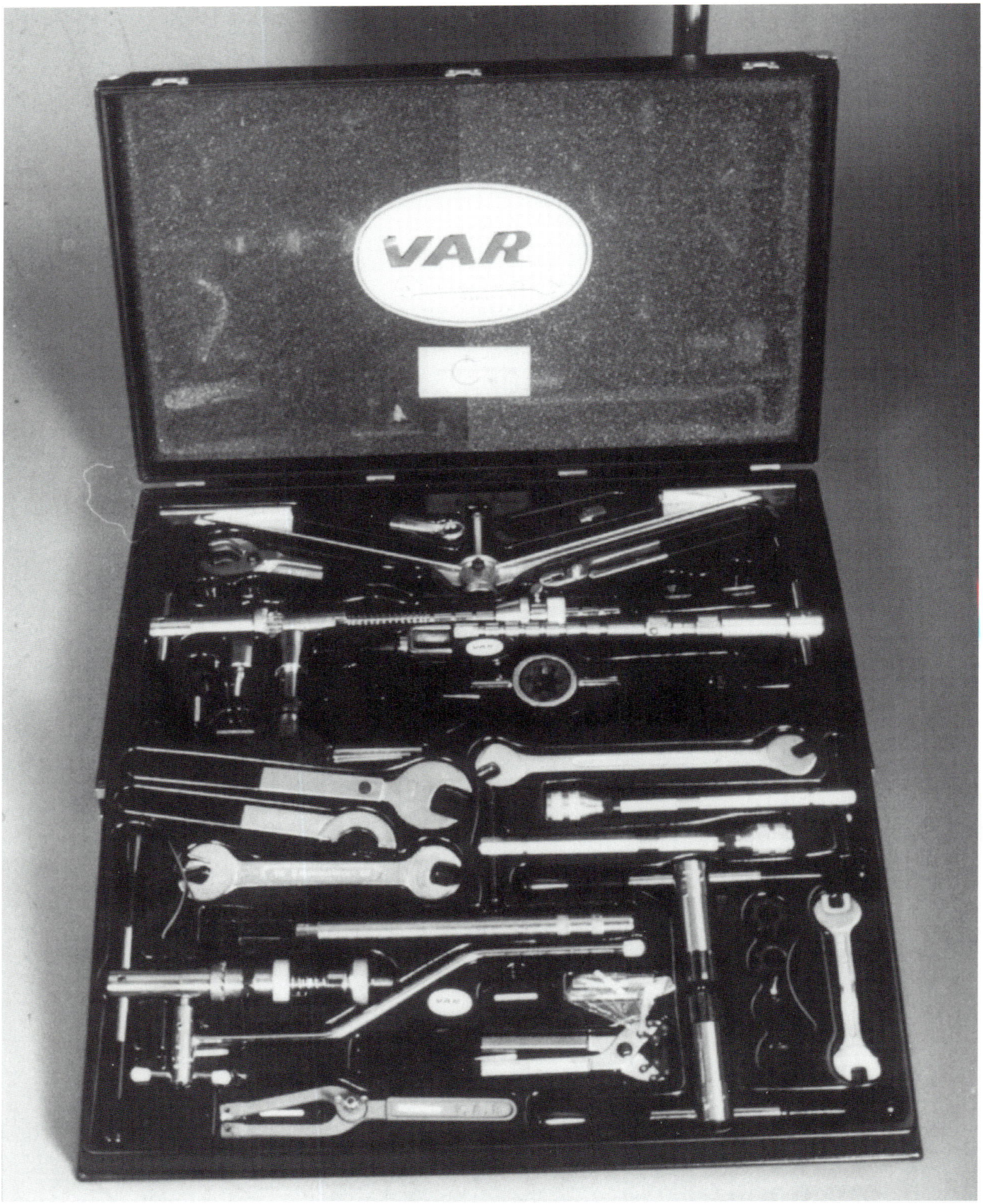

Werkzeugkasten für alle Arbeiten am Fahrrad und Rahmen. Kein Wunsch bleibt offen, aber ca. 3000,– DM weniger im Geldbeutel.

Nützliches und wichtiges Zubehör

Werkzeug

Jedermann weiß, auch das solideste Fahrrad kommt auf die Dauer nicht ohne Wartung aus. Zweifelsohne benötigt man dazu aber auch gut sortiertes und funktionales Werkzeug. Zum einen macht das Werkeln dann doppelt soviel Spaß und zum anderen gibt das Objekt des Schraubens und Richtens anschließend optisch vielmehr her, als wenn es notdürftig mit Hammer und Kneifzange traktiert wurde. Obendrein amortisiert sich die Ausgabe für ordentliches Werkzeug durch eine grenzenlose Einsatzbereitschaft.

Andererseits lohnt sich die Anschaffung eines Luxus-Werkzeug-Koffers von Campagnolo oder VAR nur in den seltensten Fällen – sonst wird die Soße nämlich teurer als der Braten. Bei 3500,– DM kann man jedenfalls nicht mehr von einem Pappenstiel sprechen. Hinzu kommt, daß Fräs- und Schneidwerkzeuge für Arbeiten an Steuersatz und Tretlager so wenig gebraucht werden, daß es sinnvoller ist, sie nur in der Händler-Werkstatt in Anspruch zu nehmen.

Folgende Gerätschaften sollten dem Heimwerker in seiner Werkstatt zur Verfügung stehen:

- Die unentbehrlichen Konusschlüssel aus vergütetem Material, weil sie sonst schon beim ersten ernsthaften Konterversuch ihre Paßgenauigkeit einbüßen. Für ein Pärchen mit den Weiten 13 und 14 mm liegt der Preis bei 15,– bis 20,– DM. Schnurren die Shimano-Naben im Velo, noch einen 15er-Schlüssel kaufen.
- Der Abzieher für die Tretkurbeln. Auch er sollte ein Qualitätsprodukt mit paßgenauem Gewinde sein. Denn die Kurbeln sitzen in der Regel recht stramm auf der Tretlagerachse. Bei schlechter Qualität des Abziehers reißen die Gewindegänge aus der Kurbel. Dann wird es noch kostspieliger. Normalerweise paßt ein Abzieher mit Gewinde der Abmessung 22 x 1. Für Stronglight sind bei einigen Modellen noch 23 x 1-Gewinde auf dem Abzieher nötig.
- Abzieher für die hinteren Zahnkränze. Darauf achten, daß man sich nur solche zulegt, die zur Zahnkranzdemontage keinen Achsausbau voraussetzen. Es erleichtert einmal das Mechanikerleben und spart Geld. Der Abzieher ist nämlich mit einer durch die Hohlachse gesteckter und angeknallter Spannachse vor dem Abrutschen zu sichern. Die Sicherheitsmaßnahmen vermeiden verbogene Hinterradachsen und ausgebrochene Klauen im Zahnkranzkörper. Jedoch darauf achten, daß der angeschaffte Abzieher auch auf die vorhandenen Zahnkränze paßt.
- Ein Kettennietdrücker im Wert von etwa 10,– bis 20,– DM.
- Eine Spezialgarnitur Tretlagerschlüssel für 60,– bis 70,– DM. Einen Haken-Schlüssel für den Konterring. Das Gerät sollte mehrere »Zacken« aufweisen, damit ein einzelner nicht die Nut im Konterring zerfurcht oder gar selbst abreißt.
- Einen Schlüssel für die rechte Lagerschale. Entweder in Form eines geschlossenen Ringes oder mit aufgenietetem Führungsblech (verhindert Abrutschen).
  Bei guten Tretlager-Sets ist zudem ein Ende eines Hebels mit einem 15er-Maulschlüssel versehen. Dieser paßt auf die Pedalachse und ermöglicht leichtes Lösen und Festziehen des Pedals.
- Einen Stiftschlüssel für die linke Lagerschale.
- Ein solider Satz Inbusschlüssel darf auf keinen Fall fehlen. Paßgenau in Hakenform und aus Chrom-Vanadium gefertigt, kostet der Satz knapp 10,– DM. Billigware schadet nicht nur der Betriebsbereitschaft des Rades, sondern auch dem eigenen Arbeitseifer, denn durchgedrehte Innensechskanten (zum Beispiel bei Hülsenmuttern) können meist nur noch durch mühsames Ausbohren »gelöst« werden.
  Sehr praktisch und nur unwesentlich teurer als konventionelle Inbusschlüssel sind solche mit einem Quergriff in Korkenzieher-Manier. Sie gewähren, finger- und materialschonend, einen größeren Abstand zum Werkstück und sind leichter zu handhaben.
- Einen Satz Ring- bzw. Maulschlüssel. Ideal sind »Kombis«, das

Minimale Ausstattung an Werkzeug für den ambitionierten Sportradler.

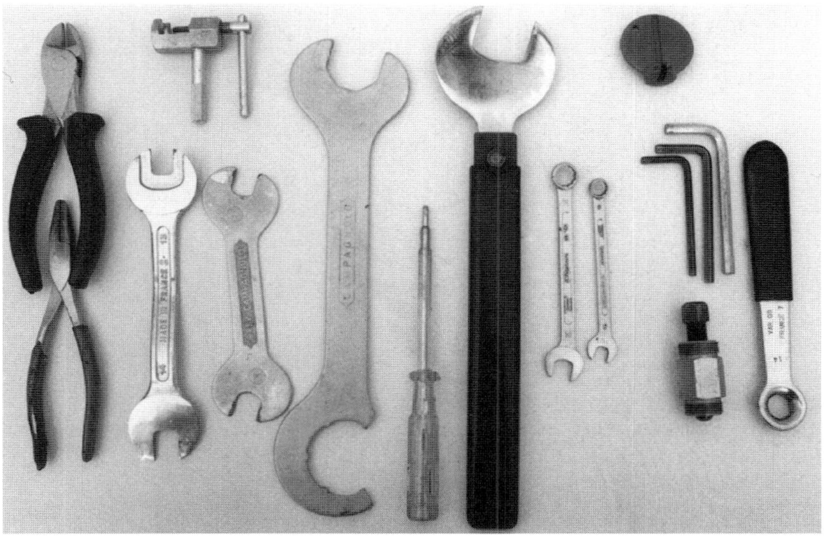

Der Wettkämpfer muß sich auf sein Material verlassen können. Kenntnis der Zusammenhänge, gute Wartung und Pflege seines Sportgerätes sind Voraussetzung dazu. Dann stellt sich auch der Erfolg ein.

Nützliches und wichtiges Zubehör

heißt, an einem Ende beringt, am anderen mit »offenem Maul«. Sechskant-Schraubenköpfe behandelt man schonender mit dem Ring, reicht damit jedoch in keine Winkel und Ecken hinein. Hierfür ist der Maul-Kollege zuständig. Bei den teilweise recht kurzen Schraubenköpfen kann ein normaler Ringschlüssel ohne weiteres überratschen, weil die Fase (die geringfügige Schräge am »Eingang« des Ringes) zu groß ist. Sie dient dazu, den Schlüssel wie eine Art Trichter leichter auf die Schraube zu leiten. Für dermaßen flache Schraubenköpfe ist es ratsam, einen Ringschlüssel flacher zu schleifen, bis die Fase verschwunden ist. Auf diese Weise werden die Schraubenköpfe vom ersten Millimeter an gepackt.

- Ein Satz verschiedener Zangen. Ein guter und ausreichend großer Seitenschneider. Mit ihm lassen sich Innenzüge mit »einem Schnapp« glatt durchtrennen, ohne daß ein Drahtbesen entsteht. Eine Kombi-Zange zum universalen Einsatz.
  Eine Spitzzange, wenn's einmal »knibbelig« wird und die Finger zu dick sind.
  Eine Feststellzange. Mit ihrer Hilfe ist man in der Lage, Druckkräfte von einer Vierteltonne auszuüben. Da entwischt so leicht nichts mehr.
- Einen Zentrierständer für Feinarbeiten. Wer sauber rundlaufende Laufräder zu jeder Zeit für notwendig hält, kommt nicht daran vorbei.
- Bastelprofis werden auch einen Montageständer nicht mehr missen wollen (110,– bis 150,– DM), wenn sie den Vorteil der optimalen Arbeitshöhe einmal kennengelernt haben.
  Einige Modelle lassen sich bei Nichtgebrauch zusammenklappen. Einzelne können gar mit einer Ablagefläche fürs Werkzeug aufwarten. Wer indes nur sporadisch und eher gezwungenermaßen zur Nietzange greift, dem ist auch mit einer simpleren Ständer-Version gedient. Das Tretlager wird abgestützt. Kostenpunkt: Knapp 30,– DM.

Nun ist die Werkzeugausstattung eigentlich schon komplett. Wenn man jetzt noch diverse Kleinteile wie Speichen, Reifenkitt, Schraubnippel, Leinöl, Zweikomponentenkleber, Schraubenzieher, Hammer usw. auf den Werkstatt-Regalen deponiert und natürlich das unverzichtbare Fetttöpfchen in Reichweite aufstellt, eventuell auch noch die Sprühwachsdose griffbereit hält – sind der Bastelleidenschaft keine Grenzen mehr gesetzt.

Defekte-ABC

Fehler	**Ursache**	**Wirkung**
Achsen – siehe „Lager“		
Aluminium korrodiert	Straßensalz, Wasser, Gebrauchsdauer oder Schweiß	Lochfraß, Materialschwächung
Ausfallende verbogen	Sturz/Rad umgefallen	Schaltungsprobleme, Laufrad schleift
Bremse zieht einseitig	Bremsbolzen verbogen/Schmierstoffmangel/festkorrodierter Bremsschenkel/Bremsfeder gebrochen	nachlassende Bremswirkung/Bremse schleift einseitig an Felge
Bremse klemmt, schwergängig	Bowdenzug geknickt – trocken/Innenzug aufgeribbelt	nachlassende Bremswirkung/Bremse schleift/Vorsicht – Bremszug kann aushake[n]
Bremse läßt sich nicht mehr nachstellen	Feineinstellschraube festkorrodiert/hoher Bremsgummiverschleiß durch „aufgerauhte“ oder verschmutzte Felge	nachlassende Bremswirkung
Bremsschuhe verschlissen	Abnutzung/rauhe Felge	bei Regen „rutschen“ die Bremsen/Bremsschuhe schleifen an Reifen
Bremszug festgefroren	Winter, Wasser, Frost	Bremse läßt sich nicht betätigen
Bremsgriff verbogen	Sturz/Rad umgefallen	Bremse öffnet nicht – schleift
Bremsgriff verrutscht	Bremsbandagenschraube gelockert	verkürzter Bremsbetätigungsweg
Bowdenzug geknickt	Rad auf Bremszüge gestellt	Bremse öffnet nicht mehr/Wirkung läßt nach
Chrom ist matt	mangelnde Pflege	unschönes Aussehen
Chrom zeigt Roststellen	mangelnde Pflege, mangelnde Unterkupferung (Unternickelung)	unschönes Aussehen
Felge schlägt	gelockerte Speiche/Beule in Felge	zittrig-schwammiges Fahrverhalten
Flaschenhalter verbogen	Sturz/Rad umgefallen	Trinkflasche schaukelt, sitzt locker
Flasche leckt	undichter Verschluß/unebene Straße	Unterrohr und Tretlager verschmieren
Freilauf hakt	Wasser/Schmutz eingedrungen/Schmierstoffmangel	„starrer Gang“
Freilauf tritt durch	Gewinde durchgedreht/Sperrklinken abgebrochen	kein Vortrieb
Flattern des Rahmens	Unwucht im Vorderrad/biegeweicher Vorbau	Vorderrad gerät in Schwingung

Maßnahme unterwegs	Maßnahme zu Hause/Händler	Vorbeugung
–	gut mit Wasser spülen, trocknen lassen, einwachsen	Aluminium stets einwachsen, auch wenn es eloxiert ist
rovisorisches Richten mit „2-Hinterrad-Methode" (S. 29f.). eihwerkzeug z. B. von Tankstelle – sonst remse auf – und vorsichtig weiterfahren	Ausfallende mit Lehre richten	—
remsen-Exzenter öffnen, Bremse usrichten, Tropföl auf Bremsschenkel	Bremse zerlegen, säubern, fetten, zusammenbauen, evtl. Feder austauschen	jährliche Generalüberholung
owdenzug ölen	Innen- bzw. Außenzug wechseln, zumindest säubern und fetten	monatliche Kontrolle
nenzug kürzer festklemmen	Neue Bremsgummis einbauen/Feineinstellschraube fetten/Ölen/Feineinstellschraube ganz eindrehen/Innenzug kürzer festklemmen/Felgen überprüfen	14tägige Kontrolle des Verstellweges für Feineinstellschraube
remse nachstellen – efensiv weiterfahren	Bremsschuhe austauschen/ausrichten	monatliche Kontrolle
ngsam weiterrollen	Glykol oder Glysantine zwischen Innenzug und Außenzug	Prozedur im Winter wiederholen
orsichtig geradebiegen	Ausbau dann richten, fetten, evtl. Austausch	—
remse nachstellen	Bandagenschraube nachziehen	Schraube auf Inbus umrüsten, Schlüssel mitführen
efensiv fahren	Austausch; wenn Bowdenzug noch lang genug, bis Knickstelle kürzen	Rad zur Montage auf Gabel und Bremshebel stellen, Hinterbau anlehnen
–	mit Chrompolitur aufpolieren und mit Wachs schützen	öfter wachsen, seltener polieren
–	mit Chrompolitur aufpolieren und mit Wachs schützen – oder nachpolieren, entfetten und mit Klarlack versiegeln	öfter wachsen, seltener polieren
it Schlüssel nachzentrieren; vtl. Bremse öffnen	feinzentrieren, evtl. Felgen-/Speichenaustausch	Nippel mit Leinöl/Kitt/mit Schraubenkleber gegen Lösen sichern
lasche austrinken – Halter geradebiegen evtl. zum Rahmen hin)	stabilen Halter aus Stahl oder Alu geschweißt montieren	—
lasche halb austrinken	dichte Flasche erstehen/die undichte zu dichten versuchen (Gummi-/Korkdichtung)	zu Hause auf Dichtigkeit prüfen
ändig mittreten	Austausch oder Säubern und Fetten	jährliche Fettpackung
–	neue Klinken einsetzen/Nabe ersetzen	beim Einbau auf Gewindedimension achten
örpergewicht nach vorn und unten, nie ans Oberrohr, Ellbogen an Körper, orderen Schnellspanner strammer ehen	Vorderrad feinzentrieren, ggf. auswuchten/Steuersatz spielfrei einstellen/Nabenspiel beseitigen/evtl. Rahmen mit dickwandigeren Rohren fahren	dickwandigerer Rahmen

Defekte-ABC

Fehler	Ursache	Wirkung
Gabel wackelt	Steuersatz zu lose	harte, hörbare Schläge beim Durchfahren von Schlaglöchern und beim Bremsen
Gabel verbogen	Sturz/frontales Fahren gegen Widerstand	Vorderrad läuft seitlich versetzt, Reifen schleift an Gabel/Rahmen
Gabelschaft korrodiert	mangelnde Pflege	Materialschwächung – Vorsicht!
Kette springt ab	Schaltungsfeder zu lasch/seitliches Schlingern bergab/Ausfallende verbogen/ Tretlager lose/Kette mit versetzten Laschen (Umwerfer falsch eingestellt)	kein Vortrieb
Kette springt über	Kette gelängt/steifes Kettenglied/Schaltung hat zu wenig Umschlingungswinkel	bei Druck rutscht Kette durch
Knacken beim Treten	zwei aneinanderreibende Teile, Rahmenrohre wirken als Resonanzkörper	psychische Belastung
Kratzer	Unachtsamkeit mit spitzen Gegenständen/ Sturz o.ä	je nach Tiefe Rostgefahr
Luftpumpenstiel gebrochen/ schief gedrückt	rohe Gewalt/Materialermüdung	Pumpe funktioniert nicht
Lagerung beweglicher Teile quietscht: Naben, Tretlager, Pedale	Schmierstoffmangel	Lager läuft trocken – schneller Verschleiß
Lagerung hat Spiel Naben, Tretlager, Pedale	Konen gelockert/Verschleiß, Lagerschalen gelockert	Rad fährt sich schwammig, Kette ratscht am Umwerfer, Pedal wackelt
Lenker wackelt, rutscht durch	Vorbauklemme lose/Vorbauauge zu groß	Lenker schaukelt im Wiegetritt, rutscht nach oben oder unten durch
Lenkung rastet ein	eingedrückte Kugel-Laufbahnen im Steuersatz	Lenkung etwas schwergängig
Lenkerband rutscht	Band klebt nicht mehr, verschiebt sich durch Hitze	unangenehmes Greifgefühl/Neigung zu Druckstellen an Händen erhöht
Lackschaden	Sturz/Steinschlag/Rad fiel um	Rostgefahr
Pedal wackelt	Verschleiß/Konterung gelockert	treten, vor allem Wiegetritt behindert
Pedalhaken gebrochen	Haken schleift bei umgekehrtem Pedal auf dem Boden, Fahren mit Turnschuhen	Pedal schlägt beim „Ziehen" um
Pedalachse gebrochen	Sturz/in der Kurve mit Pedal den Boden berührt	Sturzgefahr
Reifendefekt	eingedrungener Fremdkörper/Durchschlag/Schlauchreifen verrutscht	keine Luft, kein Fahrkomfort, kein „Rollen" mehr

Maßnahme unterwegs	Maßnahme zu Hause/Händler	Vorbeugung
vtl. von Hand (bei gelöster Konterung) achstellen/vorsichtig nach Hause fahren	Steuersatz neu und fest kontern	14tägige Kontrolle
Gabel vorziehen, Füße stützen sich am Tretlager ab (S. 30)	Ersatzgabel einbauen/ Gabel vom Rahmenbauer richten lassen	—
—	entrosten, einfetten/wachsen	jährliche Wartungskontrolle
Kette auflegen, Ritzel in Kettenlinie ahren, Kette stets auf Spannung halten – uch bergab keinen Tritt auslassen bremsen und treten)	Schaltungsfeder nachspannen/Schaltungs-austausch/Ausfallende richten/-Kettenwechsel/Tretlager neu einstellen	monatliche Kontrolle
größere Ritzel fahren, verklemmtes Kettenglied durch seitliches Biegen lösen	Ketten- und evtl. Ritzeltausch	monatliche Kontrolle
—	überprüfen: Klemmung von Vorbau-, Lenker-, Sattel, Sattelgestell; Stütze, Pedale, Tretlager (Vierkant ausgeleiert, Kurbelschraube, Lagerschale), Kette, Ritzel, Steuersatz, Rahmen auf Risse untersuchen	—
—	leichte Kratzer u.U. wegpolieren, sonst mit Tupflack ausbessern	regelmäßige Kontrolle
	neue Pumpe kaufen	bei Pumpenkauf auf geschlossenes Stiel-Rohr achten/durchbohrte Ventilkappe als Adapter für Normalpumpe mitführen
len	Lager ausbauen, säubern, fetten, neu einstellen, evtl. Austausch	jährliche Fettkur
angsam weiterfahren Ritzel in Kettenlinie ahren	Lagerspiel neu einstellen, festkontern	Lagerschale festkleben
vorsichtig und ohne Krafteinwirkung auf den Lenker weiterfahren	Klemmschraube nachziehen (vorher fetten)	monatliche Kontrolle, Vorbau und Lenker vom gleichen Hersteller beziehen
reihändiges Fahren vermeiden	Steuersatz austauschen	monatliche Kontrolle
—	neues Lenkerband aufwickeln, auf jede zweite Lage (Schlag) ein Tröpfchen Sekundenkleber geben	monatliche Kontrolle
—	Stelle säubern, wachsen – oder entfetten und mit Tupflack versiegeln	—
vorsichtig im Sitzen treten	Pedal fetten und kontern	gedichtetes Pedal/14tägige Kontrolle
—	Pedalhaken auswechseln	monatliche Kontrolle
mit strammgezogenem Riemen weiterradeln	Pedal auswechseln	—
Reserveschlauch aufziehen/flicken	Reifen gut aufkleben	nur gut abgelagerte bzw. Sicherheits-Reifen benutzen

Defekte-ABC

Fehler	**Ursache**	**Wirkung**
Rahmen gebrochen/verbogen	Sturz, Unfall	Laufräder schleifen, Rad zieht einseitig, schwammiges Fahrverhalten
Rost	mangelnde Pflege	optischer Wert des Rades sinkt, Materialschwächung
Schleicher	poröser Schlauch, kleiner „Eindringling" (Loch)	Luft läßt allmählich nach
Schaltung in den Speichen	Hinterrad mit zu schmalem Ritzelpaket, ohne die Anschlagschraube nachzustellen/Anschlagschraube hat sich gelockert	Schaltungsauge verbogen/Schaltung gebrochen/evtl. Speichen gerissen/ Reifen durchgebremst
Schaltzug gerissen, aus Befestigung gerutscht	Korrosion, Befestigungsschraube locker	Schaltung/Umwerfer streikt
Sattel-Druckstelle	zu wenig Druck auf dem Pedal (nachlassende Kräfte), Sattel zu hart	Wundstellen
Sattelgestell gebrochen	Materialermüdung	Sattel schaukelt
Sattelstütze rutscht ins Rohr	Klemmschraube nicht fest/ Stützendurchmesser zu klein	schwindende Sattelhöhe
Speichenbruch	Materialermüdung	Laufrad schlägt
Speichenloch reißt aus	zu leichte Felge/zu hoher Speichenzug, weil Felgenverwindung mit Speichen gewaltsam herausgezogen wurde	unrunder Radlauf
Schaltung rattert	Schraube zur Feineinstellung gelockert/ Schaltzug gelängt	Kette verstellt sich
Schnellspanner gerissen	zu stramm angezogen	Laufrad lose im Ausfallende
Schraube verloren	Selbstlösung der Schraube	wackeln, schlackern
Umwerfer ratscht	Spiel in Tretlagerung/Umwerfer falsch justiert/Schlag in Kettenblättern/Schalthebel zu leichtgängig	Kette ratscht am Umwerfer
Vorbau klemmt	„Trockener Einbau" ohne Fett oder Wachs	Probleme bei Verstellung
Vorbau wackelt	Vorbauschaft zu dünn (von der 22,2-mm-Norm weichen französ. und billige Vorbauten ab), Klemmschraube nicht festgezogen	fahrverunsicherndes Schwanken des Lenkers beim Wiegetritt
Walzendynamo rutscht	Federspannung des Dynamos zu gering, rutschiger Reifen	wenig oder kein Licht
Zahnrad gebrochen	Materialfehler/brutal und falsch geschaltet	Kette springt

Maßnahme unterwegs	Maßnahme zu Hause/Händler	Vorbeugung
orsichtig weiterfahren (wenn möglich)/ Schienen" der Bruchstelle mit Dachlatte nd Lenkerband	Richten/ggf. neues Rohr vom Rahmenbauer/neuer Rahmen	—
–	Rad waschen, polieren und dann gut wachsen	regelmäßige Wachspflege
uft einpumpen, Reifen wechseln – Fast-no-stop" einsetzen	—	—
gf. Speichen, Reifen ersetzen/ ei defektem Schaltwerk Kette für 42/16 ürzen	Schaltungsauge richten/Schaltung austauschen/Speichen überprüfen/ ggf.wechseln	Nur Hinterräder mit gleicher Ritzelbreite fahren/Anschlagschraube 14tägig kontrollieren
chaltung per Einstellschraube bzw. töckchen auf 17/18er-Ritzel fixieren, nit Blättern vorn schalten	neuen Zug einsetzen, fester anziehen	Rad auf Inbus umrüsten, Schlüssel mitführen
nehr Wiegetritte einlegen, öfter „lüften"	auskurieren, neuer (besserer) Sattel	allmähliche Gewöhnung an längere Strecken
ruchstelle unter Stützenklemmung chieben, gut festziehen	Sattel auswechseln	Vorsicht bei Körpergewicht über 70/75 kg mit Alugestellen, ggf. jährl. wechseln
lemmschraube nachziehen/bei Fahrbahn- nebenheiten aus dem Sattel gehen, damit's icht noch schneller nach unten geht	Klemmschrauben ausbauen, fetten, festziehen, Stütze mit richtigem Durchmesser besorgen	vor dem Kauf den Schaft und das Sattel- rohr exakt ausmessen
remsexzenter öffnen oder Ersatzspeiche inziehen	Speiche(n) wechseln, ggf. auch Felge	jährlicher Speichenaustausch
ei mitgeführtem Nippelspanner die eiden gegenüberliegenden Speichen ockern und nach Hause „hoppeln"	Felge austauschen	bei Felgen-Verzug (ungleiche Speichen- spannung) die Felge wechseln
chalthebel auf den ersten „Klick" stellen, Regulierschraube so einstellen, daß Ketten- ädchen genau unter dem zweiten Ritzel steht		14tägige Kontrolle
anz vorsichtig weiter „rollen"/ bholen lassen	Austausch	—
venn möglich, weiterradeln	neue Schraube mit Wachs oder Schraubensicherungskleber einsetzen	monatliche Kontrolle
nittlere Gänge (Kettenlinie) fahren, chalthebel fester stellen	Tretlager neu einstellen, Lagerschale festkleben	14tägige Kontrolle
–	mit Kriechöl einsprühen (Spalt), ggf. mit Gewalt herausziehen, reinigen, fetten, wachsen	Vorbau nur gefettet bzw. gewachst ein- setzen
venn Inbusschlüssel mitgeführt, Vorbau tiefer setzen und gut anziehen	neuer Vorbau/Klemmschraube fetten und gut anziehen	bei Kauf und Einbau Vorbaudurchmesser exakt ausmessen
angsamer fahren, damit Dynamo „packt"	Dynamo dichter an Reifen, Federkraft mit Einweck-Gummi zwischen Dynamo und Ausfaller erhöhen	Notgummi mitführen
defektes Zahnrad nicht „belegen"	Austausch	14tägige Kontrolle

Register

I

K

L

M

N

P

R

Register

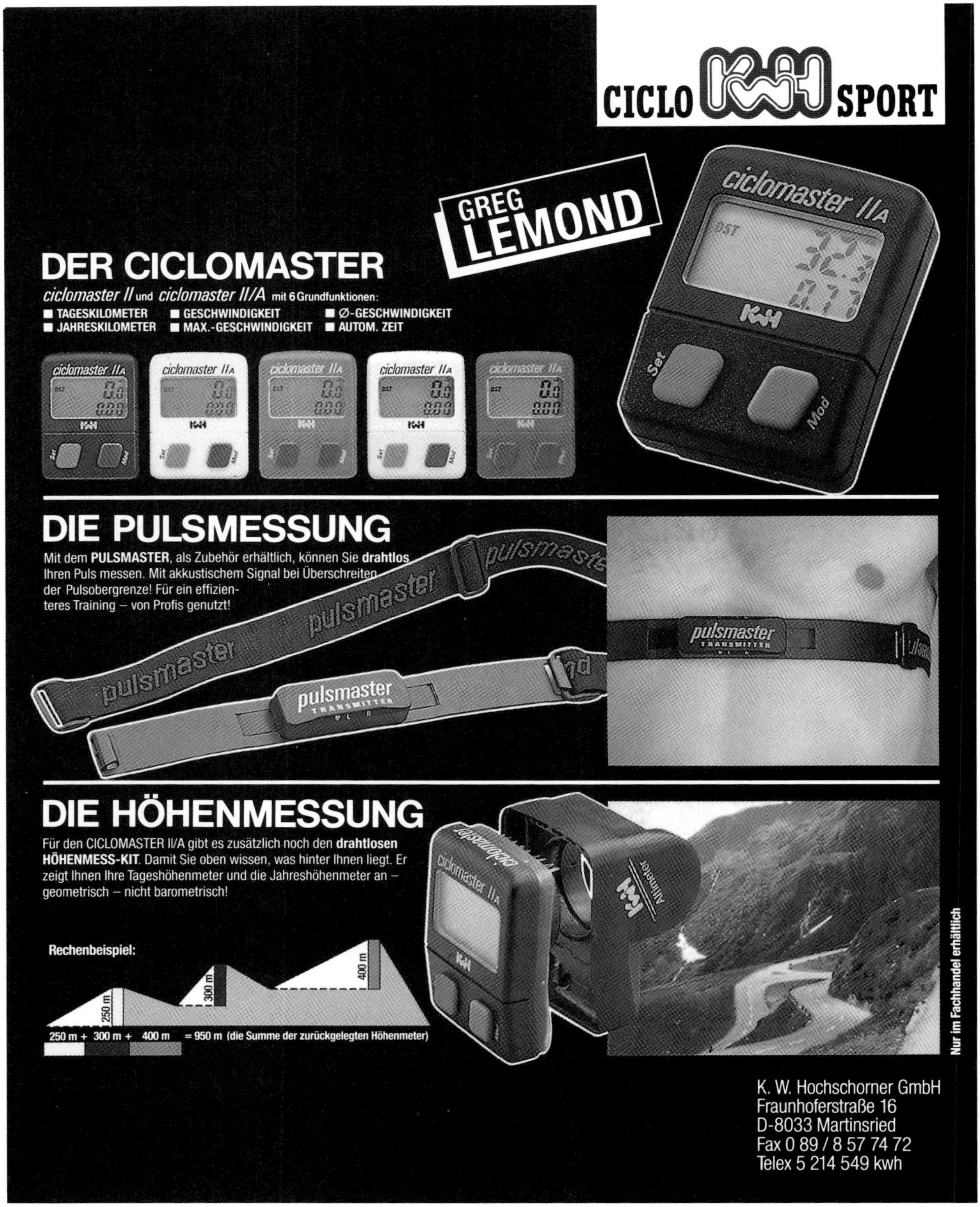
CICLO SPORT
GREG LEMOND
ciclomaster II/A
DST
K•H
Set
Mod
DER CICLOMASTER
ciclomaster II und ciclomaster II/A mit 6 Grundfunktionen:
■ TAGESKILOMETER ■ GESCHWINDIGKEIT ■ Ø-GESCHWINDIGKEIT
■ JAHRESKILOMETER ■ MAX.-GESCHWINDIGKEIT ■ AUTOM. ZEIT
DIE PULSMESSUNG
Mit dem PULSMASTER, als Zubehör erhältlich, können Sie drahtlos Ihren Puls messen. Mit akkustischem Signal bei Überschreiten der Pulsobergrenze! Für ein effizienteres Training – von Profis genutzt!
pulsmaster
pulsmaster TRANSMITTER
DIE HÖHENMESSUNG
Für den CICLOMASTER II/A gibt es zusätzlich noch den drahtlosen HÖHENMESS-KIT. Damit Sie oben wissen, was hinter Ihnen liegt. Er zeigt Ihnen Ihre Tageshöhenmeter und die Jahreshöhenmeter an – geometrisch – nicht barometrisch!
Rechenbeispiel:
250 m
300 m
400 m
250 m + 300 m + 400 m = 950 m (die Summe der zurückgelegten Höhenmeter)
ciclomaster II/A
Altimeter
Nur im Fachhandel erhältlich
K. W. Hochschorner GmbH
Fraunhoferstraße 16
D-8033 Martinsried
Fax 0 89 / 8 57 74 72
Telex 5 214 549 kwh

BIKES FROM CENTURION
FUTURA
CENTURION
1990: Mehr Leistung
und mehr Fahrfreude
durch innovative
Technik.
1 Das Lack-System: FUTURA MULTISCHICHT
2 CENTURION OVERSIZED-Rahmen
3 CENTURION POWER STAYS
4 CENTURION RADIUS-Gabel
5 SUNTOUR SE-Bremse
6 SUNTOUR-X PRESS-Schalthebel
7 SUNTOUR ACCUSHIFT-PLUS
8 SUNTOUR POWERING-Kettenblätter
Nähere Informationen
beim Fachhandel oder
bei CENTURION
Postfach 1149, 7037 Magstadt

NEW SUCCESS
TEAMWORK. MADE IN EUROPE
ERFOLGSQUARTETT
Offizieller Ausrüster des
BDR
Bund Deutscher Radfahrer e.V.
OFFIZIELLER AUSSTATTER
DDR-NATIONALTEAM
Top-Teams fahren Top-Komponenten von SACHS. Der Straßenvierer des BDR. Die DDR-Nationalmannschaft. Das Histor-Sigma-Team um Stephen Roche. Der Antrieb für beste Plätze: New Success, die kompromißlose Renn-Gruppe. Wann steigen Sie um? Fichtel & Sachs AG, D-8720 Schweinfurt
SACHS
RTS RIEGERTEAM

ICH FAHRE WINORA
weil meine Rennmaschine genau auf meine Leistungsstärke und Körpergröße abgestimmt sein muß: Um Spitzenleistungen zu erreichen, brauche ich einen perfekten Rahmen und modernste Technik – zu einem für mich vertretbaren Preis.
WINORA Polaris 28″
Modell-Nr. 812-74
Shimano 14-Gang
NEW 105 SIS
Hyperglide · Superglide
Biopace
RH: 50/52/55/58/61/63 cm
11 Rohre Columbus Aelle
Gewicht: 10,4 kg
trendgerechte
Lackierungen
Jetzt neue Collection '90.
Gleich Farbprospekte anfordern.
Gratis!
WINORA®
E. Wiener GmbH & Co. KG · Zweiradwerk · 8720 Schweinfurt
Tel. 0 97 21/65 01-0 · Tx 673 381 · Fax 0 97 21/65 01 60